Wien, 18/8/08
Heidi

»Da haben wir uns alle schrecklich geirrt…«

Frauen · Gesellschaft · Kritik
Band 15

»Da haben wir uns alle schrecklich geirrt...«

Die Geschichte der gewerkschaftlichen Frauenarbeit im Deutschen Gewerkschaftsbund von 1945 bis 1960

herausgegeben vom
Deutschen Gewerkschaftsbund

Centaurus-Verlagsgesellschaft
Pfaffenweiler 1993

Den Gewerkschafterinnen der »ersten Stunde« gewidmet,
deren Arbeit bislang verborgen blieb.

Projektgruppe und Autorinnen: *Sigrid Ingeborg Bachler, Karin Derichs-Kunstmann, Maria Kathmann, Mechthild Kopel*

Schlußredaktion: *Karin Derichs-Kunstmann*

Eine Studie im Auftrag des Deutschen Gewerkschaftsbundes, Bundesvorstand,
Abteilung Frauen
mit Förderung durch die Hans-Böckler-Stiftung des DGB
und den DGB-Bundesvorstand

Der Titel des Buches ist die heutige Meinung einer von uns befragten älteren Gewerkschafterin (III.2.M.28) zu der in der Nachkriegszeit gängigen Annahme, daß gewerkschaftliche Frauenarbeit nur vorübergehend notwendig sein würde.

Die Deutsche Bibliothek – CIP-Einheitsaufnahme

"Da haben wir uns alle schrecklich geirrt ...": die Geschichte der gewerkschaftlichen Frauenarbeit im Deutschen Gewerkschaftsbund von 1945 bis 1960 / hrsg. vom Deutschen Gewerkschaftsbund. – Pfaffenweiler: Centaurus-Verl.-Ges., 1993
(Frauen, Gesellschaft, Kritik ; 15)
ISBN 3-89085-852-X
NE: Deutscher Gewerkschaftsbund <Deutschland>; GT

ISSN 0939-4540

Umschlagabbildung: Aus dem DGB-Prospekt *»Wir Frauen sollen modern sein«*
Satz: Centaurus-Satz
Druck: Fuldaer Verlagsanstalt

Inhalt

Einleitung

Sigrid Ingeborg Bachler, Karin Derichs-Kunstmann, Mechthild Kopel

Zum Ausgangspunkt unserer Überlegungen: Gewerkschaftsgeschichte ist Männergeschichte

Will 'frau' sich mit der Geschichte der Gewerkschaften in der Bundesrepublik auseinandersetzen und nimmt dazu die Bücher zur gewerkschaftlichen Geschichtsschreibung der letzten Jahre in die Hand (z.B. Schneider, Michael 1989; Hemmer, Hans-Otto/Schmitz, Kurt Thomas 1990), ist auffallend, daß die Frauen in den Gewerkschaften und ihre Arbeit so gut wie gar nicht (Schneider 1989) oder nur am Rande – vor allem unter dem Gesichtspunkt als Mitgliederpotential (Hemmer/Schmitz 1990) – vorkommen[1].

Frauen, die gewerkschaftliche Arbeit machen oder machen wollen, die nach den Erfolgen und Mißerfolgen gewerkschaftlicher Frauenpolitik suchen, die aus den Strategien der Vergangenheit lernen wollen oder die einfach nach Namen von gewerkschaftlich aktiven Frauen suchen, finden bisher – außer in internen Publikationen oder Zeitschriftenartikeln – kaum Veröffentlichungen über die Frauenarbeit der Gewerkschaften und des DGB seit dem Ende des Zweiten Weltkrieges. Die wenigen vorliegenden Aufarbeitungen der gewerkschaftlichen Frauenpolitik behandeln die Nachkriegszeit nicht (Losseff-Tillmanns, Gisela 1978[2]) oder untersuchen die gewerkschaftliche Frauenarbeit unter einem anderen Aspekt (Vergleich zwischen Frankreich und der Bundesrepublik Deutschland; Lippe, Angelika 1983).

Um diesem Mangel abzuhelfen, haben wir uns vorgenommen, den "anderen Blick der Frauen in die Geschichte", wie ihn Claudia Opitz für eine veränderte

---

1 Eine rühmliche Ausnahme soll hier nicht verschwiegen werden. Ausgerechnet ein Buch über die Geschichte einer ausgesprochenen "Männergewerkschaft" mit einem äußerst geringen Frauenanteil, der IG Bau, Steine, Erden, geht in insgesamt vier Artikeln auf Frauenarbeit am Bau und Frauen in der Bauarbeiterorganisation ein. Vgl. u.a. Weyrather, Irmgard und Jindra-Süß, Doris in: Klönne, Arno u.a. 1989.
Bei Veröffentlichungen mit Porträts von Gewerkschafterinnen und Gewerkschaftern stößt 'frau' gelegentlich auch auf das ein oder andere Frauenporträt, z.B. von Gretel Schneider und Gabriele Rabic, in: Eichmann, Bernd 1988, und das Porträt von Maria Weber in: Schroeder, Wolfgang 1990, S. 45ff.

2 Gisela Losseff-Tillmanns hat sich in ihrer Dissertation (Losseff-Tillmanns 1975) auch mit der gewerkschaftlichen Frauenpolitik in der Nachkriegszeit befaßt, in der veröffentlichten Fassung (1978) fehlt allerdings dieser Teil.

Herangehensweise an die Geschichtsschreibung fordert (Opitz, Claudia 1984, S. 61), auf die Gewerkschaftsgeschichte der Nachkriegszeit[3] anzuwenden. Wir wollen die Geschichte des DGB in der Bundesrepublik Deutschland seit dem Ende des zweiten Weltkrieges bis zum Ende der 50er Jahre im Hinblick auf die verborgene Geschichte der Frauen in den Gewerkschaften, der gewerkschaftlichen Frauenarbeit und Frauenpolitik, aber auch unter dem Gesichtspunkt des Geschlechterverhältnisses beschreiben und analysieren. Insofern nehmen wir einen "Perspektivwechsel" vor, der die Geschichte der Gewerkschaften unter einem veränderten Licht erscheinen läßt.

Zu unserer Vorgehensweise bei dieser Untersuchung

Was lag näher, um diesen Perspektivwechsel vorzunehmen, als diejenigen Frauen, die zwar an der gewerkschaftlichen Frauenpolitik aktiv beteiligt waren, aber in der gewerkschaftlichen Geschichtsschreibung (noch) kaum einen Platz gefunden hatten, selber zu Wort kommen zu lassen. Zumindest ein Teil von ihnen – die ehemaligen Mitglieder des DGB-Bundesfrauenausschusses – trafen sich seit Jahren regelmäßig und waren an einer Zusammenarbeit sehr interessiert. Mit ihnen gemeinsam wollten wir die Untersuchung vornehmen[4].

Doch zuvor mußten wir uns erst einmal überlegen, was wir denn von den Kolleginnen wissen wollten. Sehr schnell wurde deutlich, daß aufgrund des oben beschriebenen Mangels der gewerkschaftlichen Geschichtsschreibung umfangreiche Archivarbeiten notwendig sein würden, da aufgearbeitete Quellen zur Geschichte der Frauen im DGB kaum vorlagen. Diese Materialien aus dem Archiv des DGB[5] sowie unsere Aufarbeitungen der Geschäftsberichte der Hauptabteilung 'Frauen' beim DGB-Bundesvorstand, der Protokolle der DGB-Bundesfrauenkonferenzen und der Protokolle der DGB-Bundeskongresse bildeten die Grundlage der weiteren Arbeit. Auf der Basis dieser Vorarbeiten haben wir Fragen vorbereitet, die wir bei einem gemeinsamen Seminar vom 4. – 8. September 1989 in drei Arbeitsgruppen mit 17 ehemaligen Mitgliedern[6] des DGB-Bundesfrauenausschusses dis-

3 Wir verwenden hierbei einen sehr weitgefaßten Begriff von "Nachkriegszeit", der die Zeit vom Kriegsende 1945 bis zum Ende der 50er Jahre umfaßt. Damit benutzen wir einen Begriff der "Nachkriegszeit", wie ihn z.B. Sibylle Meyer und Eva Schulze (Meyer/Schulze 1984 u. 1985) verwenden. Bei genauerer Datierung unterscheiden wir zwischen "unmittelbarer Nachkriegszeit", der Zeit zwischen dem Ende des Krieges und der Gründung der Bundesrepublik (bzw. unserem Untersuchungsgegenstand der Gründung des DGB) und den "50er Jahren", der Zeit zwischen 1950 und 1960.

4 In Zusammenarbeit mit der Abteilung Frauen beim Bundesvorstand des DGB und mit Unterstützung durch die Hans-Böckler-Stiftung des DGB und die DGB-Bundesschule Hattingen stand dem nichts im Wege.

5 Die umfangreichen Recherchen für dieses Projekt hat überwiegend Mechthild Kopel gemacht und damit die anderen beiden dankenswerterweise weitgehend entlastet.

6 Die Namen der beteiligten Kolleginnen sind im Anhang abgedruckt.

kutiert haben. Die Diskussionen in den Arbeitsgruppen wurden aufgezeichnet, anschließend transkribiert und ausgewertet[7].

Die von uns verfaßten Artikel basieren auf dreierlei Erkenntnisquellen:

- den aus Archiven, Protokollen und Geschäftsberichten hervorgeholten und bisher in der Geschichtsschreibung vernachlässigten Zeugnissen der gewerkschaftlichen Frauenarbeit,
- den Aussagen und subjektiven Interpretationen der Zeitzeuginnen und
- einem Teil der mit dem "anderen Blick der Frauen in die Geschichte" neu interpretierten Resultate der bisherigen (männlichen) Geschichtsschreibung der Gewerkschaften.

Erst diese drei Quellen zusammen ergeben das Material, um die Geschichte der Frauen im DGB und den Gewerkschaften in der Nachkriegszeit unter einer veränderten Perspektive zu betrachten.

Frauenforschung erhebt u.a. auch den Anspruch, die Frauen nicht zu "Objekten" der Forschung zu machen. Diesen Anspruch haben wir ernstgenommen. Wir haben zwar für die Darstellung in den Artikeln die Aussagen der Kolleginnen anonymisiert, dennoch war es uns wichtig, die Ergebnisse unserer gemeinsamen Arbeit mit ihnen gemeinsam zu diskutieren. Das haben wir im Juli 1990 während eines dreitägigen Seminars getan. Manche Kollegin hat uns auch noch hinterher Korrekturen und Anmerkungen geschickt, die uns bei der Überarbeitung unserer Texte geholfen haben. Dafür und für ihre immerwährende Diskussions- und Auskunftsbereitsschaft sei den beteiligten Kolleginnen an dieser Stelle herzlich gedankt. Verschweigen wollen wir aber auch nicht, daß wir uns vor allem auch über die Zustimmung der Kolleginnen gefreut haben, darüber, daß sie sich in unseren Texten angemessen dargestellt gefunden haben und gerne mit uns weiterarbeiten möchten.

Zur thematischen Eingrenzung dieser Untersuchung

Es war uns nicht möglich, die Geschichte der Frauen in den deutschen Gewerkschaften umfassend aufzuarbeiten. Wir mußten in dreierlei Hinsicht Einschränkungen vornehmen:

- Wir mußten uns auf eine bestimmte zeitliche Periode konzentrieren,
- wir haben uns dabei in erster Linie mit der gewerkschaftlichen Frauenarbeit und Frauenpolitik des DGB beschäftigt und die Arbeit in den verschiedenen Gewerkschaften bewußt herausgelassen,

7 Wir wollen hier keine umfangreichen Ausführungen zu den methodischen Problemen der "oral history" machen, dazu gibt es umfangreiche Literatur (vgl. Niethammer, Lutz 1985). Quellen unserer Erkenntnis sind nicht nur, aber auch die Sichtweisen der Akteurinnen und die subjektiven Interpretationen ihres Handelns, denn gerade angesichts der Vernachlässigung der Frauen in der Geschichtsschreibung der Gewerkschaften galt es ihrer Stimme überhaupt erst einmal Gehör zu verschaffen.

– und wir haben uns thematisch auf die drei Bereiche: Recht auf Arbeit für Frauen, Geschlechterverhältnis und Frauenbild beschränkt, die in drei getrennten Artikeln von jeweils einer Autorin behandelt werden[8].

Das bedarf der Erläuterung.

1989 war ein Jahr der vielfachen Jubiläen anläßlich des 40sten Jahrestages der Gründung der Bundesrepublik Deutschland und auch der Gründung des DGB. Übereinstimmend war uns damals aufgefallen, daß es zwar inzwischen einige Untersuchungen zu den Frauen in der deutschen Nachkriegsgeschichte gab[9], aber so gut wie keine Materialien zu den Frauen in den Gewerkschaften. Von daher bot es sich an, die angebotene Zusammenarbeit der Zeitzeuginnen aufzugreifen, die glücklicherweise noch zur Verfügung standen, und unserem Wissen über die Frauen in den Gewerkschaften in der Nachkriegszeit einige neue Mosaiksteine hinzuzufügen.

Die westdeutschen Gewerkschaften hatten bei der Gründung des DGB 1949 insgesamt 660.600 weibliche Mitglieder in 16 verschiedenen Gewerkschaften. Die Aufarbeitung der Frauenarbeit aller 16 Gewerkschaften und des DGB wäre eine umfangreiche Forschungsaufgabe gewesen, die mit den Kapazitäten unseres Projektes nicht zu bewältigen war. Zudem liegen inzwischen aus einzelnen Gewerkschaften Aufarbeitungen oder Dokumentationen der gewerkschaftlichen Frauenarbeit seit 1945 vor. Somit haben wir unsere Fragestellung auf die gewerkschaftliche Frauenarbeit der Dachorganisation, des DGB, eingegrenzt. Diese Konzentration auf den DGB bietet sich zudem deswegen an, da im Rahmen der Aufgabenteilung zwischen dem DGB und den Mitgliedsgewerkschaften dem DGB vorrangig die gesellschaftspolitischen Fragen zufallen. Dazu gehören auch die von uns bearbeiteten Fragestellungen.

Daraus ergaben sich weitere Konsequenzen thematischer Art. Ein nicht unbeträchtlicher Teil der gewerkschaftlichen Frauenpolitik findet in den einzelnen Gewerkschaften statt. Berufs- und branchenspezifische Probleme, ebenso wie tarifliche Fragen sind Gegenstand der Arbeit der zuständigen Gewerkschaft und selten – allenfalls bei übergreifenden Gesichtspunkten – des DGB. Zudem wollten wir die gewerkschaftliche Frauenpolitik des DGB von unterschiedlichen Perspektiven behandeln.

Wirtschaft und Arbeitsmarkt sind eines der wichtigsten Handlungsfelder der Gewerkschaften. Mechthild Kopel untersuchte die Fragen, die in Zusammenhang mit der Erwerbstätigkeit der Frauen und der Forderung nach Recht auf Arbeit für Frauen stehen. Da sie in ihrem Teil der Untersuchung viele Hintergrundinforma-

---

8 Da die drei Artikel sich jeweils unter einer bestimmten Fragestellung mit dem gleichen Gegenstand, der gewerkschaftlichen Frauenarbeit von 1945-1960 befassen, kommt es hin und wieder zu inhaltlichen Überschneidungen. Diese haben wir bewußt so belassen.

9 Vgl. Delille, Angela/Grohn, Andrea 1985; Freier u.a. 1986; Meyer, Sibylle/Schulze, Eva 1984, 1985a; Schubert, Doris 1984 und andere Titel, die in der im Anhang abgedruckten Literaturliste aufgeführt sind.

tionen zur ökonomischen und gesellschaftlichen Situation der erwerbstätigen Frauen in der Nachkriegszeit berücksichtigt hat, wird ihr Text als erster dargestellt.

Karin Derichs-Kunstmann befaßte sich weniger mit der Politik des DGB als mit der Organisation DGB selbst, und zwar unter dem Aspekt des Geschlechterverhältnisses. Sie untersuchte die Partizipationsmöglichkeiten der Frauen in der Organisation und das wechselseitige Agieren und Reagieren von Männern und Frauen innerhalb der gewerkschaftlichen Arbeit und Politik. Der Stellenwert der Frauenarbeit im Gesamtkonzept gewerkschaftlicher Arbeit, ebenso wie der Stellenwert, den die damals aktiven Frauen ihrer Arbeit zumaßen, wird von ihr thematisiert.

Sigrid Bachler nahm sich den Gesichtspunkt des weiblichen Selbstverständnisses und Selbstbildes innerhalb der Frauenarbeit des DGB vor. Denn politisches Handeln wird nicht allein von der äußeren Realität und deren Notwendigkeiten bestimmt, sondern auch von der eigenen inneren Verfaßtheit, d.h. von den eigenen Wünschen, Vorstellungen und Zielen, aber auch von den eigenen inneren Widersprüchlichkeiten. Um das Verhältnis zwischen der eigenen inneren und äußeren Realität und dessen Auswirkungen auf die Frauenpolitik des DGB geht es in diesem Untersuchungsteil. Unter diesem Aspekt betrachtete und analysierte sie die gewerkschaftliche Frauenpolitik und Frauenarbeit der Nachkriegszeit.

Wir sind uns darüber im klaren, daß damit die Geschichte der Frauen und der Frauenpolitik im DGB keineswegs umfassend beschrieben werden konnte. Viele Fragen mußten offen bleiben, viele interessante Erzählungen der Kolleginnen konnten nicht berücksichtigt werden. Dennoch sind wir der Meinung, daß mit diesen drei Darstellungen neue Aspekte der gewerkschaftlichen Geschichtsschreibung hinzugefügt werden konnten, die über Möglichkeiten und Chancen der gewerkschaftlichen Frauenpolitik im DGB in der Nachkriegszeit wichtige Erkenntnisse bereitstellen. Wir konnten nur einen ersten Beitrag leisten, dem hoffentlich noch viele weitere folgen werden.

1. Bundes Frauenkonferenz Mainz, 27.-29.5.52

Für das Recht der Frauen auf Arbeit
Ein Kampf gegen Windmühlenflügel in den Jahren 1945 – 1960

Mechthild Kopel

0. Das Recht der Frauen auf Erwerb

Als einen "Kampf gegen Windmühlenflügel" beschrieb eine befragte Gewerkschafterin ihr Engagement in der Nachkriegszeit und in der ersten Dekade der Bundesrepublik Deutschland. Damit gab sie auf der einen Seite den unermüdlichen Einsatz der aktiven Gewerkschaftsfrauen für die Verbesserung der Lebensbedingungen wieder. Andererseits illustriert das Bild der Windmühlenflügel auch die gesellschaftlichen und ökonomischen Faktoren im Handlungsfeld der Gewerkschafterinnen, die von ihnen nicht beeinflußt werden konnten.

Die Sicherung des Rechts auf Arbeit für Frauen war in der Zeit von 1945-1960 eine wesentliche Forderung der Gewerkschaften. Diese betonten in zahlreichen programmatischen Erklärungen ihren Einsatz für die soziale und wirtschaftliche Gleichstellung der Frauen. Dennoch blieb es eine umstrittene Forderung. Mit den innergewerkschaftlichen Kontroversen um das Recht auf Arbeit für Frauen und den sich wandelnden Argumentationen beschäftigt sich dieser Beitrag.

Darüber hinaus stellen wir die ökonomischen Bedingungen der Nachkriegszeit dar, weil diese die Realisierungschancen des gewerkschaftlichen Anliegens wesentlich beeinflussen. Dazu zählen die Wirtschaftsstruktur sowie deren Entwicklung als diejenigen Faktoren, nach denen sich Arbeitskräfteangebot und -nachfrage richten. Wie die Gewerkschaften die Rahmenbedingungen der Erwerbsarbeit für Frauen mitgestalteten und welches Rollenverständnis von Frauen dem zugrunde lag, darauf versucht der Beitrag eine Antwort zu geben. Das besondere Augenmerk gilt dabei den Aktivitäten der Gewerkschafterinnen für das Recht der Frauen auf Arbeit.

In die deutsche Rechtsgeschichte wird das Recht auf Arbeit zum ersten Mal im Jahre 1919 in der Weimarer Verfassung als Sollvorschrift eingeführt: "Jedem Deutschen soll die Möglichkeit gegeben werden, durch wirtschaftliche Arbeit seinen Unterhalt zu verdienen" (Art. 163). 1949 erfolgte die Aufnahme des Rechtes auf Arbeit in das Grundgesetz der Bundesrepublik nicht, wohl aber in insgesamt sechs Länderverfassungen[1]. Wenngleich sich durch die Verfassungskonzeptionen der Nachkriegszeit ein Grundkonsens hinsichtlich des Rechts auf Arbeit zog, dachte man dabei weniger an einen individuell einklagbaren Anspruch gegenüber dem Staat, als an wirksame Mitbestimmungsregeln für gesellschaftliche Organisationen innerhalb des politischen Systems[2].

Das Grundgesetz brachte jedoch mit dem Artikel 3, Absatz 2 "Männer und Frauen sind gleichberechtigt" für die Frauen eine entscheidende Veränderung. Die

---

1 In den Bundesländern Bayern, Berlin, Bremen, Hessen, Nordrhein-Westfalen und in Rheinland-Pfalz.

2 Vgl. Achten, Udo 1978, S. 83. Er meint, daß das Recht auf Arbeit sich aus dem Art. 12 des Grundgesetzes zur Berufsfreiheit in Verbindung mit dem in Art. 20 und 28 festgelegten Sozialstaatsprinzip ergebe. Ute Gerhard hält diese Interpretation auch für möglich. Sie verweist jedoch zugleich auf die Rechtsprechung, die diese für unzulässig erklärte, da dem Recht auf Arbeit auch immer eine Arbeitspflicht entsprechen müsse (Gerhard, Ute, S. 179).

damit einhergehende zivilrechtliche Gleichstellung ging über die Grundsätze der Weimarer Verfassung hinaus, in denen die staatsbürgerliche Gleichheit von Mann und Frau, das Wahlrecht für Frauen sowie der Zugang zu allen Berufen festgelegt worden waren. Darüberhinaus gehend war das Recht auf Gleichberechtigung ein positiv formuliertes Recht und bezog sich seinem Anspruch nach auf alle Lebensbereiche, also auch auf die Arbeitswelt.

Insofern ist die Forderung nach Recht auf Arbeit für Frauen Teil des Strebens nach Gleichberechtigung und die hier darzustellende Entwicklung umfaßt somit auch den gewerkschaftlichen Beitrag für die Gleichberechtigung von Frauen und Männern. Denn die Möglichkeit, einer Erwerbsarbeit nachzugehen und dadurch ökonomische Selbständigkeit zu erzielen, entscheidet mit über die gesellschaftliche Stellung einer Person[3].

Die gewerkschaftliche Programmatik der Nachkriegszeit benutzte die Formulierung "Recht der Frauen auf Arbeit". Dies wird in unserer Darstellung daher beibehalten.

"Aus der Sicht von Frauen ist das 'Recht auf Erwerb' die präzisere und auch angemessenere Begrifflichkeit, denn Arbeit haben die Frauen genug, wenn auch 'nur' als Hausarbeit, d.h. unbezahlt, ja, und unbezahlbar und sichtbar nur, wenn sie nicht gemacht wird" (Gerhard, Ute 1988, S. 41). Dies hat die neuere Frauenforschung mit ihren Untersuchungen zum Verhältnis von Haus- und Lohnarbeit in den Blick genommen und eine Neubestimmung des Arbeitsbegriffes eingeleitet, die die enge Begrenzung auf die Lohnarbeit als maßgeblichen Bezugspunkt gesellschaftlicher Bewertung sprengt. Vielmehr werden die gegenseitigen Abhängigkeiten von Haus- und Lohnarbeit in den Blick genommen (Schubert, Doris 1984, S. 25 ff). Auch in den Erinnerungen der Gewerkschafterinnen kam dies zum Ausdruck: *"Es ist ja nicht so, daß die Frauen nicht gearbeitet hätten. Sie haben nur keinen Erwerbsberuf gehabt. Sie haben im Haus und in der Landwirtschaft gearbeitet"* (I.1.Q.3).

Im nachfolgenden Text wird vorrangig die bisher in zu geringem Maße beachtete Entwicklung der Frauenerwerbsarbeit in der frühen Nachkriegszeit beschrieben, ohne jedoch den Bereich der Familien- und Hausarbeit ganz auszusparen.

3 Zwar entscheidet das eigene Einkommen nicht ausschließlich über den jeweiligen Grad der Gleichberechtigung in der Gesellschaft, dies beweisen die Erkenntnisse des letzten Jahres aus dem Gebiet der ehemaligen DDR, doch als ein entscheidendes Merkmal kann die wirtschaftliche Eigenständigkeit weiterhin gelten.

1. Ausgangs- und Rahmenbedingungen weiblicher Erwerbsarbeit in der unmittelbaren Nachkriegszeit und in den 50er Jahren

Im allgemeinen werden mit der deutschen Nachkriegszeit Bilder der vollständigen Zerstörung und Verwüstung in Zusammenhang gebracht. Auch zeitgenössische Interpretationen besagen, der Bombenkrieg habe zum wirtschaftlichen Zusammenbruch Deutschlands geführt und das Land sei auf die Anfänge seiner wirtschaftlichen Entwicklung zurückgeworfen worden. Frauen tauchen in den Erinnerungen und den Darstellungen der Nachkriegsgeschichte zumeist als Trümmerfrauen auf. Sie werden erwähnt als diejenigen, die den Schutt wegräumten und die noch verwertbaren Materialien aussortierten.

In mehrfacher Hinsicht entsprechen diese Darstellungen nicht den damaligen Gegebenheiten. Der Beitrag von Frauen in der Phase des Wiederaufbaus wird darin nur verkürzt wiedergegeben. Denn Frauen waren unmittelbar nach Kriegsende in den Betrieben und in den Verwaltungen tätig. Der Anteil der Frauen an der Gesamtzahl der Erwerbstätigen betrug im Bundesgebiet im Dezember 1945 30,3 % (Niemann, Ursula 1959, S. 16)[4]. Zur Erwerbsarbeit kam die überwiegend von Frauen zu leistende "Überlebensarbeit" hinzu. In der Bevölkerung bildeten die Frauen die Mehrheit, nach Ende des Krieges lebten in den westlichen Zonen 7,3 Millionen mehr Frauen als Männer.

Die Urteile über die wirtschaftliche Ausgangslage nach Kriegsende gelten heute als unzutreffend, da – bezogen auf die Produktionsfaktoren Arbeit und Kapital – die Ausgangskapazitäten keineswegs schlecht waren (Abelshauser, Werner 1983, S. 20ff). Die Produktionsanlagen waren durch die Bombardierung der Alliierten nicht so entscheidend zerstört, wie es in den Bildern vom Nachkriegsdeutschland offensichtlich zu werden scheint. Auch die Demontage hinterließ nicht so tiefe Spuren, wie die Erzählungen aus der Nachkriegszeit glaubhaft machen wollen (Abelshauser, Werner 1983, S. 20).

Die Qualifikationsstruktur des Arbeitskräftepotentials hatte während des Krieges eine Verbreiterung erfahren (Abelshauser, Werner 1983, S. 24). Der Qualifikationszuwachs hatte sich auf zwei Ebenen vollzogen. Einmal ging das Wachstum des industriellen Produktionspotentials während des Krieges einher mit wissenschaftlichem und technischem Fortschritt. Dies erforderte entsprechend technisch ausgebildetes Personal. Zum anderen hatte der Faschismus die Arbeitnehmer und Arbeitnehmerinnen an eine rigorose Arbeitsdisziplin gewöhnt und kollektive Initiative und Improvisationskunst für die Kriegswirtschaft gefordert (Pirker, Theo 1977, S. 60).

Von diesem Prozeß waren die Frauen nicht ausgeschlossen, denn sie bildeten in den letzten Kriegsjahren – auch aufgrund der praktizierten Dienstverpflichtungen in der Rüstungsindustrie – fast die Hälfte der Erwerbstätigen. 1942 beispielsweise

4 Ohne Saarland und Berlin. Die Zahlenangaben wurden anhand der Mitgliederstatistik der Krankenkassen errechnet.

betrug der Anteil der Frauen an der Gesamtzahl der Beschäftigten 42 % (Niemann, Ursula 1959, S. 16)[5]. Frauen wurden von dem Prozeß des Qualifikationszuwachses allerdings insofern nicht begünstigt, als ihnen der Aufstieg in Führungspositionen nicht ermöglicht wurde. Denn auch nach Kriegsende handelte es sich bei den erwerbstätigen Frauen größtenteils um an- und ungelernte Kräfte (Kratzsch, Konrad 1950, S. 5).

Für das Überleben in der frühen Nachkriegszeit waren jedoch die extrafunktionalen Fähigkeiten wie Arbeitsdisziplin, Organisationsgeschick und Improvisationstalent, von großer Bedeutung. Die Versorgung mit den lebensnotwendigen Dingen erforderte weiterhin das Improvisieren. Tauschgeschäfte und Hamsterfahrten verlangten den Frauen Organisationsgeschick ab.

Die gesellschaftlich notwendigen Arbeiten, ohne die das Überleben nach Kriegsende nicht hätte gesichert werden können, sind statistisch nicht erfaßt worden. Zudem traten sie in der Wahrnehmung der Menschen im Verlauf der 50er Jahre mit zunehmender Dominanz der Erwerbssphäre in den Hintergrund. Sie wurden wieder unsichtbar. Diese "typischen" Frauenarbeiten prägten jedoch das Bild der frühen Nachkriegszeit und auch die heutigen Erinnerungen an diese Zeit.

Bedingt durch die Bombenangriffe der Alliierten in den letzten Kriegsmonaten waren Häuser und Wohnungen weitgehend zerstört, und zwar in weit größerem Ausmaß als die Produktionsanlagen. 40 % des Häuserbestandes waren vernichtet oder schwer beschädigt. Die fast vollständige Lahmlegung des Verkehrswesens verzögerte die Versorgung der Bevölkerung mit Hausbrand/Kohle sowie mit Nahrungsmitteln (Abelshauser, Werner 1983, S. 20). Diese täglich erfahrene und für alle offenbare Misere dominiert heute oftmals in den Erinnerungen an die Nachkriegszeit. In den Hintergrund geraten dabei die Aufbauarbeiten, die in den Betrieben durch die Belegschaften erfolgten. Diesen gehörten auch Arbeitnehmerinnen an, denn die sich hinziehende Rückkehr der Soldaten nach Kriegsende und der Umstand, daß sie nicht sofort wieder voll einsatzfähig waren, machte die Frauen in den Betrieben unabkömmlich.

Die Ausgangslage nach Kriegsende war somit einerseits durch die Aufbauleistungen, die die Frauen in den Betrieben verrichtet haben bestimmt. Andererseits mußten sie die Alltagsnot bewältigen: Es herrschte Mangel an Wohnraum, Mangel an Nahrung und an den nötigsten Gebrauchsgegenständen.

---

5 Die Angaben beziehen sich auf das Reichsgebiet. Die Erwerbsquote der Frauen im Bundesgebiet läßt sich nur bedingt mit der des Reichsgebietes vergleichen, da die Wirtschaftsstruktur im Reichsgebiet eine andere war als im Bundesgebiet. Im Reichsgebiet war beispielsweise der Anteil der Landwirtschaft erheblich höher als im Bundesgebiet. Die Zahlenangaben wurden aufgrund der Mitgliederstatistik der Krankenkassen errechnet.

Trümmerfrau

1.1 Nach Kriegsende: Der Wiederaufbau der Wirtschaft und die Entwicklung der weiblichen Erwerbsbeteiligung

In der frühen Nachkriegszeit setzte sich erst einmal fort, was in den letzten Kriegsjahren notwendig geworden war. Durch die Einberufung der Männer zum Kriegsdienst wurde Ende der 30er Jahre die Arbeitsaufnahme von Frauen in den Behörden ermöglicht (Kratzsch, Konrad 1950, S. 4). Mit Ausbruch des Zweiten Weltkrieges hatten die Frauen auch die Arbeitsplätze von Männern in den Produktionsbetrieben übernommen. Es *"war das kein Neuanfang, denn die Frauen waren ja schon in der Rüstung dienstverpflichtet gewesen"* (I.1.H.1.), bestätigten die befragten Gewerkschafterinnen. Zwar entfiel nach Kriegsende die Zwangsverpflichtung, aber es blieb weiterhin die Notwendigkeit, die Männer zu ersetzen.

Weibliche Akteure der Gewerkschaften erinnern sich an diesen Zeitraum: *"Da ging es ums Überleben"* (II.B.H.2) und *"Da ist getan worden, geschafft worden, wie es sich uns darbot"* (II.B.D.6). *"Die nackte Not hat die Frauen gezwungen zu arbeiten"* (I.1.H.1.), und *"Wenn die Not nicht so dringend gewesen wäre, das bedeutete, die meisten konnten vor Hunger nicht in den Schlaf kommen, und wenn nicht die längere Abwesenheit der Männer gewesen wäre, dann hätte es noch länger gedauert, bis Frauen in die Erwerbsarbeit gegangen wären"* (I.1.R.2).

Angesichts der schweren Lebensbedingungen wollte Clara Döhring die Frauen für die außerhäusliche Arbeit motivieren. In einer Rundfunkrede erklärte sie 1947: "die Mitarbeit der Frau beim deutschen Wiederaufbau als eine moralische und unabdingbare Pflicht für die Frau" (Döhring, Clara 1947).

Als vordringliches Motiv für die Berufstätigkeit von Frauen ist somit die Not der Nachkriegszeit anzusehen. Von den Frauen wurde weiterhin verlangt, die noch vorhandene Lücke an erwerbsfähigen Männern zu schließen.

Im Dezember 1945 waren im Bundesgebiet fast 3 Millionen Frauen erwerbstätig, dies entsprach einer Quote von 30,3 %. Bis zum September 1948 stieg die Anzahl der erwerbstätigen Frauen auf 3.834.000. Dennoch entsprach das nur einer Quote von 28,5 %, weil das Gesamtvolumen der Beschäftigung gestiegen war. Seitdem gab es einen ständigen Anstieg auf rund 34 % im Jahr 1958, dies waren 6.572.000 Frauen (Niemann, Ursula 1959, S. 16)[6].

Der Blick auf die absoluten Zahlen widerlegt die These von Werner Abelshauser. Dieser konstatiert für die ersten Nachkriegsjahre, daß die Frauenerwerbsquote a) besonders niedrig gewesen sei und b) dieser niedrige Beschäftigungsgrad auf die geringe Attraktivität eines Lohneinkommens zurückzuführen sei (Abelshauser, Werner 1975, S.109)[7]. Dem widerspricht Doris Schubert mit dem Hinweis, daß der Aussagewert eines Vergleichs nackter Prozentzahlen gering sei und sie verlangt, daß eine vergleichende Analyse als einen weiteren Aspekt das jeweilige Produktionsergebnis einzubeziehen habe (Schubert, Doris 1984, S. 75). Im Jahr 1947 – so Doris Schubert weiter – belief sich der Produktionsoutput in der Bizone[8] auf rund 40 % des Standes von 1936. Dieser Produktionsverringerung stand eine Erhöhung weiblicher Erwerbspersonen um 547.000 gegenüber, denn im Jahr 1936 waren 5.612.000 Frauen erwerbstätig und 1947 waren es 6.159.000 (Schubert, Doris 1984, S. 76).

Angesichts der Situation in der frühen Nachkriegsphase – einerseits wesentlich geringeres Niveau der Produktion und andererseits die schwierige Ernährungs- und Versorgungslage – wird mit dem Hinweis auf die niedrige Frauenerwerbsquote lediglich ein Ausschnitt der sozialen Wirklichkeit wiedergegeben. Für die gesellschaftliche Realität im Nachkriegsdeutschland kann vielmehr von einer kontinuierlichen Erwerbsbeteiligung der Frauen gesprochen werden.

---

6 Ohne Saarland und Westberlin, in den Grenzen vor dem 3. Oktober 1990. Diese Datenbasis bezieht sich auf die Mitgliederstatistik der Krankenkassen.

7 Abelshauser begründet die geringe Attraktivität des Lohneinkommens mit dem inflationären Geldüberhang, der bis zur Währungsreform bestand.

8 Am 1. Januar 1947 trat der amerikanisch-britische Vertrag über die Bildung des Vereinigten Wirtschaftsgebietes der Bizone in Kraft.

1.1.1 Die späten 40er Jahre: Die Männer drängen wieder auf den Arbeitsmarkt

Auch die Währungsreform vom 20. Juni 1948[9] stellte nicht die Zäsur für weibliches Erwerbsverhalten dar[10], wohl aber setzte zu diesem Zeitpunkt eine die Frauen benachteiligende Entwicklung ein. In den späten 40er Jahre stieg die Nachfrage nach Arbeit kontinuierlich sowohl seitens der aus der Gefangenschaft zurückkehrenden Männer als auch der Frauen an. Zudem war die Arbeitsmarktentwicklung durch den Zustrom von Vertriebenen und Flüchtlingen gekennzeichnet. In dem Zeitraum von 1946 bis 1950 waren dies 2,5 Millionen Personen (Abelshauser, Werner 1983, S. 95)[11].

Den Ansprüchen des männlichen Teils der Bevölkerung nach bezahlter Arbeit wurde in weit größerem Ausmaß entsprochen als der Nachfrage der Frauen. Von September 1947 bis September 1948 stieg die Anzahl der männlichen Beschäftigten um ca. 500.000 Personen, die Anzahl der erwerbstätigen Frauen um lediglich 50.000 (Niemann, Ursula 1959, S. 16).

Zur gleichen Zeit wurden in der Öffentlichkeit und auch in der gewerkschaftliche Presse wieder "althergebrachte" Einschätzungen gegenüber der Erwerbsbeteiligung von Frauen laut. "In der erhöhten Nachfrage nach Arbeit (seitens der Frauen) erblickte man einerseits ein Zeichen einer beginnenden Normalisierung im sozialen Gefüge, aber auch eine Quelle von Gefahren" (Kratzsch, Konrad 1950, S. 2). Aufgrund der sich anbahnenden Entwicklung – so die zeitgenössische Gewerkschaftspresse – "wurden Kräfte entfesselt, für die vorläufig kein zweckvoller Einsatz gefunden werden kann" (Kratzsch, Konrad 1950, S. 2). Mit dieser Begründung wurde außer Acht gelassen, daß für viele Frauen die ökonomische Notwendigkeit der Erwerbsarbeit bestand. Und zugleich wurde seitens des Journalisten der gewerkschaftsnahen Publikation die Frauenerwerbsarbeit charakterisiert als zusätzlich, eben für die Anschaffung von Konsumgütern, und als "Reservepotential", denn für die Frauen – so hieß es – stünden *vorläufig* nicht genügend Arbeitsplätze zur Verfügung. Dies wurde kurz nach der Phase behauptet, in der die Frauen über mehrere Jahre anstelle der Männer in den Verwaltungen und Betrieben tätig

---

9 Die Währungsreform manifestierte das privat-kapitalistische Wirtschaftssystem. Sie sah den Umtausch von der Reichsmark in die neue 'Deutsche Mark' vor, dies im Verhältnis 1:1. Dies galt für das Kopfgeld von 40,– DM. Bank- und Sparkassenguthaben wurden in die Umstellung eingeschlossen, hierfür galt das Verhältnis 1:10. Das Produktionsvermögen bliebe unangetastet. Diese Ungleichheit in der Behandlung der Vermögen wird grundlegend für die Einkommens- und Vermögensverteilung in der Bundesrepublik; vgl. Abelshauser, Werner 1983, S. 50f.

10 Diese These von Werner Abelshauser wurde mit den absoluten Zahlen über die Erwerbsbeteiligung von Frauen widerlegt.

11 Werner Abelshauser stellt hierzu fest, daß 1946 7,1 Mio. Menschen in Westdeutschland lebten, die vor Kriegsbeginn außerhalb der Grenzen des Bundesgebietes gewohnt hatten. Bis 1950 stießen weitere 2,5 Mio. zu dieser Personengruppe hinzu. Es handelte sich dabei keineswegs in der Masse um Frauen, Kinder und Alte, wie es die Erinnerung an elende Flüchtlingstrecks suggerieren könnte (Abelshauser, Werner 1983, S. 95).

gewesen waren. Hier wird die Ersatzfunktion der Frauenerwerbsarbeit besonders anschaulich.

Den Wunsch nach Konsumgütern als Motiv für die Erwerbstätigkeit von Frauen zu werten, entbehrte jedweden Realitätsbezugs, denn die Währungsreform kann nicht als Wende zur Besserung der Lebensverhältnisse der Bevölkerung betrachtet werden. Zwar gelangten danach die Waren auf den Markt, die vorher auf Halde produziert worden waren, doch zur gleichen Zeit stiegen auch die Preise an, da mit der Währungsreform auch die Preisbindung entfiel und die Löhne gleich niedrig blieben.

Letztere unterlagen noch dem Stoppgebot des Kontrollratsgesetzes Nr. 22 (bis zum 3. Nov. 1948). Die überteuerten Waren waren für die "Normalbürger" kaum erschwinglich.

Die soziale Sprengkraft, die in der ungleichen Entwicklung von Löhnen und Preisen lag, gab den Gewerkschaften Anlaß zu Protestaktionen. Hunderttausende folgten dem Aufruf zu Demonstrationen, den Hungerdemonstrationen im Herbst 1948 (Pirker, Theo 1979, S. 105).

Kennzeichend für die Lage der Frauen am Ende der 40er Jahre war also, daß die Hausarbeit und die Versorgung der Familien weiterhin mit enormen Anstrengungen verbunden und Erleichterungen nicht absehbar waren. Zudem stieg das männliche Arbeitskräftepotential an, und Frauen traten hinsichtlich ihres Anspruch auf bezahlte Arbeit in die zweite Reihe zurück[12]. Diese Entwicklung kann nicht ausschließlich als Prozeß der Herausdrängung der Frauen aus dem Arbeitsmarkt beschrieben werden. Denn 1950 betrug die weibliche Erwerbsquote 31,3 %. Fast 8,5 Millionen Frauen waren also erwerbstätig (Willms, Angelika 1983, S. 35).

Die nur geringe Zunahme der Erwerbsbeteiligung von Frauen war auch deshalb zu verzeichnen, weil im Bewußtsein vieler Frauen die außerhäusliche Arbeit nur für eine Übergangszeit galt. Denn *"die Menschen haben es selbstverständlich akzeptiert, wenn man ihnen sagte, du gehst nur, wenn es erforderlich ist, in den Beruf oder in die Arbeit, und wenn es nicht mehr erforderlich ist, dann gehst Du wieder nach Hause und betreust die Kinder. So waren sie auch erzogen, so haben sie es auch seit ihrer Kindheit in den Büchern gelesen"* (I.1.R.2).

Erleichterung und Verbesserung ihrer sozialen Lage versprachen sich viele Frauen, als die Männer aus der Gefangenschaft zurückkehrten. Kriegsbedingte Verletzungen und Krankheiten der rückkehrenden Männer verhinderten jedoch vorerst die erwarteten Erleichterungen. Als dann aber die finanzielle Absicherung durch den Ehemann die Möglichkeit des Rückzugs in die Hausarbeit eröffnete, nutzten die Frauen dies. Sie zogen *"sich wieder aus dem Erwerbsleben wegen Kindererziehung und wegen der Männer zurück"* (I.2.C.7). Die befragten Gewerk-

12 Von Angelika Willms wird die niedrige Frauenerwerbsquote für 1950 damit begründet, daß "angesichts der sehr hohen Arbeitslosigkeit in der unmittelbaren Nachkriegszeit viele Frauen, die faktisch Arbeit suchten, sich entmutigt als 'Hausfrau' bezeichneten, statt durch die Angabe 'arbeitslos' (...) ihren Anspruch auf Erwerbsarbeit deutlich zu machen" (Wilms, Angelika 1983, S. 34).

schafterinnen bewerteten diesen "Rückzug" nicht als einen in freier Entscheidung gewählten Weg. Vielmehr haben nach ihren Auffassungen die mehrfachen Belastungen der Frauen, das heißt die alleinige Zuständigkeit für die Hausarbeit und die gesundheitsschädlichen Arbeitsbedingungen, diesen Schritt nahegelegt.

Dieser teilweise "Rückzug" der Frauen bewirkte jedoch, daß es Ende der 40er Jahre nur einen langsamen Anstieg der Frauenerwerbsquote gab. Der Rückzug wiederum lag darin begründet, daß es für viele Frauen nicht selbstverständlich war, einen bezahlten Arbeitsplatz zu beanspruchen. In der unmittelbaren Nachkriegszeit hatte die Erwerbsarbeit nicht im Leben aller Frauen einen festen Stellenwert. In den Zeiten der Not allerdings übernahmen die Frauen die ihnen zugewiesenen Aufgaben.

Die außerhäusliche Berufstätigkeit sahen viele Frauen als Zusatzaufgabe zur Hausarbeit an, denn die Zuständigkeit für die Familienarbeit lag weiterhin bei ihnen. Für einen kurzen Zeitraum – gemeint sind die letzten Kriegsjahre und die frühe Nachkriegszeit – hatten die Frauen eine herausragende Stellung in der Gesellschaft, die jedoch nicht von Ihnen selbst erstritten war. Zur Erwerbsarbeit wurden sie zeitweise "verpflichtet". Daher ist es erklärlich, daß zahlreiche Frauen Ende der 40er Jahre eher bereitwillig ihren Arbeitsplatz räumten und – in Kontinuität zur Vorkriegszeit – wieder die Hausfrauenund Mutterrolle übernahmen. Sich ausschließlich der Familienarbeit zu widmen, war jedoch kein Weg für diejenigen Frauen, die für ihre materielle Existenzsicherung zu sorgen hatten. Angesichts der Frauenmehrheit in der Bevölkerung waren dies nicht wenige. Vor allem für die alleinstehenden Frauen bestand weiterhin die Notwendigkeit der Erwerbsarbeit, denn niemand anders als sie selbst sorgte für ein regelmäßiges Einkommen. Daher waren 1950 fast 70 % aller alleinstehenden Frauen erwerbstätig. Während von den verheirateten Frauen lediglich 26,4 % einer außerhäuslichen Berufstätigkeit nachgingen (Willms, Angelika 1983, S. 35).

1.1.2 Die Erwerbsbeteiligung der Frauen nach Branchen

Die Konzentration der Frauenbeschäftigung auf einzelne Wirtschaftszweige war kein neues Phänomen der Nachkriegszeit. Bereits in der Weimarer Republik waren diese Schwerpunkte vorhanden, in einzelnen Branchen und Berufsgruppen dominierten die erwerbstätigen Frauen.

- Ein Vergleich zwischen den Jahren 1938 (Januar), 1947 (September) und 1949 (März) in den Berufsgruppen *Ackerbau, Tierzüchter und Gartenbauer* ergab, daß 1938 6,7 % aller Arbeitnehmerinnen zu den genannten Gruppen zählten, 1947 12,4 % (in absoluten Zahlen 238.645 Personen) und 1949 9,3 % (198.048 Frauen).
- Die *Hauswirtschaftlichen Berufe* dominierten als Berufsgruppe für Frauen. 1938 waren 36,5 % aller Arbeitnehmerinnen, 1947 28,5 % und 1949 25 % Angehörige dieser Berufsgruppen.

- Zu den *kaufmännischen Büro- und Verwaltungsberufen* zählten 1938 22,6 %, 1947 25 % und 1949 25,6 % aller Arbeitnehmerinnen.
- Für die zur *gewerblichen Produktion* zählende Erwerbsarbeit zeichnete sich Ende der 40er Jahre ein Rückgang ab, und zwar differenziert nach Männern und Frauen. In den Branchen, in denen in der Zwischenkriegszeit die männlichen Beschäftigten die Mehrheit bildeten, war ein größerer Rückgang der Frauenbeschäftigung festzustellen. Dies betraf beispielsweise dieMetallindustrie: Dort wurden Frauen erst in den letzten Kriegsjahren beschäftigt, jedoch nach Kriegsende verließen mehr Frauen als Männer diese Unternehmen. Anders verlief der Schrumpfungsprozeß in den Textilindustrien. Dort waren auch bereits in der Weimarer Republik schwerpunktmäßig Frauen beschäftigt gewesen und die Nachkriegsentwicklung zeigt, daß in diesem Wirtschaftszweig ein stärkerer Rückgang bei Männern als bei Frauen vonstatten ging (Kratzsch, Konrad 1950, S. 4).

In welchen Wirtschaftszweigen die Frauen 1949 beschäftigt waren, zeigt nachfolgende Übersicht. Darin ist erkennbar, daß sich die Frauenerwerbsarbeit auf die Verbrauchsgüterherstellung, also auf die Produktion von Waren, die unmittelbar in die Haushalte gelangten, konzentrierte. Auffällig ist zudem, daß die sogenannten dienenden und pflegenden Berufe in großer Anzahl vertreten waren. Für diese Art von Arbeiten besäßen "Frauen eine besondere Neigung", hieß es dazu in der Gewerkschaftspresse jener Jahre (Kratzsch, Konrad 1950, S. 4).

Hinsichtlich der Beschäftigungsfelder von Frauen tritt somit eine eindeutige Kontinuitätslinie von der Vorkriegszeit bis zum Ende der 40er Jahre zutage. Zwar wurden in den letzten Kriegsjahren die Frauen auch für Arbeiten herangezogen, die traditionell den Männern vorbehalten waren, nach Kriegsende jedoch bildeten sich wieder die Schwerpunkte für die Frauenbeschäftigung heraus, die in der Zwischenkriegszeit bereits das Bild bestimmten. Diese geschlechtspezifische Segmentierung des Arbeitsmarktes verfestigte sich in den fünfziger Jahren weiter.

Tabelle 1: Wirtschaftszweige mit besonders hohem Anteil weiblicher Arbeitnehmer im Vereinigten Wirtschaftsgebiet (Juli 1949)

	Beschäftigte Frauen	Anteil der Frauen in v.H. der Arbeitnehmer 1.
Häusliche Dienste	562.900	99,7
Volkspflege, Fürsorge	69.868	78,2
Tabakindustrie	35.300	75,1
Schneiderei, Näherei, Kleider und Wäsche	223.911	74,7
Sonstiges Bekleidungsgewerbe	69.868	78,2
Krankenpflege, Apotheken	177.896	70,5
Gaststättengewerbe	82.125	63,6
Textilgewerbe	240.036	55,9
Übriges Nahrungs-und Genußmittelgewerbe	32.476	51,4
Friseurgewerbe	34.927	51,2
Musikinstrumente und Spielwarenhersteller	7.343	49,2
Handel	377.604	45,7
Zucker- und Zuckerwarenindustrie	12.894	43,0
Bildungswesen, Kirche	89.411	39,5

➻

Papiererzeugung und -verarbeitung	32.652	37,7
Landwirtschaft, Tierzucht, Gärtnerei	378.569	37,0
Keramische Industrie	18.504	35,4
Druck und Vervielfältigung	41.621	35,4
Theater, Film, Sport	20.597	34,1
Geld, Bank und Versicherungswesen	63.599	32,7
Alle Wirtschaftszweige	**3.551.967**	**29,3**

Quelle: Mitteilungen des Wirtschaftswissenschaftlichen Instituts der Gewerkschaften, Nr. 1, 3. Jhg. 1950, S. 6[13]. Die prozentualen Angaben beziehen sich jeweils auf die Gesamtbeschäftigtenzahl der Branchen.

1.2 Die 50er Jahre: Wirtschaftlicher Aufschwung und die Entwicklung der weiblichen Erwerbsbeteiligung

Die konjunkturellen Daten zeigten schon ab 1947 einen Aufwärtstrend an, die Steigerungsraten[14] des Bruttosozialproduktes erreichten jedoch erst in den 50er Jahren die für jene Zeit charakteristische Höhe. Aufgrund der durchschnittlichen jährli-

13 Es wurde eine gewerkschaftliche Quelle ausgewählt, weil die offiziellen Betrachtungen über die Struktur des Arbeitsmarktes fast immer das Jahr 1950 als Ausgangspunkt haben. Die Daten der Volkszählung vom 13.9.1950 liegen diesen Angaben zugrunde. Aus dem vorhergehenden Zeitraum liegen kaum detaillierte Angaben vor, zumeist wird lediglich unterschieden zwischen den vier Wirtschaftssektoren. Die Verteilung von Männer- und Frauenarbeitsplätzen ist daraus nur ungenügend ersichtlich, deutlicher wird dies bei Betrachtung der einzelnen Branchen.

14 In dem Nachkriegszyklus 1950-1954 betrug die durchschnittliche Wachstumsrate 8,8%, im Zyklus 1955-1958 7,2% (vgl. Abelshauser, Werner 1983, S. 104).

chen Wachstumsrate von 5,6 % in der Zeit von 1950–1965 (Abelshauser, Werner 1983, S. 101) wird diese Zeit die "goldenen fünfziger Jahre" genannt.

Für das Zustandekommen des Wachstums waren die Ressourcen, die vom NS-Regime übernommen werden konnten, von großer Bedeutung. Der Kapitalstock war während der Zeit des Nationalsozialismus angestiegen und vor allem das männliche Arbeitskräftepotential hatte im Bereich der beruflichen Qualifikationen eine Erweiterung erfahren. Wachstumsfördernd wirkte sich dann zu Beginn der 50er Jahre der durch den Korea-Krieg ermöglichte Zugang der deutschen Wirtschaft zum Welthandel aus.

Frauen partizipierten vom konjunkturellen Aufschwung der 50er Jahre nur begrenzt. Die Erwerbsquote der Frauen stieg während dieser Zeit nur gering an. Doch am Beginn der 60er Jahre waren immerhin fast 1,5 Millionen Frauen mehr als 1950 erwerbstätig. 1950 betrug die weibliche Erwerbsquote 31,3 %, dies waren 8,48 Millionen Beschäftigte. 1961 waren 9,94 Millionen Frauen erwerbstätig, dies entsprach einer Quote von 33,4% (Willms, Angelika 1983, S. 35). Die absoluten Zahlenangaben verweisen jedoch auf eine Steigerung. Diese Zunahme ist auf dem Hintergrund der ab Mitte der 50er Jahre erreichten Ausschöpfung des (männlichen) Arbeitskräftepotentiales zu sehen. Denn die Arbeitslosenquote ging von ihrem Höhepunkt Anfang 1950 (12,2 %) Jahr für Jahr weiter zurück. Schon 1955 unterschritt sie die bis dahin als Grenze zur Vollbeschäftigung angesehene 5-Prozent-Marke. Anfang 1960 sank die Arbeitslosenquote auf unter 1 %, ein bis dahin nicht gekanntes Niveau der Vollbeschäftigung (Abelshauser, Werner 1983, S. 110).

Der konjunkturelle Aufschwung und die damit verbundene Verknappung der (männlichen) Arbeitskräfte Ende der fünfziger Jahre bewirkte eine Rückbesinnung auf das weibliche Arbeitskräftepotential. Um den strukturellen und konjunkturellen Arbeitskräftemangel auszugleichen, wurde die Erwerbstätigkeit von Frauen als notwendig hervorgehoben (Girndt, Rainer u.a. 1989, S. 12). Eine Interpretation seitens des DGB lautete: "Die Wirtschaftskonjunktur mit ihrem wachsenden Arbeitskräftebedarf versucht die letzten Reserven in ihren Sog hineinzuziehen" (Heitbaum, Heinrich 1959, S. 22).

Gewiß war diese "Mangelsituation" nicht mit der Not der Nachkriegsverhältnisse zu vergleichen, dennoch wird an diesen Argumenten deutlich, daß immer dann, wenn auf dem Arbeitsmarkt "Not am Mann" war, Frauen einzuspringen hatten. Über diesen Prozeß war man offenbar in der Öffentlichkeit der 50er Jahre geteilter Meinung. Rosemarie Nemitz schrieb in den "Gewerkschaftlichen Monatsheften", der Anstieg "werde von den einen mit Besorgnis und Kummerfalten registriert, von den anderen als Zeichen einer nicht mehr rückgängig zu machenden Entwicklung" (Nemitz, Rosemarie 1959, S. 711). Tatsächlich stieg auch die Erwerbsbeteiligung von verheirateten Frauen in den fünfziger Jahren an, wodurch sich die bereits erwähnte geringfügige Zunahme der Frauenerwerbsquote erklären läßt.

Tabelle 2: Entwicklung der Frauenerwerbsquote von 1950 -1957

Frauen	1950	1957	Veränderung
insgesamt	31,4%	34,2%	+ 2,8%
ledige	40,0%	40,7%	+ 0,7%
verheiratete	25,0%	31,6%	+ 6,6%
verwitwete u. geschiedene	24,4%	24,3%	- 0,1%

Quelle: Deutscher Gewerkschaftsbund – Der Bundesvorstand, Hauptabteilung Frauen (Hrsg.), Gewerkschaftliche Beiträge zur Frauenerwerbsarbeit Nr. 3, Köln 1961, S. 7.

Die Kritik, die in der öffentlichen Diskussion zum Ausdruck kam, bezog sich vor allem auf die Erwerbstätigkeit von Müttern. Ihnen wurde seitens der Unternehmen als Erwerbsmöglichkeit die Halbtagsarbeit offeriert. Sie wurde als Lösung des Problems gleichzeitiger Versorgung der Familien und Erwerbsarbeit beschrieben. Die Teilzeitarbeit wurde ab Mitte der 50er Jahre in Form von Abendschichten und Saisonarbeiten üblich. Dies geschah vor allem, um Belastungsspitzen abzufedern, beispielsweise bei den städtischen Verkehrsbetrieben im Schaffnerdienst während der Spitzenverkehrszeiten oder im Einzelhandel als zusätzliches Verkaufspersonal zu den Hauptgeschäftszeiten (Heitbaum, Heinrich 1959, S. 23). Das hier erforderliche weibliche Arbeitskräftepotential wurde in breiten Werbekampagnen geworben. Die Unternehmen annoncierten in Zeitungen, um Frauen für die Berufstätigkeit zu gewinnen. Allerdings galt dies hauptsächlich für die öffentlichen Betriebe und für die Unternehmen im Handel. Die industriellen Produktionsbetriebe verhielten sich bei den Anwerbekampagnen eher zurückhaltend, denn "für die Produktion schien den Unternehmern die Teilzeitarbeit nicht rentabel" (Tritz, M. 1956, S. 24). Als Haupteinwand wurde geltend gemacht, daß die Maschinen nicht voll ausgenützt würden (Amann, Olga 1956, S. 227).

Insgesamt diente das Zugeständnis besonderer Arbeitszeitformen für verheiratete Frauen der Erschließung neuer Arbeitskraftreserven. Im Jahr 1960 waren dann auch bereits 1,3 Millionen Frauen teilzeitbeschäftigt (Wiggershaus, Renate 1979, S. 85)[15]. Insbesondere im produzierenden Gewerbe und im Dienstleistungssektor wurden vermehrt Arbeitskräfte benötigt, denn die Gewichtung innerhalb der Wirtschaftssektoren verlagerte sich zu deren Gunsten. Zur gleichen Zeit nahm die Bedeutung der Land- und Forstwirtschaft stetig ab und die Anzahl der Selbständigen dort und im Handwerk verringerte sich. Folglich reduzierten sich für Frauen die Möglichkeiten als "mithelfende Familienangehörige" berufstätig zu sein. 1950 waren noch 32 % aller weiblichen Erwerbspersonen als "mithelfende Familienan-

15 Angaben über die quantitative Entwicklung der Teilzeitarbeit in den fünfziger Jahren liegen nicht vor.

gehörige" tätig, 1961 waren es lediglich noch 22,1 % (Willms, Angelika 1983, S. 35).

Hand in Hand mit diesem Strukturwandel vollzogen sich Veränderungen in der Beschäftigtenstruktur. Im einzelnen hieß dies, daß sich der Anteil der in der Land- und Forstwirtschaft beschäftigten Frauen an allen weiblichen Personen von 35,2 % im Jahr 1950 auf 19,7 % im Jahr 1961 reduzierte. Der *tertiäre Sektor (Dienstleistungen)* gewann an Bedeutung. Der Anteil der Angestellten und Beamtinnen an den weiblichen Erwerbspersonen stieg in den 50er Jahren kontinuierlich an und betrug im Jahr 1961 44,3 %. 1950 waren es hingegen nur 31,0 % gewesen. Auch im *industriellen Sektor* spielte die Frauenerwerbsarbeit nun eine größere Rolle. 1961 betrug der Anteil der Frauen in der Industrie und im Handwerk 32,6 % an allen weiblichen Erwerbspersonen, 1950 waren es hingegen 24,8 % (Willms, Angelika 1983, S. 35). Die Wirtschaftssektoren Industrie und Handwerk sowie Handel und Verkehr wurden für die in abhängiger Stellung tätigen Frauen zu den wichtigsten Tätigkeitsfeldern. Und die größte Gruppe der erwerbstätigen Frauen in den genannten Sektoren bildeten die alleinstehenden Frauen. Von den erwerbstätigen Frauen (Arbeiterinnen, Angestellte und Beamtinnen insgesamt) hatten, waren 62,7 % alleinstehende Frauen und 30,2 % verheiratete Frauen (Willms, Angelika 1983, S. 54).

Frauen im Telegrafenamt

Über die Qualifikationsstruktur der Arbeiterinnen in der Industrie kann ausgesagt werden, daß parallel mit der quantitativen Zunahme von Frauen im industriellen Sektor nicht ein Zuwachs hinsichtlich der formalen Qualifikationen erfolgte. Einer Lohn- und Gehaltsstrukturerhebung aus dem Jahre 1957 kann entnommen werden, daß im gleichen Jahr lediglich 5,1 % der Arbeiterinnen in der Industrie als Facharbeiterinnen in der Leistungsgruppe I waren. 46,1 % übten angelernte Tätigkeiten aus und waren der Leistungsgruppe II zuzurechnen. Der überwiegende Teil, nämlich 48,8 %, waren als ungelernte Arbeiterinnen der Leistungsgruppe III zugeordnet (DGB, Abt. Frauen 1961, S. 21)[16].

1.3 Der Wirtschaftsaufschwung – Disparitäten in der Entwicklung der industriellen Branchen und die ungleiche Erwerbsbeteiligung von Männern und Frauen

Ende der fünfziger Jahre waren über ein Drittel aller erwerbstätigen Frauen in industriellen Branchen beschäftigt, also in Wirtschaftszweigen des Sektors, der den wirtschaftlichen Wiederaufbau und die Entwicklung Westdeutschlands zur Industrienation maßgeblich bewirkte. Deutliches Zeichen dafür ist, daß in den fünfziger Jahren die Hälfte des Sozialprodukts in der Industrie erwirtschaftet wurde (Abelshauser, Werner 1983, S. 125).

Der Anteil der Frauen an der Gesamtzahl der Beschäftigten in den verschiedenen Branchen differierte jedoch zwischen 2,3 % im Bergbau und 53,5 % in den Verbrauchsgüterindustrien. Die Tatsache der Konzentration der Frauenerwerbsarbeit auf bestimmte Sektoren, zeigte sich auch bei einer Betrachtung des industriellen Sektors. Diese ungleiche Verteilung von Frauen- und Männerarbeitsplätzen war jedoch keine neue Erscheinung der Nachkriegszeit, denn bereits in der Weimarer Republik wies der industrielle Sektor einen Teilarbeitsmarkt für Frauen auf. Die Zahlenangaben für das Jahr 1936 in der nachfolgenden Tabelle 3 belegen dies. Sichtbar ist somit auch im industriellen Sektor eine Kontinuitätslinie von der Vorkriegszeit bis zum Ende der 50er Jahre. Unterbrochen wurde diese Entwicklung lediglich im kurzen Zeitraum der letzten Kriegsjahre und der frühen Nachkriegszeit, als die Frauen in den Produktionsbetrieben die Männer ersetzten, sie vor allem auch in der Rüstungsindustrie ersetzen mußten.

Insbesondere in den Branchen, die herausragende Bedeutung in der industriellen Entwicklung hatten, bestanden in den 50er Jahren für Frauen nur geringe Arbeitsmöglichkeiten. Im montan-industriellen Bereich galten Schutzbestimmungen[17] für Frauen. Als alleinige Erklärung für die ungleiche Verteilung von Männer- und Frauenarbeitsplätzen reichen diese Regelungen jedoch nicht aus.

16 Bei der Erhebung wurden insgesamt 720.675 Arbeiter/innen erfaßt, davon waren 573.053 (79,5%) Frauen und 142.622 (20,5%) Männer.

17 Beispielsweise gab es im Bergbau seit 1869 ein Beschäftigungsverbot für Frauen. Dieses bezog sich auf Arbeiten unter Tage und teilweise auch auf Arbeiten über Tage.

Die Entwicklung der Erwerbsbeteiligung von Frauen und deren Verteilung auf die industriellen Wirtschaftszweige ist nachfolgender Übersicht zu entnehmen.

Tabelle 3: Entwicklung der Frauenerwerbsbeteiligung in der Industrie

Jahresdurchschnitt[18]	1950	1958	(1936)
Bergbau	1,8	2,3	(0,7)
Grundstoff- und Produktionsgüterindustrie	13,4	15,6	(12,0)
Investitionsgüterindustrien	18,1	22,6	(15,5)
Verbrauchsgüterindustrien	48,6	53,5	(45,2)
Nahrungs- und Genußmittel industrien	43,3	45,2	(37,2)
Gesamte Industrie	25,5	28,8	(22,5)

Quelle: DGB – Hauptabteilung Frauen (Hrsg.), Gewerkschaftliche Beiträge zur Frauenerwerbsarbeit, Nr. 2, Düsseldorf 1959, S.5.

Einerseits wird die kontinuierliche Zunahme des Anteils der Frauenerwerbsbeteiligung in den aufgeführten industriellen Branchen sichtbar, andererseits wird auch deutlich, daß sich die Schwerpunkte industrieller Frauenarbeit verfestigten. 1958 waren darin -gemessen an der Anzahl der Arbeitsplätze für Frauen - die Verbrauchsgüterindustrien führend. Dazu zählte die Bekleidungsindustrie mit 83,8 % weiblichen Beschäftigten und die Lederverarbeitende Industrie mit 64,3 % Frauen unter den Beschäftigten in der Branche. Ein weiterer Schwerpunkt war die Nahrungs- und Genußmittelindustrie. Darunter fiel die Süßwarenindustrie mit 72,3 % weiblichen Beschäftigten und die Tabakverarbeitende Industrie mit einem Anteil von 79,8 % an der Gesamtzahl der Beschäftigten[19]. Schon eine rein zahlenmäßige Betrachtung erlaubt es, von frauenspezifischen industriellen Branchen zu sprechen.

Innerhalb der männlich dominierten industriellen Wirtschaftssektoren gab es einzelne Industriegruppen mit einem hohen Anteil an weiblichen Beschäftigten. In den Investitionsgüterindustrien waren es die Feinmechanik und die optische Industrie mit einem Anteil von 41,2 %, in der Metallkurzwarenindustrie betrug dieser 47,9 %. Der Schwerpunkt weiblicher Beschäftigung in der Grundstoff- und Produktionsgüterindustrie lag in der Chemische Industrie mit 27 % und in der Kautschuk- und Asbestverarbeitenden Industrie mit 36,4 % aller Beschäftigten. Im Verlauf der 50er Jahre hatten sich somit in der industriellen Struktur Wirtschaftszweige mit einem überwiegenden Anteil von weiblichen Beschäftigten herausgebildet

18 Angaben in Prozent der Gesamtzahl der Beschäftigten in den Sektoren.
19 Alle Angaben beziehen sich auf das Jahr 1958.

sowie männlich dominierte Industriegruppen. In letzteren wiederum gab es einzelne "Frauenbranchen".

Eine Ursache für die unterschiedliche Entwicklung der Erwerbsbeteiligung von Männern und Frauen lag in den unterschiedlichen Ausgangsbedingungen der Produktionszweige nach Kriegsende. Dazu zählte das Niveau der Produktion, das den Bedarf an Arbeitskräften bestimmte. In den frauenspezifischen Branchen war in der Nachkriegszeit das Angebot an Arbeitsplätzen infolge der niedrigen Produktionsziffern gering. So beliefen sich beispielsweise im Jahr 1946 die Produktionsziffern in den Bereichen

Chemische Industrie	auf	39%
Leder	auf	34%
Textil/Bekleidung	auf	20%
Metallindustrie	auf	18%

des Standes von 1936 (Abelshauser, Werner 1975, S. 43)[20].

Zu der differierenden Ausgangslage nach Kriegsende kommt hinzu, daß die Industriegruppen mit überwiegend weiblichen Beschäftigten in den fünfziger Jahren in den Hintergrund der wirtschaftlichen Entwicklung gerieten. Darüber gibt die jeweilige Exportquote Auskunft, denn daran ist das Gewicht der einzelnen Industriezweige in der gesamten industriellen Produktion ablesbar. Bei den Exporten bildeten die Konsumgüterindustrien, die Textilindustrien und die Lebensmittelindustrien das Schlußlicht. Führend im Außenhandelsgeschäft waren die Grundstoff- und Investitionsgüterindustrien (Welteke, Marianne 1980, S. 116).

Diese Führungsrolle übernahmen die beiden letztgenannten Wirtschaftszweige Anfang der 50er Jahre. Begünstigt wurde dies wesentlich durch den Korea-Krieg, dessen Ausbruch im Juni 1950 die Nachfrage des Auslands nach deutschen Investitionsgütern und Rohstoffen steigen ließ. Zwar hatte die deutsche Wirtschaft bereits vor dem Korea-Krieg neuen Auftrieb erhalten, ihren stärksten Impuls aber erfuhr sie durch die Folgen der Militarisierung in den Vereinigten Staaten (Pirker, Theo 1979 S. 175). Dadurch wurde wesentlich der wirtschaftliche Aufschwung bewirkt und das "Wirtschaftswunder" begann. Der stetige Rückgang der Arbeitslosigkeit zu Beginn der 50er Jahre war das deutlichste Anzeichen dafür.

Diese Entwicklung richtete sich in doppelter Weise gegen die Frauen. Von einer gleichmäßigen Entwicklung der industriellen Branchen kann nicht die Rede sein, denn es wurden vorwiegend Güter nachgefragt, die in Industriegruppen mit überwiegend männlichen Beschäftigten erzeugt wurden und somit stieg dort der Bedarf an Arbeitskräften.

Die Grundstoff- und Produktionsgüterindustrien profitierten vorrangig von der Außenhandelsorientierung der deutschen Wirtschaft. Die erzielten Exportsteigerungen bewirkten den Anstieg der Löhne und Gehälter der dort beschäftigten –

20 Für die Nahrungs- und Genußmittelindustrie, eine frauenspezifische Branche, liegen keine vergleichbaren Angaben vor.

überwiegend männlichen – Arbeitnehmer. Dies wiederum führte zu einer verstärkten Nachfrage nach Konsumgütern.

Ausgelöst dadurch stiegen die Erwerbschancen für Frauen, die eben in denjenigen industriellen Branchen beschäftigt waren, die Waren des täglichen Bedarfs herstellten. Eine Zunahme der Erwerbstätigkeit von Frauen kann somit als Folge der guten Auftragslage der Unternehmen mit vorwiegend männlichen Belegschaften angesehen werden.

Die Verwobenheit von Korea-Krise einerseits und Entwicklung der Frauenbeschäftigung andererseits liest sich im Bericht des DGB-Landesbezirkes Niedersachsen aus dem Jahr 1950-1951 so: "Die industrielle Frauenarbeit ist ganz besonders konjunkturempfindlich. So brachte die Koreakrise, die in der Mitte des Jahres 1950 einen allgemeinen Anstieg der Wirtschaft verursachte, auch eine vermehrte Beschäftigung von Frauen mit sich, der aber nach erfolgter Beruhigung konjunkturelle Entlassungen folgten. Dabei waren vor allem die Textil-, Leder und Rundfunkindustrie beteiligt" (DGB-Landesbezirk Niedersachsen 1950/51, S. 100).

Frauen waren in der Phase des wirtschaftlichen Aufschwungs also zweifach benachteiligt, denn der Bedarf an weiblichen Arbeitskräften stand in unmittelbarer (nachrangiger) Abhängigkeit zur konjunkturellen Entwicklung der Wirtschaftszweige mit überwiegend männlichen Beschäftigten. Verschärfend kam hinzu, daß erst im zweiten Schritt Waren hergestellt wurden, die den Frauen die Versorgung ihrer Familien technisch hätten erleichtern können. Zu den Konsumgütern jener Jahre zählten Haushaltswaren, die heute zum alltäglichen und selbstverständlichen Gebrauch gehören. Die Jahre des Massenkonsums begannen für den größten Teil der Bevölkerung erst in den 60er Jahren. Im vorhergehenden Jahrzehnt war die Hausarbeit nur mit einem großen zeitlichen Aufwand zu bewältigen, denn nur wenige Haushalte verfügten beispielsweise über eine (halb)-automatische Waschmaschine und die meisten Frauen mußten für das Waschen einen ganzen Tag einplanen. Die Frauen mußten also nicht auf "unnütze Artikel" verzichten. Diese Wirklichkeit muß mitgesehen werden, denn sie bildete eine Ursache für den geringen Anstieg der Frauenerwerbsquote und für den angeblich "freiwilligen Rückzug" der Frauen aus dem Erwerbsleben.

Auch die wirtschaftspolitischen Maßnahmen in den 50er Jahren hatten nicht die Erleichterung der häuslichen Arbeiten im Blick – eher das Gegenteil war der Fall. Denn die (staatliche) Wirtschaftspolitik stützte den skizzierten Prozeß, der das Frauen(erwerbs)leben nachteilig beeinflußte.

1.4 Exkurs: Wirtschaftspolitik zuungunsten von Frauen

Die Exportorientierung der deutschen Wirtschaft und damit das ungleiche Wachstum in den industriellen Branchen wurde begünstigt durch wirtschaftspolitische Maßnahmen. Entscheidend dafür war das Investitionshilfegesetz vom 7.1.1952[21]. Dieses Gesetz bedeutete den Bruch mit der Konzeption der Erhardschen[22] Marktwirtschaft. Dessen wirtschaftspolitische Vorstellungen sahen eine Bevorzugung der Konsumgüterindustrien vor[23]. Ludwig Erhard vertraute weitgehend auf die Wettbewerbsmechanismen des Marktes und wollte durch gezielte Entlassungen aus den Preis- und Bewirtschaftungsvorschriften die Konsumgüterindustrien fördern. Eine diesem Ziel entsprechende Warenproduktion fand auch statt, der Wegfall der Preisbindung ging jedoch einher mit Preissteigerungen und zugleich unterlagen die Löhne immer noch dem Lohnstopp. Auf der sozialpolitischen Ebene entlud sich die Spannung zwischen Lohn- und Preisentwicklung in Arbeitskämpfen. Im Kontext der Korea-Krise verstärkte sich dann die Kritik an der Wirtschaftspolitik von Ludwig Erhard. Seitens der amerikanischen Besatzungsbehörde erklärte Jean Cattier – Leiter der Marshallplan-Sonderkommission: "Angesichts der neuen weltpolitischen Konstellation sei dies (die konsumorientierte Wiederaufbaustrategie) ein Anachronismus und ein Luxus, der höchst unangebracht sei, weil dadurch auch unwesentliche Güter und Luxuswaren produziert würden" (Abelshauser, Werner 1983, S. 76). Das Interesse der Amerikaner richtete sich auf die Produkte der Grundstoff- und Produktionsgüterindustrien. Für diese Industrien wurde mit dem Investitionshilfegesetz vom 7.1.1952 die Investitionstätigkeit begünstigt, denn es sah Abschreibungserleichterungen vor. Die Anschaffung von Wirtschaftsgütern konnte in einer Höhe bis zu 50 % steuerlich geltend gemacht werden.

Aber nicht nur auf diesem Weg wurde die Kapitalanlage in Sachgütern in der Schwerindustrie erleichtert. "Im Jahr 1952 gab es sogar einen 'spektakulären Fall' von Investitionslenkung. Mit dem 'Gesetz über die Investitionshilfe der gewerbli-

---

21 Das Investitionshilfegesetz vom 7.1.1952 ermöglichte Sonderabschreibungen bis zu 50% bzw. 30% der Anschaffungs- und Herstellungskosten beweglicher bzw. unbeweglicher Wirtschaftsgüter des Anlagevermögens für den Zeitraum vom 11.1.1952 bis 31.12.1954, zusätzlich zu den Absetzungen nach Paragraph 7 EStG für die begünstigten Unternehmen der Grundstoffindustrie (vgl. Welteke, Marianne 1980, S. 117, Anm. 121).

22 Ludwig Erhard war bis 1949 Direktor der Verwaltung für die Wirtschaft im Vereinigten Wirtschaftsgebiet. Seine Vorstellungen waren im "Gesetz über die Leitsätze für die Bewirtschaftung und Preispolitik nach der Geldreform" vom 24. Juni 1948 enthalten. Die neoliberale Wirtschaftspolitik von Ludwig Erhard förderte die Konsumgüterindustrien, was bedeutete, daß das westdeutsche Sozialprodukt für den Konsum verwendet werden sollte. Diese wirtschaftspolitische Orientierung, Mitte 1948 eingeleitet und Anfang 1950 beendet, sah zugleich vor, daß die Preise in diesen Sektoren nicht behördlich geregelt werden durften. Infolgedessen stiegen die Preise. 1948 stieg der Index der Lebenshaltungskosten um 14%. Die inflationäre Entwicklung erschütterte das Vertrauen in die neue Währung (vgl. Abelshauser, Werner 1983, S. 52 f.).

23 Bis 1951 gab es Steuervergünstigungen, die erhebliche Subventionen für die Konsumgüterindustrien bewirken (vgl. Abelshauser, Werner 1983, S. 74).

chen Wirtschaft' (IHG) vom Januar 1952 wurden die betroffenen Unternehmen der Konsumgüterindustrie verpflichtet, eine Milliarde DM für den vordringlichen Investitionsbedarf des Kohlebergbaus, der eisenschaffenden Industrie, der Wasserwirtschaft und der Bundesbahn aufzubringen" (Abelshauser, Werner 1983, S. 75). Die Produktionsgüterindustrien wurden somit durch die staatlichen Maßnahmen bevorzugt. Den Branchen mit hoher Frauenerwerbsquote wurde die wirtschaftspolitische Förderung nicht nur vorenthalten, sondern die dort erwirtschafteten Gewinne dienten zudem der Finanzierung der Schwerindustrie.

Das erwähnte Investitionshilfegesetz bedeutete jedoch noch in einem weiteren Punkt eine tiefgreifende Veränderung der Erhardschen Vorstellungen. Ludwig Erhard vertraute weitgehend auf die Regelungsmechanismen des Marktes und hatte die "staatlichen Planungs- und Lenkungsmöglichkeiten bewußt und zielstrebig demontiert" (Abelshauser, Werner 1983, S. 77). Mit der Korea-Krise waren jedoch lenkende Maßnahmen notwendig geworden, ein Hinweis dafür war das Investitionshilfegesetz. Da aber die staatlichen Gremien für Planung und Lenkung fehlten, entstand ein Korridor, der den Industrieverbänden und den Gewerkschaften Einflußnahme ermöglichte. Schon Anfang der 50er Jahre bildete sich in der Bundesrepublik Deutschland wieder die Strukturen eines korporativen Systems der Interessensvermittlung in der Wirtschaft heraus. Dies bedeutet, daß Spitzenverbände der Wirtschaft und der Gewerkschaften an der Formulierung und der Gestaltung der Wirtschaftspolitik beteiligt wurden. Abelshauser konstatiert: "Sowohl in der Frage der Rohstofflenkung als auch bei der bald einsetzenden Investitionslenkung von der Konsumgüterindustrie in die Schwerindustrie haben Verbände der Wirtschaft (und die Gewerkschaften) hoheitliche Aufgaben übernommen" (ebenda, S. 80f.)[24].

Als ein Beispiel für die "Gleichheit der grundlegenden Anschauungen in wirtschaftlichen Fragen der Grundstoffindustrie zwischen Unternehmern und Gewerkschaften" kann die Kreditvermittlung an die August-Thyssen-Hütte in Duisburg gelten (Pirker, Theo, 1979 S. 176). Vermittler dieser Kredite – Anfang der 50er Jahre vom Land Nordrhein-Westfalen und aus dem Bundeshaushalt getragen – waren der 1. Vorsitzende des Aufsichtsrates der August-Thyssen-Hütte, Pferdmenges, und der 2. Vorsitzende des Aufsichtsrates, Victor Agartz, eben jener führende Gewerkschaftsfunktionär der 50er Jahre, der zur gleichen Zeit die Sozialisierungsvorstellungen der Gewerkschaften maßgeblich verteidigte.

24 Damit war die Kontinuität zur korporativen Tradition der Weimarer Republik wiederhergestellt. Dort hatten die Gewerkschaften und die Verbände der Wirtschaft ein hohes Maß an Autonomie in wirtschafts- und sozialpolitischen Fragen. Als bedeutsam gilt diesbezüglich das Stinnes-Legien Abkommen vom 15. November 1918. Das "Zentralarbeitsabkommen", geschlossen zwischen Arbeitgebern und Großindustrie und Vertretern des Allgemeinen Deutschen Gewerkschaftsbundes (ADGB), gilt als "soziales Grundgesetz" der Weimarer Republik. "Darin wurde nicht nur eine Einigung über den Acht-Stunden-Tag und die Anerkennung der Gewerkschaften als Tarifpartner (...) erzielt, sondern selbstverständlich vorausgesetzt, daß Frauen grundsätzlich ihre im Krieg gewonnenen Positionen auf dem Arbeitsmarkt zugunsten der heimkehrenden Männer räumen und wieder in die alte Ordnung geschlechtsspezifischer Arbeitsteilung und Unterordnung zurückkehren" (Gerhard, Ute 1988, S. 46).

An diesem Beispiel wird nicht nur deutlich, daß gewerkschaftliche Politik "in einem peinlichen Widerspruch zu ihrer wirtschaftspolitischen Praxis" (Pirker, Theo 1979, S. 176) stand. Sondern zugleich zeigt sich, daß die gewerkschaftspolitische Praxis vorrangig auf die Sicherung der Arbeitsplätze für Männer abzielte. Ergebnis dieser Politik war beispielsweise im Ruhrgebiet eine einseitige Branchenstruktur des Arbeitsmarktes mit negativen Effekten für die Erwerbsbeteiligung von Frauen. Hinsichtlich der Erwerbsquote von Frauen nahm das Bundesland Nordrhein-Westfalen 1950 mit 19,7 % und 1958 mit 21,7 % Anteil an der Gesamtzahl der Beschäftigten den letzten Platz unter den Bundesländern ein[25].

1.5 Die rechtlichen Regelungen zur Erwerbsarbeit von Frauen

1.5.1 Die familienrechtlichen Regelungen

Mit Verabschiedung des Gleichberechtigungsgrundsatzes in Art. 3, Absatz 2 des Grundgesetzes war vereinbart worden, bis zum 1. April 1953 alle nachrangigen gesetzlichen Bestimmungen zu überarbeiten, um Übereinstimmung mit dem Gleichberechtigungsgebot zu erzielen. Die Bearbeitung dieser Neuregelungen durch Regierung und Parlament kam jedoch nur schleppend voran. Erst am 1. Juli 1958 trat eine veränderte Fassung des Familienrechts in Kraft. Bis dahin gab es sich widersprechende Rechtsbestimmungen, also eher einen "rechtsunsicheren Raum"[26]. Die Rechtsprechung konnte sich sowohl auf das Gleichberechtigungsgebot als auch auf Bestimmungen des Bürgerlichen Gesetzbuches aus dem Jahr 1900 berufen.

Nach dem alten Familienrecht fielen dem Mann uneingeschränkte Rechte innerhalb der Familie zu. Die Ehefrau durfte danach ohne Einwilligung des Mannes keiner Erwerbstätigkeit nachgehen, und es war ihm möglich, ohne ihr Einverständnis ihr Arbeitsverhältnis zu kündigen (Gerhard, Ute 1990, S. 163). Das genannte Gleichberechtigungsgesetz aus dem Jahre 1958 veränderte die Lage der Frauen insofern, als das letzte Entscheidungsrecht des Ehemannes bei Meinungsverschiedenheiten in allen Angelegenheiten des gemeinschaftlichen Lebens wegfiel. Mit Inkrafttreten des Gesetzes hatte die Genehmigungspflicht der Erwerbstätigkeit von Frauen durch die Ehemänner scheinbar ein Ende. Der Paragraph 1356 des Familienrechts sicherte verheirateten Frauen zwar grundsätzlich das Recht auf Erwerbsarbeit zu – sie durften jedoch nur davon Gebrauch machen, wenn sie darüber "ihre Pflichten" in Ehe und Familie nicht vernachlässigten. Von einer Wahlfreiheit für

25 Die Frauenerwerbsquote betrug im Vergleich dazu in Bayern im Jahre 1958 38,2% und in Baden-Württemberg 37,1% im gleichen Jahr. Im Bundesgebiet hat es in der Zeit von 1950-1958 eine Zunahme von Frauenbeschäftigung um 71,1% gegeben. In Nordrhein-Westfalen betrug die Zuwachsrate lediglich 55,5% (vgl. Niemann, Ursula 1959, S. 7).

26 Barbara Willenbacher wählt in ihren Thesen zur rechtlichen Stellung der Frau die Bezeichnung des "rechtsfreien Raumes". Vgl. Willenbacher 1988a, S. 149.

„Bei dieser Unterlage kann man wohl kaum von gleichgestellt reden!"
„Dann wird man eben diese Unterlage ändern müssen!"

Quelle: Der Bund Nr. 3 / 1949

Frauen zwischen Erwerbs- und Hausfrauentätigkeit durch diese Gesetzesregelung konnte demnach noch nicht die Rede sein.

Darauf wies Martha Schanzenbach als Gastrednerin auf der 2. Bundesfrauenkonferenz 1955 hin. Sie kommentierte den Entwurf der damaligen Bundesregierung so: "Man überlasse es nicht der Frau, ob sie arbeiten will oder nicht" (2. BFK 1955, S. 176). Damit hob sie auch auf die innergewerkschaftliche Diskussion um die Veränderungen des Familienrechts ab, denn auch die gewerkschaftliche Position erkannte die Entscheidungsfreiheit der Frauen nicht an. In einer Stellungnahme des Deutschen Gewerkschaftsbundes zum Regierungsentwurf des Familiengesetzes wurde dafür plädiert, daß "die Entscheidungen in allen das eheliche Leben betreffenden Angelegenheiten von den Ehegatten gemeinsam getroffen werden sollen, denn die Frauenerwerbstätigkeit habe unmittelbare Auswirkungen auf das Verhältnis der Ehegatten zueinander" (DGB, Stellungnahme zum Familienrechtsgesetz 1952). Die "Ausnahme" der weiblichen Erwerbstätigkeit sollte also dem partnerschaftlichen Einvernehmen unterliegen, anders als die männliche Erwerbstätigkeit, die als Normalität angesehen wurde.

Erst die Reform des Ehe- und Familienrechts im Jahr 1977 schuf eine Grundlage für die Erwerbstätigkeit beider Geschlechter. Seitdem heißt es: "Beide Ehegatten sind berechtigt, erwerbstätig zu sein. Bei der Wahl und Ausübung einer Erwerbstätigkeit haben sie auf die Belange des anderen Ehegatten und der Familie die gebotene Rücksicht zu nehmen" (zitiert nach: Frevert, Ute 1986, S. 272).

1.5.2 Die "Zölibatsklausel"

Auch im Bundespersonalvertretungsgesetz befand sich eine die Frauen diskriminierende Regelung. Dieses Gesetz trat ein Jahr nach der Aufnahme des Gleichberechtigungsgebotes in das Grundgesetz am 15. Mai 1950 in Kraft. Im Paragraph 63, der sogenannten Zölibatsklausel, wird die einseitige Unterhaltspflicht des Mannes gegenüber seiner Frau geregelt: "Ein weiblicher Beamter kann, wenn er sich verehelicht, entlassen werden, wenn seine wirtschaftliche Versorgung nach der Höhe des Familieneinkommens dauernd gesichert erscheint, die wirtschaftliche Versorgung gilt als dauernd gesichert, wenn der Ehemann in einem Beamtenverhältnis steht, mit dem ein Anspruch auf Ruhegehalt verbunden ist" (Kutsch, Marlies 1979, S. 47). Damit wurde die erwerbstätige Ehefrau vom Arbeitsmarkt und in die Abhängigkeit ihres Ehemannes verwiesen.

Auf Länderebene wurde ähnlich verfahren, wie das Beispiel aus Nordrhein-Westfalens zeigt. Dort sah ein Erlaß des Sozialministers aus dem Jahre 1950 die Beendigung des Arbeitsverhältnisses bei Lernpflegerinnen vor, wenn sie heirateten. Als Ausschlußfrist galt hier das Ende des Monats der Eheschließung (Kutsch, Marlies 1979, S. 47). Rechtliche Gültigkeit hatte die Zölibatsklausel zwar ausschließlich für den öffentlichen Dienst, faktisch galt diese – Aussagen von Zeitzeuginnen zufolge – auch in der Privatwirtschaft: "Von Privatunternehmen wurden Frauen Arbeitsverträge angeboten und auch unterschrieben, in denen nach Festlegung der jeweils üblichen Kündigungsfrist zusätzlich vereinbart wurde, daß das Beschäftigungsverhältnis mit dem Tage der Eheschließung endet" (Kutsch, Marlies 1979, S. 48). Zwar wurde versucht, auch für den Bereich der Privatwirtschaft eine Regelung analog der des öffentlichen Dienstes anzustreben, dies gelang jedoch nicht. Der 1951 vorgelegte Entwurf des Betriebsverfassungsgesetzes sah vor, sogenannte "Doppelverdiener" für den Fall einer allgemeinen Arbeitslosigkeit von einer Erwerbstätigkeit auszuschließen. Als "Doppelverdiener" wurde die Ehefrau bezeichnet, deren Ehemann ein auch für ihren Unterhalt ausreichendes Einkommen hatte. Es war jedoch keineswegs ein Verdienst der Gewerkschaften, daß dieser Passus nicht in das Betriebsverfassungsgesetz aufgenommen wurde. Seitens der Gewerkschaften erfolgte keine grundsätzliche Zurückweisung hinsichtlich der offensichtlichen Diskrimierung von Frauen. "Der Justitiar des DGB stützte sich auf die herrschende Meinung, als er 1952 schrieb, daß solche 'Zölibatsklauseln' nicht gegen Art. 3 des Grundgesetzes verstoßen. Dieser Artikel könne nicht in die Vertragsfreiheit eingreifen. Außerdem spräche nichts dafür, daß der Gesetzgeber nun einmal gegebene Ungleichartigkeit der Geschlechter nicht auch angemessen berücksichtigt wissen wolle" (Kutsch, Marlies 1979, S. 48).

Die Argumentation der IG-Metall wich von der des DGB ab: Die aus einem Gesetz dieser Art abzuleitenden Konsequenzen seien nicht mit Art. 3 des Grundgesetzes vereinbar (Drohsel, Petra 1986, S. 106). Im Vordergrund stand dabei allerdings auch nicht das Recht auf Arbeit für Frauen, sondern eher praxisnahe Überlegungen. In der Metallindustrie zeigte sich, daß "eine ganze Reihe von Betrieben nur junge Mädchen einstellen, weil die einfachen, leichten Arbeiten dort ... ihrem Alter entsprechen" (Drohsel, Petra 1986, S. 106). In Wirtschaftszweigen wie zum Beispiel der optischen, der feinmechanischen, der Uhren- und Elektroindustrie wurde den älteren verheirateten Frauen aufgrund ihrer anerkannt präzisen Arbeitsleistung uneingeschränkte Priorität bei der Einstellung eingeräumt. Petra Drohsel bezeichnet diese von der IG-Metall genannten Beispiele als Begründung für die

Gleichstellung als problematisch, da die genannten Beschäftigungen unzureichend entlohnt wurden und somit die Gewerkschaften mit den der gewerkschaftlichen Vorstellung entgegenstehenden Niedriglöhnen argumentierten (Drohsel, Petra 1986, S. 106).

Die von der Gewerkschaftsseite vorgetragenen Begründungen waren somit defensiv. In ihnen zeigten sich einerseits das Bestreben, an der traditionellen Rollenverteilung festzuhalten, andererseits das Bemühen, die Bedingungen des Arbeitsmarktes nicht völlig außer Acht zu lassen. Eine offensive Diskussion für die Gleichberechtigung und gegen die sogenannte Zölibatsklausel hätten die Gewerkschaften bereits ab Anfang der 50er Jahre führen können. Schon zu dieser Zeit gab es Gerichtsurteile, wie das des Landesarbeitsgerichts Hannover aus dem Jahr 1950:

"1. Doppelverdienertum ist für sich kein Grund, um ein Arbeitsverhältnis aufzulösen.
2. ... der erhöhte Leistungswille eines Menschen oder einer Familie wird bestraft, wenn ein Doppelverdienst, der mit einer Kapitaleinnahme verbunden ist, unberücksichtigt bleibt" (Drohsel, Petra 1986, S. 107).

Das Arbeitsgericht Duisburg entschied, daß eine Kündigung der Frau nicht aus dem Gesichtspunkt, sie sei verheiratet, begründet werden dürfe. Bei der bestehenden Gleichberechtigung der Geschlechter könne überhaupt nicht entschieden werden, wer bei doppeltem Verdienst zu entlassen sei (Drohsel, Petra 1986 S. 107). Ab 1957 konnte sogar auf eine höchstrichterliche Entscheidung verwiesen werden. Das Bundesverfassungsgericht entschied im Urteil vom 10. Mai 1957 (1a AZR 294/56) zum Abschluß eines Prozesses, der von einer Lernpflegerin angestrengt wurde: "Die Vereinbarung einer auflösenden Bedingung, daß im Falle der Eheschließung der Arbeitnehmerin das Arbeitsverhältnis zu einem bestimmten Zeitpunkt endet, ist nichtig. Eine solche Klausel verstößt nach Auffassung des Gerichtes nicht nur in Tarifverträgen, sondern auch in Arbeitsverträgen gegen grundlegende Normen des deutschen Verfassungsrechtes, nämlich gegen Artikel 6, Absatz 1 und Artikel 1 und 2 des Grundgesetzes" (Kutsch, Marlies 1979, S. 48).

Das Bundesarbeitsgericht wandte somit nicht das Gleichberechtigungsgebot Artikel 3 des Grundgesetzes an, um die Rechtswidrigkeit der Zölibatsklausel zu belegen. Es griff vielmehr auf mittelbar betroffene Grundrechte zurück, so den Schutz und die Würde des Menschen (Artikel 1 und 2 des Grundgesetzes) und den Schutz von Ehe und Familie (Artikel 6 des Grundgesetzes). Den Artikel 3 des Grundgesetzes erwähnte das Gericht nur mit der Anmerkung, daß es dem Wortlaut dieses Artikels widerspreche, die "erwerbswirtschaftliche Tätigkeit der Frauen von vorneherein" als ehezerstörend zu werten.

Auf die erst 1977 erfolgte Veränderung des Ehe- und Familienrechts, nach der der Anspruch der Ehefrau auf Erwerbstätigkeit an keine Vorbedingung mehr geknüpft werden kann, wurde bereits hingewiesen.

2. Das Recht der Frauen auf Arbeit in der gewerkschaftlichen Programmatik

Während des gesamten von uns untersuchten Zeitraums bildete die Forderung nach Recht auf Arbeit für Frauen einen zentralen Punkt in den programmatischen Erklärungen der Gewerkschaften und war zugleich als allgemeines Menschenrecht innergewerkschaftlich strittig. Mit sich wandelnden Bedingungen des Arbeitsmarktes wurde die Forderung nach Recht auf Arbeit für Frauen in der Zeit von 1945 – 1960 mit unterschiedlichen inhaltlichen Akzenten diskutiert.

Immer wieder fand die ungleiche soziale Stellung der Frauen Erwähnung, und regelmäßig wurde die Aufgabe der Gewerkschaften, für die soziale und wirtschaftliche Gleichstellung der Frauen zu sorgen, unterstrichen. Die Entschließung der sechsten Interzonenkonferenz 1947 sprach in diesem Kontext von einer Verpflichtung der Industriegewerkschaften und der Gewerkschaftsbünde und forderte, "sich mit aller Kraft für die Erreichung dieser Ziele einzusetzen" (DGB-brit.Zone, o.J., S. 735). Auf dem DGB-Gründungskongreß wurde es als "vornehmste" Aufgabe beschrieben, sich für den Gleichberechtigungsgrundsatz einzusetzen (DGB-BK 1949, S. 337). So sahen es auch die Delegierten auf den DGB-Kongressen in den 50er Jahren. 1952 erklärte man z.B., "sich gegen jede Diffamierung und Zurücksetzung der Frauen zu wenden" (2. DGB-BK 1952, S. 480).

2. Zur Gleichberechtigung der Frauen.

a) Es ist notwendig, bei der zukünftigen Produktionslenkung und Kontrolle der Wirtschaft die arbeitende Frau in größerem Maße als bisher zu berücksichtigen. Insbesondere muß gefordert werden, daß den weiblichen Arbeitnehmern die Möglichkeit gegeben wird, sich als vollwertige Facharbeiterin auszubilden und wie männliche Arbeitskameraden in Lehrverhältnisse eintreten zu können.
Erst diese Gleichstellung kann die grundsätzliche Forderung der Gewerkschaften „gleichen Lohn für gleiche Arbeit" ohne Unterschied des Geschlechts erfolgreich gestalten.

b) Durch den Krieg und seine Folgen ist einem großen Teil der deutschen Frauen die Möglichkeit genommen, ihre natürliche Lebensgrundlage zu finden. Für sie müssen neue Existenzgrundlagen geschaffen werden. Das ist nur möglich, wenn eine wesentliche Umgruppierung in der Besetzung der Arbeitsplätze in den Betrieben vorgenommen wird.
Wir beantragen, die Zonenkonferenz möge beschließen, daß die verschiedenen angeschlossenen Verbände sich dafür einsetzen, daß die Interessen der Frauen genügend berücksichtigt werden und daß ihre Gleichstellung in wirtschaftlicher und sozialer Hinsicht sichergestellt wird.

Die Abstimmung ergibt einstimmige Annahme.

Gewerkschaftskonferenz der britischen Zone, 1949, Bielefeld, Protokoll S. 88

Frauenüberschuß und Erwerbsarbeit

von Irmgard Enderle

*

Herausgeber:

**Gewerkschaftliches Zonensekretariat (brit. Zone)
Bielefeld, Herforder Str. 45**

2.1 Die Argumentationen für das Recht auf Arbeit für Frauen

In der frühen Phase der Nachkriegszeit nahm man innerhalb der gewerkschaftlichen Programmatik Bezug auf die veränderte Stellung der Frauen in der Gesellschaft und wollte auch zu deren Erhalt beitragen. Somit wurde von der Interzonenkonferenz 1947 betont, daß zu sichern sei, was sich als Folge des Krieges ergeben habe. In der Entschließung hieß es:

> "Naziregime und Krieg haben die Stellung der Frau im öffentlichen Leben und in der Wirtschaft grundlegend verändert. Nahezu 50 Prozent aller berufstätigen Menschen sind heute Frauen. Ihre Mitarbeit beim Neuaufbau der deutschen Wirtschaft und des deutschen Staates ist unerläßlich" (DGB-brit. Zone, o.J.,S. 735).

Demnach wollte man auf die Mitarbeit der Frauen bei der Gestaltung des zukünftigen wirtschaftlichen und gesellschaftlichen Lebens nicht verzichten. Die Entschließung der Gewerkschaftskonferenz der britischen Zone vom 21.-23.08.1946 wurde sogar mit dem Motto "Zur Gleichberechtigung der Frauen" überschrieben:

> "Es ist notwendig, bei der zukünftigen Produktionsentwicklung und Kontrolle der Wirtschaft die arbeitende Frau in größerem Maße als bisher zu berücksichtigen. Insbesondere muß gefordert werden, daß den weiblichen Arbeitnehmern die Möglichkeit gegeben wird, sich als vollwertige Facharbeiterin auszubilden und wie männliche Arbeitskameraden in Lehrverhältnisse eintreten zu können. Erst die Gleichstellung kann die grundsätzliche Forderung der Gewerkschaften 'gleicher Lohn für gleiche Arbeit' ohne Unterschied des Geschlechts erfolgreich gestalten" (Enderle, o.J., S. 88).

Die Unverzichtbarkeit der Frauenerwerbsarbeit für die gesellschaftliche Entwicklung ist in den Leitsätzen des Gründungskongresses 1949 und damit in den Richtlinien aus dem Jahr 1951[1] nicht mehr explizit enthalten. Zwar wird darin die veränderte Stellung der Frauen in der Gesellschaft erwähnt; als unerläßlich für die Neuordnung der Gesellschaft gilt sie demnach jedoch nicht mehr:

> "Die Industrialisierung und die Folgen zweier Weltkriege haben die Stellung der Frau in der Gesellschaft wesentlich verändert. Millionen von Frauen sind heute darauf angewiesen, für sich und ihre Angehörigen den Lebensunterhalt zu ver-dienen. Für den größten Teil dieser Frauen handelt es sich dabei nicht mehr um eine zeitlich begrenzte Erwerbstätigkeit. Hunderttausende von berufstätigen Frauen tragen als Hausfrau und Mutter eine doppelte Last" (DGB-BK 1949,S. 337).

Hier maß man der veränderten gesellschaftlichen Stellung der Frauen nach dem zweiten Weltkrieg nicht mehr die gleiche Bedeutung bei, wie es in der Erklärung der Interzonenkonferenz von 1947 geschah.

---

1 Zu den Richtlinien für die Frauenarbeit im DGB vgl. den Teil 2.1 im Text von Karin Derichs-Kunstmann.

Die von Frauen in den letzten Kriegsjahren und in der frühen Nachkriegszeit erbrachten Leistungen bildeten in den 50er Jahren nicht mehr den Hintergrund für die Forderung nach Gleichberechtigung. Zwar wurde auf dem DGB-Gründungskongreß die Verankerung der Gleichberechtigung von Mann und Frau im Grundgesetz begrüßt (DGB-BK 1949, S. 337), ein Zusammenhang zur Erwerbstätigkeit der Frauen wurde aber nicht hergestellt. In den Vordergrund der Argumentation für die Erwerbstätigkeit trat der Aspekt der materiellen Existenzsicherung in der Not der Nachkriegszeit. Auf der Bundesfrauenkonferenz 1955 findet sich im Antrag 137 folgende Formulierung: "Ein Anrecht hat sie sich in furchtbaren Kriegsjahren im selbstverständlichen Einsatz erworben" (2. BFK 1955, S. 371). Um "für ihre Kinder und zum Teil kriegsbeschädigten Ehemänner oder für Angehörige zu sorgen, deshalb muß sie (die Frau, M.K.) ein Recht auf Arbeit haben" (2. BFK 1955, S. 371).

Besonders prekär war die Lage für diejenigen Frauen, deren Männer nicht aus dem Krieg zurückkehrten, sowie für die, die "nicht mit einer Versorgung durch die Ehe rechnen" konnten (Enderle, Irmgard o.J., S. 4). Sie wurden in der Entschließung des Gründungskongresses besonders erwähnt, als diejenigen, die aufgrund der Kriegsfolgen eine doppelte Last zu tragen hätten. Ihnen gegenüber sahen sich die Gewerkschaften besonders verpflichtet, denn die alleinstehenden Frauen bildeten die größte Gruppe der weiblichen abhängig Beschäftigten[2]. Den Erinnerungen einer Zeitzeugin ist zu entnehmen: *"Wir haben immer gesagt, das Recht auf Arbeit gilt für Männer und Frauen. Aus der Situation heraus haben wir Abstufungen machen müssen. Zunächst mußten doch die (Alleinstehenden, M.K.) Arbeit haben, weil sie sonst kein Brot kaufen konnten. Es war eine verzweifelte Lage, als die Männer aus dem Krieg zurückkehrten und nicht genügend Arbeit da war. Da waren die Frauen von den Entlassungen betroffen, die einen Mann oder Kinder hatten, die erwerbstätig waren"* (I.2.H.9).

Die Erwerbstätigkeit von verheirateten Frauen wurde somit der Erwerbstätigkeit von alleinlebenden Frauen nachgeordnet, wenngleich das Familieneinkommen in vielen Fällen nicht zum Unterhalt ausreichte und aufgrund dessen die Erwerbstätigkeit eigentlich unerläßlich war. Martha Schanzenbach sprach den Aspekt des "unzureichenden Arbeitseinkommens des Mannes" als Gastrednerin auf der 2. Bundesfrauenkonferenz 1955 eher beiläufig an (2. BFK 1955, S. 180).

Ab Ende der 40er Jahre wurde somit der Anspruch von Frauen auf Erwerbsarbeit mit ihrer sozialen Situation begründet. Eine Notwendigkeit zu außerhäuslicher Erwerbstätigkeit bestand nach Auffassung der Gewerkschaften insbesondere bei denjenigen Frauen, die aufgrund der Kriegsfolgen nicht durch eine Ehe materiell abgesichert waren.

2 Vgl. Ausführungen im Teil 1.

G. Forderungen des Deutschen Gewerkschaftsbundes für die erwerbstätigen Frauen

Die Industrialisierung und die Folgen zweier Weltkriege haben die Stellung der Frau in der Gesellschaft wesentlich verändert. Millionen von Frauen sind heute darauf angewiesen, den Lebensunterhalt für sich und ihre Angehörigen zu verdienen. Für den größten Teil dieser Frauen handelt es sich dabei nicht mehr um eine zeitlich begrenzte Erwerbstätigkeit. Hunderttausende von berufstätigen Frauen tragen als Hausfrau und Mutter eine doppelte Last.

Diesen Tatsachen tragen die Gewerkschaften Rechnung, indem sie die Interessen der Frauen in erhöhtem Maße wahrnehmen.

Die Gewerkschaften begrüßen die Anerkennung ihrer seit Jahrzehnten erhobenen Forderung auf Gleichberechtigung von Mann und Frau durch das Grundgesetz der Bundesrepublik Deutschland. Sie betrachten es als eine ihrer vornehmsten Aufgaben, für die Verwirklichung dieses Grundsatzes auf sozialem und wirtschaftlichem Gebiete zu sorgen.

Die Gewerkschaften erheben daher insbesondere folgende Forderungen:

1. Sicherung des Rechtes der Frau auf Arbeit
   durch

   Erschließung neuer Berufe, die der körperlichen Eignung der Frau entsprechen,

   Förderung der beruflichen Ausbildung,

   Bereitstellung von Lehrstellen,

   gleiche Aufstiegsmöglichkeiten in Betrieben und Verwaltungen für Mann und Frau.
2. Gleicher Lohn bei gleicher Arbeit und Leistung.
3. Ausbau des Arbeitsschutzes für die Frau,

   Verbot aller Arbeiten, die der Konstitution der Frau unzuträglich sind,

   Ausbau der Arbeitsschutzbestimmungen und Durchführung des Arbeitszeitschutzes,

   ausreichender gesetzlicher Mutterschutz,

   Errichtung und Verbesserung sozialer Einrichtungen zur Entlastung der erwerbstätigen Frau und Mutter,

   Schutz der Heimarbeiterinnen und Hausgehilfinnen durch ausreichende Mindestarbeitsbedingungen,

   stärkere Heranziehung von Frauen für den Gewerbeaufsichtsdienst nach Vorschlägen der Gewerkschaften.

Der Kongreß ruft zur Verwirklichung dieser Aufgaben alle werktätigen Frauen zur stärksten Anteilnahme am gewerkschaftlichen Leben und damit zur Unterstützung der Gewerkschaften und des Deutschen Gewerkschaftsbundes auf.

*

Der Bundesvorstand wird beauftragt, Referate für Frauenfragen zu errichten.

Bundesvorstand und Bundesausschuß werden beauftragt, Richtlinien über die Zusammensetzung und Aufgaben der zu bildenden Frauenausschüsse zu erlassen.

DGB-Gründungskongreß, 1949, Protokoll, Reprint 1989, S. 337f.

Mitte der 50er Jahre als die Nachfrage nach weiblichen Arbeitskräften im Laufe des wirtschaftlichen Aufschwungs anstieg und damit die Erwerbsbeteiligung von verheirateten Frauen zunahm, änderte sich wiederum die Argumentation der Gewerkschaften. Diese lief nunmehr auf die Feststellung hinaus, daß die wirtschaftliche und gesellschaftliche Entwicklung die Berufstätigkeit von Frauen verlange. In der Entschließung des Bundeskongresses aus dem Jahr 1954 hieß es:

> "Die Entwicklung in Wirtschaft und Gesellschaft erfordert in unserer Zeit von den erwerbstätigen Frauen im Berufsleben immer mehr die Erfüllung neuer und verantwortlicher Aufgaben" (3. DGB-BK 1954, S. 700).

Damit wurde die Erwerbstätigkeit von Frauen also wiederum mit äußeren Faktoren begründet. Während bislang mit der materiellen Not von Frauen argumentiert wurde, kam nun noch der Aspekt der gestiegenen Nachfrage nach weiblichen Arbeitskräften seitens der Unternehmen hinzu. Frauen wurden zu einem wichtigen Faktor für die wirtschaftliche Entwicklung.

Auf der Bundesfrauenkonferenz 1955 nannte Thea Harmuth drei Ursachen für die Erwerbsbeteiligung von Frauen:

> "Da ist einmal die soziale Notwendigkeit aus der Lebenssituation der Frauen und ihrer Familien heraus; da ist zum anderen die Tatsache, daß die Wirtschaft die Arbeitskraft der Frauen braucht und auf sie nicht verzichten; und schließlich noch ein sehr wichtiger Grund seelisch geistiger Art" (2. BFK 1955, S. 64).

Den letzten Punkt führte Thea Harmuth weiter aus und begründete ihn: "Unsere Familien und Hausgemeinschaften sind nicht mehr so, daß alle weiblichen Familienmitglieder dort einen Wirkungskreis finden" (2. BFK 1955, S. 64). Damit gab Thea Harmuth eine zeittypische Auffassung über den nachrangigen Stellenwert der Erwerbsarbeit im Leben der Frauen wieder.

Den weiblichen Anspruch auf Verwirklichung der eigenen Persönlichkeit durch die Erwerbsarbeit formulierte Jahre später Maria Weber konkreter und deutlicher. Im Zusammenhang mit der Berufsausbildung für junge Frauen stellte sie 1962 fest, daß "auch das Mädchen ein Recht darauf hat, sich erst einmal selbst als Persönlichkeit zu entfalten" (4. BFK 1962, S. 77). Und dazu gehörte nach ihrer Auffassung, "Zeit zu haben, bestimmte Fähigkeiten zu erwerben und mit Freude einer Beschäftigung nachzugehen" (4. BFK 1962, S. 77).

Es vergingen jedoch noch weitere Jahre, bis das Recht auf Arbeit für Frauen in der gewerkschaftlichen Programmatik nicht mehr nur mit Notwendigkeiten oder Defiziten begründet wurde. Im "Programm für Arbeitnehmerinnen" aus dem Jahr 1969 hieß es schließlich: "Die Frauen sichern durch berufliche Tätigkeit ihre Existenz, sie entwickeln durch sie ihre Fähigkeiten und erhalten Impulse zur Entfaltung ihrer Persönlichkeit" (frauen und arbeit, 1985, S. 47).

2.2 *Die ambivalente Haltung der Gewerkschafterinnen gegenüber der Frauenerwerbsarbeit*

In den 50er Jahren sprachen sich die Gewerkschaften also keineswegs eindeutig dafür aus, daß jede und jeder einen berechtigten Anspruch auf Erwerbsarbeit habe. Damit waren sie in das die öffentliche Diskussion prägende Meinungsspektrum eingebunden. Dort wurde nach Auffassung der befragten Gewerkschafterinnen in den 50er Jahren vor allem die Erwerbstätigkeit von Müttern in Frage gestellt.

Innergewerkschaftlich diskutierte man auch in zahlreichen Reden und Schriften die Notwendigkeit der Erwerbstätigkeit von Frauen. "Soll eine Frau überhaupt erwerbstätig sein?", lautete 1947 eine Überschrift in der Publikation "Die Frau im Erwerbsleben" (Die Briefschule[3], Heft 1, S. 3). Thea Harmuth fragte 1951: "Ist es fraulich, einer Erwerbsarbeit nachzugehen?" (GB-Abt. Frauen 1950-1951, S. 9). Und im DGB-Landesbezirk Nordmark wurde noch Ende der 50er Jahre eine Tagung mit dem Thema "Widerspricht die außerhäusliche Arbeit der Psyche der Frau?" veranstaltet (DGB-Landesbezirk Nordmark, GB 1956-1958, S. 163).

Auch die Haltung der Gewerkschafterinnen war von Widersprüchen gekennzeichnet[4]. Vorrangig sahen sie die Frau als Hausfrau und Mutter, doch die Frauen sollten nach ihrer Meinung zudem ihre ökonomische Unabhängigkeit über die Erwerbsarbeit anstreben. Dieser Anspruch wurde zwar für alle Frauen erhoben, aber er bezog sich in erster Linie auf diejenigen Frauen, denen durch die Kriegsfolgen die Möglichkeit genommen wurde, "ihre natürliche Lebensgrundlage zu finden" (2. BFK 1955, S. 45), die in der Mutter- und Hausfrauenrolle gesehen wurde.

Um den Frauen die Erfüllung dieser reproduktiven Funktion zu ermöglichen, wurden Maßnahmen zum Schutz der Frau im Arbeitsleben verlangt. Liesel Kipp-Kaule schrieb 1947: "Daß schwere und schwerste Arbeiten den Frauen dabei aufgrund ihrer biologischen Verfassung nicht zugemutet werden können, bedarf wohl keiner besonderen Erwähnung, da den Frauen die Erhaltung unseres Volkes noch im besonderen zukommt" (Der Bund 1947, Nr. 3). Die Frauenkonferenz der britischen Zone forderte 1947 ebenso wie der DGB-Gründungskongreß 1949 "ein Verbot aller der besonderen Konstitution der Frau nicht entsprechenden Arbeiten" (DGB-BK 1949). In der frühen Nachkriegszeit wurde die Einführung bzw. die Beibehaltung der Schutzbestimmungen aus der nationalsozialistischen Zeit gefordert. In den 50er Jahren stand die Einhaltung dieser Regelungen im Vordergrund, "damit das Familienleben und die Volksgesundheit nicht gefährdet würde" (2. DGB-BK 1952, S. 480). Dementsprechend bildeten die Regelungen des Mutterschutzes ein herausragendes Feld gewerkschaftlicher Frauenpolitik.

---

3 Die Briefschule des DGB mit Sitz in Frankfurt – und später in Düsseldorf – war eine Einrichtung des DGB-Bundesvorstandes, die in regelmäßigen Zeitabständen für die örtlichen Gruppierungen Lehrbriefe veröffentlichte. 1986 wurde diese Einrichtung aufgelöst.

4 Diese These wird auch von Gisela Loseff-Tillmanns 1975, S. 654f. und von Angelika Lippe 1983, S. 87ff. vertreten.

Die Programmatik des DGB enthielt jedoch weiterhin den Gleichberechtigungsgrundsatz, zumal ein Teil der Akteurinnen sich der sozialistischen Tradition verpflichtet fühlte. Diesbezüglich waren die Aussagen von August Bebel in seinem Buch "Die Frau und der Sozialismus" prägend. Er schrieb im Jahre 1878: "Es gibt keine Befreiung der Menschheit ohne die soziale Unabhängigkeit und Gleichstellung der Geschlechter" (Zit. nach Wiggershaus, Renate 1979, S. 64).

Hinsichtlich des Rechts auf Arbeit für Frauen führten die beiden Leitgedanken[5] – das Idealbild der Hausfrau und Mutter auf der einen und die sozialistische Tradition auf der anderen Seite – zu einer gespaltenen Position. Innergewerkschaftlich bot sich so für die männlichen Kollegen die Möglichkeit, die unentschlossene Haltung ihrer Kolleginnen gegen sie zu mobilisieren. Sie betonten das Ideal der Hausfrau und Mutter und argumentierten mit den spezifisch fraulichen Eigenschaften. Auf dem 4. DGB-Bundeskongreß 1956 hob ein Bundesvorstandsmitglied ihren Nutzen für die Gewerkschaftsbewegung hervor: "Wenn Frauen für sich und ihre Familien lebenswichtige Fragen in einem gewerkschaftlichen Frauenausschuß diskutieren, ergeben sich neue Momente, die stets das Zusammenstehen und die Zusammenarbeit der Menschen fördern ... Die starke Anpassungsfähigkeit der Frauen, die leider allzuwenig in den schweren Notzeiten beachtet wurde, ... wird, richtig geleitet, für die Gesamtbewegung weiter Wertvolles erreichen lassen" (4. DGB-BK 1956, S. 147f.).

Anders wurden von den männlichen Kollegen die Anliegen von Frauen behandelt, die auf die Gleichstellung von Frauen und Männern abzielten und die zugleich ihre (männlichen) Privilegien betrafen. Ingeborg Tönnessen (ÖTV) kommentierte die permanente Zustimmung zur Forderung "Gleicher Lohn für gleichwertige Arbeit"[6] auf dem 3. Bundeskongreß des DGB 1954. Sie habe den Eindruck, "daß es sich bei diesen Entschließungen um platonische Liebeserklärungen handelt, die im Laufe der Zeit in Vergessenheit geraten" (3. DGB-BK 1954, S. 594).

2.2.1 *Einstellungen der Gewerkschafterinnen zur Erwerbsarbeit*

Über die Erwerbsarbeit von Frauen und über deren Stellenwert in ihrem Leben gab es unter den Gewerkschafterinnen unterschiedliche Auffassungen. Diese differierten je nach Alter und damit zusammenhängend auch nach politischen Vorerfahrungen.

Für diejenigen Frauen, die bereits im politischen Klima der Weimarer Republik gewerkschaftlich aktiv gewesen waren, gehörte die Berufstätigkeit zu ihrem Lebensentwurf. Stellvertretend für diese Generation der befragten Gewerkschafterinnen kann folgende Äußerung gelten: *"Für mich war das eigentlich immer eine Selbstverständlichkeit, daß Frauen, wenn sie arbeiten wollen, auch arbeiten sollen. Vor allen Dingen hat mich das immer sehr interessiert, um den Frauen eine*

5 Der Text von Sigrid Bachler in diesem Band beschäftigt sich ausführlich mit den unterschiedlichen Orientierungen der Gewerkschafterinnen.

6 Weitere Ausführungen dazu in Teil 3.1.2.

materielle Unabhängigkeit zu sichern ... Dadurch bekamen sie auch persönliche Freiheit. Aus dem Grunde war es für mich selbstverständlich. Das Beste, was einer Frau passieren kann, ist, daß sie einen anständigen Beruf lernt und die wirtschaftliche Unabhängigkeit erreicht" (I.3.L.1).

Hingegen sahen diejenigen Kolleginnen, die erst nach Kriegsende ihr gewerkschaftliches Engagement aufgenommen hatten, ihre Berufstätigkeit als eine zeitlich befristete Pflichtleistung an. Eine Kollegin berichtete über sich: *"Meine eigene Einstellung als Tochter einer Bergarbeiterfamilie war nicht, daß ich mein ganzes Leben lang in der Fabrik bleiben wollte. Den Wunsch hatte ich nicht. Ich habe jede Frau verstanden, die hoffte, nicht ein ganzes Leben in der Fabrik arbeiten zu müssen."* Erst im Laufe der Zeit, so die Kollegin weiter, habe sich ihre Meinung über das Recht auf Arbeit für Frauen verändert (I.1.K.5).

Ähnlich äußerte sich eine andere Zeitzeugin und nahm dabei Bezug auf ihre soziale Herkunft: *"Ich bin erst 1930 geboren und habe also nach dem Krieg neu angefangen. Erst habe ich eine Lehre gemacht und dann geheiratet und nicht gearbeitet. Im Elternhaus – ich komme aus einem einfachen Arbeiterhaushalt – wurde mir schon gesagt, eine höhere Schulbildung ist nicht notwendig. Du machst eine Lehre und nach ein paar Jahren heiratest Du ja doch. Diese Einstellung ist uns eingeimpft worden. Und so war es dann auch. Ich habe früh geheiratet und der Einstieg in das Erwerbsleben erfolgte nach der Scheidung. Dies habe ich als 'Muß' empfunden, nicht freiwillig als Selbstverwirklichung, sondern wirklich als Schmach aufgrund der gescheiterten Ehe"* (I.2.G.4).

Eine andere Kollegin, die auch bereits in der Zwischenkriegszeit gewerkschaftlich organisiert war, erinnerte an die differierenden Auffassungen zwischen ihnen und einem großen Teil der weiblichen Mitgliedschaft: *"Meine Hauptarbeit ... bestand darin, den Frauen zu verdeutlichen, wie wichtig es ist, auf eigenen Füßen zu stehen. Ich stand auf eigenen Füßen und ich habe manchmal geredet wie ein Laienprediger ... Da haben wir heiß gerungen. Für uns war das (die Berufstätigkeit, M.K.) selbstverständlich, aber dies unseren Mitgliedern beizubringen ..., das war dramatisch"* (I.3.D.2f).

2.2.2 Aspekte aus der Arbeitswelt und die Sicht der Gewerkschafterinnen

Die Einstellungen von Frauen und die öffentlich geäußerten Positionen über die Erwerbstätigkeit von Frauen gingen in den gewerkschaftlichen Diskussionsprozeß mit ein.

In den 50er Jahren redete man – den Erinnerungen einer Gewerkschafterin zufolge – *"von Millionen von Schlüsselkindern ... Und auch die politischen Parteien sahen die Frauen lieber im Haushalt"* (I.2.M.8). *"Die steigende Jugendkriminalität wurde oftmals den berufstätigen Müttern angelastet"* (I.2.C.9). Ebenso sei die Berufstätigkeit von Frauen für die steigenden Scheidungsziffern für verantwortlich erklärt worden (I.2.M.9). Die Gewerkschafterinnen versuchten, diese Behauptungen mit Hilfe von Studien zu widerlegen. Denn die skizzierte öffentliche Diskussion blieb nicht ohne Wirkung auf das Denken von Frauen: *"Mit einem Mal hatten die erwerbstätigen Frauen ein schlechtes Gewissen"* (I.2.M.9).

Rückblickend in die Zeit des "Wirtschaftswunders" meinte eine Gewerkschafterin, daß Frauen dazu tendierten, nur befristet tätig sein zu wollen. Denn viele schieden mit der Heirat, spätestens jedoch nach der Geburt des ersten Kindes aus dem Erwerbsleben aus (I.1.K.5). Eine andere Kollegin erinnerte sich in dieser Weise: *"Die meisten sind nicht bewußt in die Berufstätigkeit gegangen. Sie haben es nicht als eine Lebensaufgabe betrachtet, sondern ... haben es für eine vorübergehende Verpflichtung gehalten"* (I.1.R.6f). Ergänzend fügte eine weitere Kollegin hinzu, daß in den 50er Jahren von der Mitarbeit der Frauen ständig nur als Aufbesserungsmöglichkeit für die Einkommen der Männer die Rede gewesen sei (I.2.F.32). Frauen seien zum allergrößten Teil nicht um ihrer selbst willen berufstätig gewesen. Dies wurde, so die Gewerkschafterin weiter, nur bei den alleinstehenden Frauen akzeptiert, nicht aber bei den Müttern (I.2.B.5).

Ferner bot die Erwerbsarbeit für viele Frauen wenig Möglichkeiten, sich selbst zu entfalten. Dies belegten die Akteurinnen mit ihren Eindrücken über die Arbeitsbedingungen von Frauen. Damit benannten die Gewerkschafterinnen weitere das Denken von Frauen beeinflußende Aspekte. Eine Kollegin erzählte: *"Als ich damals anfing, machte ich viele Betriebsversammlungen und Betriebsbesichtigungen ... Da konnte man ja nicht viel fragen, man mußte gucken. Man schaute, wie die da schufteten. Beispielsweise in der Papierfabrik, wo diese fürchterlichen Ballen gehoben werden mußten. Oder wenn die Pausenräume fehlten und die Frauen an den Maschinen saßen und ihr Brot gegessen haben ... Wie gesagt, es hat mich immer erbarmt. In diesen Seifenfabriken, diese Pressen oder in der Gummiindustrie, das waren doch manchmal furchtbare Arbeiten und der Lärm und der Gestank"* (I.3.L.10).

Von Besuchen in einer Zementfabrik des Ruhrgebietes wurde mit Empörung berichtet: *"So ein dicker Staub und Dreck. Dreimal in der Woche bin ich in die Fabrik gegangen und ich habe immer einen Horror gehabt, wenn ich durch das Tor ging. Ich dachte immer, ich muß ersticken"* (I.1.H.9). Ein Idealbild von Berufstätigkeit konnte schwerlich entstehen (I.1.H.17), *"wenn eine Frau bis zu den Knien im Wasser stand oder in Dämpfen arbeitete und das bis zu 10 Stunden täglich. Oder ununterbrochen pausenlos an einem Fließband eine automatische monotone Tätigkeit verrichtete, dann war sie abends kaputt. Glück konnte sie dabei nicht empfunden haben"* (I.1.R.8).

> "Man stelle sich einen Betrieb in der Fischindustrie vor, in dem Hunderte von Frauen an ihrem Arbeitsplatz stehen, angetan mit der Gummischürze, mit Gummistiefeln, naß von oben bis unten, aufgesprungene, eiskalte Hände, dick und rot," schrieb Elisabeth Ostermeier (Ostermeier, Elisabeth 1955, S. 12f). Diese Erfahrungen faßte sie so zusammen: "Vom Berufsethos kann bei der großen Masse von Hilfsarbeitern und Hilfsarbeiterinnen nicht die Rede sein" (ebenda, S. 12f.).

Diese Eindrücke von Betriebsbesuchen, die länger als 30 Jahre zurückliegen, wurden von den Gewerkschafterinnen mit Untertönen der Wut und des Bedauerns geschildert. Doch diese Erfahrungen hätten damals durchaus dazu geführt, daß sie Verständnis für die Entscheidung von Frauen aufbrachten, den Betrieb zu verlassen, betonten die befragten Gewerkschafterinnen in ihrem Rückblick abschließend.

3. Politische Strategien zur Sicherung des Rechts auf Arbeit für Frauen

Parallel zu den sich verändernden Argumentationen für die Forderung nach Recht auf Arbeit für Frauen gab es auch wesentliche Akzentverschiebungen in den politischen Strategien der Gewerkschaften. Diese können in Hinblick auf die hier bearbeitete Fragestellung differenziert werden in Strategien:

- die den Ausgleich der sozialen Ungleichheiten bewirken sollten; dazu zählten die Fragen der beruflichen Bildung sowie die Forderung nach "gleichem Lohn für gleichwertige Arbeit";
- zur Entlastung der erwerbstätigen Frauen, damit diese die Familienpflichten und die Berufstätigkeit miteinander vereinbaren konnten; dazu gehörten die Bestrebungen für den Hausarbeitstag und auch die Frage der Halbtagsbeschäftigung für Frauen.

3.1 Strategien für die Gleichberechtigung von Frauen und Männern

3.1.1 Berufsausbildung und berufliche Fortbildung

Fragen der Berufsausbildung und der beruflichen Fortbildung beschäftigten die Gewerkschafterinnen während des gesamten Untersuchungszeitraums. In all ihren Diskussionen und Vorschlägen zur Berufsausbildung und zur beruflichen Fortbildung spielte der Gedanke an die körperliche Belastungen der Frauen durch die Arbeitsbedingungen eine zentrale Rolle. Und sie lehnten es immer wieder ab[7], daß junge Frauen mit der Berufsausbildung auf sogenannte "frauentypische" Tätigkei-

7 Eine Ablehnung erfolgte bereits von der Frauenkonferenz der britischen Zone 1946, vom Gewerkschaftsfrauenausschuß Württemberg-Baden im Jahr 1949 sowie von der 3. Bundesfrauenkonferenz 1959 und auch im Geschäftsbericht zur 4. Bundesfrauenkonferenz 1962. Die Gewerkschafterinnen sahen in der Einführung des hauswirtschaftlichen Lehrjahres eine Nähe zur Pflichtjahranordnung aus dem Jahr 1938. Danach mußten alle ledigen Frauen unter 25 Jahren, die ein Arbeitsverhältnis in der Textil-, Bekleidungs- und Tabakindustrie eingehen oder sich in öffentlichen und privaten Betrieben um einen Angestelltenjob bewerben wollten, zuvor ein Jahr lang in der Haus- und Landwirtschaft arbeiten (vgl. Frevert, Ute 1986, S. 221). Auf diesem Hintergrund bewerteten die Gewerkschafterinnen das hauswirtschaftliche Lehrverhältnis als einen Rückschritt, der "in einem demokratisch regierten Land nicht vertreten werden kann" (3. DGB-BFK 1959, S. 297). Und Anfang der 60er Jahre betonte man, daß diese Regelung nicht mit dem Grundgesetz vereinbar sei (vgl. GB, DGB-Abt. Frauen 1959-1961, S. 45).

ten festgelegt werden. Diese Tendenz sahen sie in dem hauswirtschaftlichen Lehr- bzw. Anlernverhältnis.

Über die Einführung eines hauswirtschaftlichen Pflichtjahres für weibliche Schulentlassene wurde in der frühen Nachkriegszeit und auch in den 50er Jahren öffentlich diskutiert. Thea Harmuth interpretierte diese Bestrebungen im Geschäftsbericht 1950-1951 als eine arbeitsmarktpolitische Lenkungsmaßnahme, die die Frauen einseitig auf das Rollenbild der Hausfrau und Mutter festlege und zugleich aus anderen Erwerbsmöglichkeiten ausschließe (Abt. Frauen, GB 1950-1951, S. 32). Im Jahre 1956 beurteilte man das hauswirtschaftliche Jahr als eine die Erwerbsarbeit von Frauen diskriminierende Einrichtung, da die persönliche Freiheit der einzelnen Arbeitnehmer eingeschränkt würde (4. DGB-BK 1956, S. 834).

In der ablehnenden Haltung gegenüber dem hauswirtschaftlichen Pflichtjahr argumentierte man entschieden für die gleichberechtigte Teilhabe von Frauen am Erwerbsleben. Anders verhielt man sich im Themenfeld berufliche Bildung. In den programmatischen Erklärungen dazu sind unterschiedliche Akzentuierungen erkennbar.

In der frühen Nachkriegszeit sah man eine Angleichung in den Anforderungsprofilen von "typischen" Männerberufen und "typischen" Frauenberufen. Es wurde als notwendig erachtet, daß "Männer wie Frauen vernunftgemäß, sachlich und doch auch mit starkem menschlichem Empfinden ihre Tätigkeiten ausübten" (Enderle, Irmgard o.J., S. 5f). Abgelehnt wurde die geschlechtsspezifische Zuweisung von Fähigkeiten, denn es hatte sich erwiesen, daß "bei Frauen sowie bei Männern die individuellen Anlagen und Neigungen sehr verschieden sind" (Enderle, Irmgard o.J., S. 8). Somit sollten den Frauen grundsätzlich – als Teil der Gleichberechtigung – alle Berufe offenstehen (Enderle, Irmgard o.J., S. 5). Man wollte also die kriegsbedingten Veränderungen durchaus beibehalten und strebte nicht an, daß Frauen die Arbeitsfelder, die als typisch männlich galten und die die Frauen während des Krieges übernommen hatten, wieder verließen.

Den programmatischen Erklärungen aus der ersten Phase der Nachkriegszeit kann auch ein offensives Drängen auf gleichberechtigte Teilhabe von Frauen am Berufsleben entnommen werden. Auf der Gewerkschaftskonferenz der britischen Zone 1946 hieß es:

> "Insbesondere muß gefordert werden, daß den weiblichen Arbeitnehmern die Möglichkeit gegeben wird, sich als vollwertige Facharbeiterin auszubilden und wie männliche Arbeitskameraden in Lehrverhältnisse eintreten zu können" (Enderle, o.J., S. 88).

Beantragt wurde, "daß ihre (der Frauen, M.K.) Gleichstellung in wirtschaftlicher und sozialer Hinsicht sichergestellt wird" (ebenda, S. 88).

Auch die Aussagen in den Richtlinien des Frauenausschusses der britischen Zone aus dem Jahr 1947 zielten auf die Gleichstellung von Männern und Frauen auf dem Arbeitsmarkt. Dort waren die hauptsächlichsten aktuellen Forderungen:

"1. Erschließung aller geeigneten Arbeitsgebiete für die Frauen.

2. Verbot aller der besonderen Konstitution der Frau nicht entsprechenden Arbeiten.
3. Vorbereitung der Kinder schon in den Schulen auf die Selbstverständlichkeit des Berufslebens.
4. Im Rahmen der Berufsberatung besondere Berücksichtigung der Mädchen und Hinweis auf neue Berufe.
5. Ausreichende Beschaffung von Lehrstellen und beruflichen Ausbildungsstätten sowie Einführung von An- und Umlernkursen für Frauen" (Der Bund 1947, Nr. 15, S. 5).

Die Entschließung der Interzonenkonferenz aus dem Jahre 1947 nannte als Wege zur Sicherung des Rechts der Frauen auf Arbeit:

> "Förderung der beruflichen Ausbildung und Umschulung der Frau und Bereitstellung entsprechender Lehrstellen. Schaffung gleicher Aufstiegsmöglichkeiten in den Betrieben und Verwaltungen. Eröffnung neuer Berufe für Frauen entsprechend ihrer körperlichen Eignung ... Verbot aller gesundheitsschädlichen oder besonders gefahrvollen Arbeiten für Frauen ohne arbeitsmäßige oder materielle Benachteiligung" (DGB-Bundesvorstand-brit. Zone o.J., S. 735).

In dieser frühen Phase forderte man also die Schaffung gleicher Möglichkeiten des innerbetrieblichen Aufstiegs für Männer und Frauen. Die Ungleichheiten zwischen den Geschlechtern hinsichtlich der Stellung im Beruf wollte man beseitigen. Angestrebt wurde eine Erweiterung des Berufsspektrums für Frauen, und man verlangte sogar, daß die Kinder – und da unterschied man nicht zwischen Mädchen und Jungen – so erzogen werden sollten, daß die Berufstätigkeit selbstverständlich würde.

Seitens des Gewerkschaftlichen Zonensekretariats der britischen Zone erstellte man 1946 eine Liste von 100 handwerklichen Berufen, die man als für Frauen geeignet betrachtete und die vorher nur Männern offenstanden. Darunter befanden sich folgende Berufe: Bandagist, Arbeiten im Maler- und Glasergewerbe, Schuhmacher, Tapezierer und Verkehrspolizist (Enderle, Irmgard o.J., S. 8).

Die Bemühungen zeigten durchaus praktische Wirkungen, wenngleich auch keine tiefgreifenden Strukturveränderungen erreicht wurden. Der gewerkschaftlichen Presse jener Jahre können Beispiele über die Ausweitung des Berufsraumes für Frauen entnommen werden. Aus Nordrhein-Westfalen wurde berichtet, daß zu Beginn des Jahres 1949 junge Frauen Lehrberufe ergriffen, die vormals den jungen Männern vorbehalten gewesen waren. Es hieß, sie "stehen ihren Mann" als Kürschnerinnen, als Goldschmiedin, als Tischlerinnen, als Elektromechanikerinnen, Uhrmacherinnen (Der Bund 1949, Nr. 9, S. 4).

Aber nicht nur im Bereich der beruflichen Ausbildung wurde das Berufsspektrum praktisch erweitert. In einem Hüttenwerk wurden alle Arbeitsplätze systematisch auf die Eignung für Frauen überprüft. Die Untersuchung ergab, daß in der Metallindustrie eine Reihe von Arbeitsmöglichkeiten für Frauen vorhanden waren. In dem genannten Hüttenwerk arbeiteten 1947 schließlich Frauen an Schleifma-

Die Frau in Betrieb und Gewerkschaft

Neuerschließung von Frauenberufen

Frauen „stehen ihren Mann"

Ist es nicht verwunderlich, daß die Anerkennung der Frau als gleichwertiger Partner im Berufsleben noch immer auf Widerstand stößt? Die meisten Arbeitsämter haben die größte Mühe, einen Arbeitgeber selbst im kaufmännischen Sektor, für die Annahme eines weiblichen Lehrlings (statt des angeforderten männlichen) zu erwärmen. Hier liegen Vorurteile vor, die keiner gründlichen Untersuchung standhalten. Das Argument, „wenn ich das Mädel ausgebildet habe, wird es mir weggeheiratet" ist doch überlebt durch den Umstand eines

Frauenüberschusses von rund 5 bis 7 Millionen. Aber selbst wenn es einem Teil beschieden ist noch unter die Haube zu kommen, ist die Verschärfung der wirtschaftlichen Verhältnisse dazu angetan daß viele Frauen ihren Beruf beibehalten um der Familie eine leichtere Existenz zu ermöglichen.

Zu der Zurückhaltung mit der man der erweiterten Aufnahme von weiblichen Lehrlingen begegnet, gesellt sich als zweiter dunkler Punkt das nur zögernde Nachfolgen bei dem Bemühen, den Frauen überhaupt neue Berufe zu erschließen. Im Lande Nordrhein-Westfalen in dem die obere Verwaltungsbehörde dafür Verständnis hat, sind jetzt in Ausbildung: 53 weibliche Goldschmiede 63 Kürschnerinnen, 32 weibliche Herrenfriseure 6 Bandagistinnen, 33 Tischlerinnen, 11 Elektromechanikerinnen, 36 Optikerinnen, 36 Uhrmacherinnen. 658 weibliche Herrenschneider, 454 weibliche Lehrlinge in der Textilindustrie. So manche sonstige Betriebsleitung bzw Handwerksmeister würden bald erkennen wie gut die Frauen „ihren Mann stehen", wenn sie den Problemen der Zeit nur aufgeschlossen gegenüberstehen wollten. —x.

Die Frau in der Sozialversicherung

Es ist eine dringende Aufgabe aller Gewerkschafter, sich dafür einzusetzen, daß das im Wirtschaftsrat angenommene Anpassungsgesetz betr. Sozialversicherung Wirklichkeit wird. Gerade die **Frauen** müssen ganz besonderes Interesse bekunden, da es speziell auch um Verbesserungen für sie geht. Diese sind in vorhergehenden Nummern des „Bund" schon dargestellt worden. Trotzdem muß noch einmal scharf hervorgehoben werden, **daß das Anpassungsgesetz keinerlei Verschlechterungen für die Angestelltenversicherungspflichtigen bringt.** Diese Meinung hört man sehr oft von den Frauen der DAG, obwohl sie völlig irrig ist.

Das Anpassungsgesetz ist als erste Maßnahme anzusprechen, um die Not der Armen der Ärmsten zu lindern und außerdem das soziale Recht des Arbeiters dem des Angestellten anzupassen. Wie unterschiedlich bis heute die Leistungssätze beider Versicherungsanstalten für die Frau sind, beweist nachstehende Gegenüberstellung:

Die Frau eines **Invalidenversicherungspflichtigen** erhält nach dem Tode ihres Ehemannes erst dann eine Witwenrente, wenn sie 65 Jahre alt oder dauernd invalide oder vorübergehend invalide ist. Das heißt, sie muß nach ärztlichem Ermessen zu $66^{2}/_{3}\%$ in ihrer Erwerbsfähigkeit gehindert sein. Die Frau eines Arbeiters muß also, wenn ihr Gesundheitszustand es erlaubt, bis zum 65. Lebensjahr arbeiten, um eine Witwenrente zu erhalten. In der **Angestelltenversicherung** bekommt die Frau nach dem Tode ihres Mannes **sofort** die Witwenrente. Sie braucht weder eine Altersgrenze erreicht zu haben noch berufsunfähig zu sein.

Es wird gesagt, der Angestellte zahle höhere Versicherungsbeiträge, um dadurch mehr Vergünstigungen zu haben. Aber auch dieses trifft nicht zu, denn der Arbeiter wie der Angestellte zahlen beide 5,6% ihres Einkommens als Beitrag. Wer könnte bestreiten, daß diese unterschiedliche Bewertung eine Ungerechtigkeit ist?

Sich für deren Beseitigung einzusetzen, ist auch ein Teil des Gleichberechtigungskampfes.

Wollen die Frauen Nachtarbeit?

Von einer Kollegin aus der **IG Bergbau** wird uns geschrieben:

Für die Frauen des Bergbaus, vor allem für diejenigen, die in Werksküchen beschäftigt sind und mithin Wechselschicht haben, können wir sagen, daß sie keinesfalls mit der Leistung von Nachtarbeit einverstanden sind. Sie wünschen nach Möglichkeit eine Freistellung davon und führen, da die meisten verheiratet sind und kleine Kinder haben, an, daß sie die Kinder nur schweren Herzens ohne Nachtaufsicht lassen. Nicht immer können Nachbarn damit betraut werden, und zur Anstellung einer Hausgehilfin reichte das Geld nicht (auch nicht das sogenannte Doppelverdiener-Einkommen). Auch die sittliche Seite der Frage sei unter den heutigen Verhältnissen nicht aus dem Auge zu lassen.

Die Kolleginnen wenden sich gegen einen Artikel im Mitteilungsblatt des Arbeitsministeriums Nordrhein-Westfalen, „Arbeits- und Sozialpolitik", in dem eine Auflockerung des Nachtarbeitsverbots für Frauen zur Diskussion gestellt wird.

Auch **Textilarbeiterinnen** aus **Bielefeld** haben sich in ähnlicher Weise geäußert.

Quelle: Der Bund Nr. 9 / 1949, S. 4

schinen und Stanzen oder als Verputzerinnen und sogar zwei Frauen als Maschinistinnen (Der Bund 1947, Nr. 1, S. 4). Als anstrebenswert für technisch begabte und sozial interessierte Facharbeiterinnen betrachtete man die Tätigkeit der Gewerbeaufsichtsbeamtin. Dieser Beruf wurde ebenso wie die Tätigkeit als Straßenbahnschaffnerin unter dem Aspekt der Ausweitung der Arbeitsfelder für Frauen diskutiert (Der Bund 1948, Nr. 7, S. 3 und 1947, Nr. 5, S. 2).

Die Entschließung des DGB-Gründungskongresses im Jahre 1949 beinhaltete ebenso das Anliegen, das Berufsspektrum für Frauen zu erweitern, um so strukturelle Veränderungen des Arbeitsmarktes zu erreichen:

> "Sicherung des Rechtes der Frau auf Arbeit durch Erschliessung neuer Berufe, die der körperlichen Eignung der Frau entsprechen, Förderung der beruflichen Ausbildung, Bereitstellung von Lehrstellen, gleiche Aufstiegsmöglichkeiten in Betrieben und Verwaltungen für Mann und Frau ... Verbot aller Arbeiten, die der Konstitution der Frau unzuträglich sind" (DGB-BK 1949, S. 337).

Bemerkenswert ist jedoch, daß in den Leitsätzen des DGB-Gründungskongresses zwei Aspekte aus den vorhergehenden Erklärungen nicht mehr enthalten sind. Von einem Verbot aller Arbeiten für Frauen, die nicht ihrer Konstitution entsprechen, wurde zwar sowohl 1947 als auch 1949 gesprochen. 1949 verknüpfte man jedoch mit dieser Einschränkung nicht mehr den Anspruch, daß sich daraus keine arbeitsmäßigen oder materiellen Benachteiligungen für Frauen ergeben dürften. Damit verzichtete man auf einen Aspekt, der die Absicht ausdrückte, zukünftig sozialen Ungleichheiten entgegenzuwirken.

Auf gleichberechtigte berufliche Chancen von Männern und Frauen zielten in der frühen Nachkriegszeit die Bestrebungen nach Umschulungen für Frauen ab. Auch dieser Gesichtspunkt fehlt in der Entschließung des DGB-Gründungskongresses. Berufliche Fortbildung und Umschulung mit dem Ziel der Erweiterung des Berufsspektrum können als Strategien zur Überwindung der geschlechtsspezifischen Segmentierung des Arbeitsmarktes und damit als eine die Gleichberechtigung fördernde Maßnahme bewertet werden.

Da beide Aspekte in der Entschließung des DGB-Gründungskongresses 1949 fehlen, kann dieser als Wendepunkt angesehen werden. Dafür spricht auch, daß in den nachfolgenden Jahren die Fragen der Berufsausbildung und -ausweitung für Mädchen in den Mittelpunkt der gewerkschaftlichen Frauenpolitik gestellt wurden. Die Priorität in den 50er Jahren lag nicht im Bereich beruflicher Qualifizierung durch Umschulung oder Fortbildung für bereits erwerbstätige Frauen, sondern eher in dem Bemühen, für die nachfolgende Generation Verbesserungen zu erreichen. Beispielsweise wurde in der Entschließung des DGB-Bundeskongresses 1952 als Maßnahme zur Überwindung der beruflichen Benachteiligung von Frauen an erster Stelle die Bereitstellung von Lehrstellen genannt (2. DGB-BK 1952, S. 480).

Das auch in den Gewerkschaften vorhandene Verständnis von der Rolle der Frau als Hausfrau und Mutter bildete einen Hintergrund für die erfolgte Schwerpunktsetzung, die auch ablesbar ist an der erhöhten Anzahl von Anträgen zur beruflichen Förderung junger Frauen auf den Bundesfrauenkonferenzen. Während auf der Konferenz 1952 dieses Themenfeld noch weitgehend unbedeutend war, beschäftigten sich im Jahr 1955 eine Reihe von Anträgen damit. Zudem verabschiedete die Konferenz eine Entschließung mit der Überschrift "Berufsausbildung und Berufsausweitung für die Mädchen", worunter die Forderung nach Gleichberechtigung subsumiert wurde. In diesem Beschluß brachten die Gewerkschafterinnen ihre Unwilligkeit zum Ausdruck, sie wollten mit ihrem Anliegen der Gleichberechtigung nicht länger vertröstet werden: "Die Bundesfrauenkonferenz des Deutschen Gewerkschaftsbundes fordert die gleichen Ausbildungs- und Aufstiegsmöglichkeiten für die Frauen sowie die Erschließung neuer Berufe, die bisher fast ausschließlich den Männern vorbehalten waren. Insbesondere wird gefordert, daß *endlich* (Hervorhebung M.K.) die volle Gleichberechtigung der Frau, wie bereits in Artikel 3 des Grundgesetzes verankert, zur Durchführung kommt" (2. BFK 1955, S. 372).

Auf der Bundesfrauenkonferenz 1959 befaßte man sich mit Fragen der Ausbildungsqualität für junge Frauen. Neben den allgemein gehaltenen Forderungen, wie sie bereits aus früherer Zeit bekannt waren, wurde konkret die Streichung des Anlernberufes Bürogehilfin gefordert, da dieser nach Auffassung der Gewerkschafterinnen keine Aufstiegsmöglichkeiten bot (3. BFK 1959, S. 299f). Ferner beschäftigte sich die Konferenz mit der Verbesserung der Anstellungs- und Beförderungsmöglichkeiten im öffentlichen Dienst (3. BFK 1959, S. 299f).

Der Nachdruck, welcher dem Qualifikationsaspekt der Forderung "Recht auf Arbeit für Frauen" ab Mitte der 50er Jahre gewidmet wurde, war nicht zuletzt durch die sich verändernden Bedingungen für die Frauenerwerbstätigkeit ausgelöst worden. Zeigte sich doch immer mehr, daß allein die Berufsausübung noch kein Kriterium für die Gleichberechtigung war, sondern meist die Stellung am Arbeitsplatz und die Qualität der Arbeit entscheidend waren (Lippe, Angelika 1983, S. 84). Maria Weber beschrieb 1962 den Werdegang der Forderung so: "Wir haben bei jeder Bundesfrauenkonferenz die Ausbildung der Mädchen und Frauen angesprochen. Aus der wirtschaftlichen Situation heraus waren wir gezwungen, zunächst das Recht auf Arbeit stark herauszustellen, dann das Recht auf Ausbildung und heute das Recht auf qualifizierte Ausbildung!" (4. BFK 1962, S. 77).

3.1.2 Gleicher Lohn für gleichwertige Arbeit

Die Lohngleichheitsforderung ist so alt wie die Arbeiterbewegung[8]. Auch in den 40er und 50er Jahren war die Forderung nach gleichen Löhnen für Männer und Frauen ein zentraler Punkt in der gewerkschaftlichen Frauenpolitik. Sie blieb aber eine unerfüllte Forderung.

8 Als älteste Quelle gilt das Protokoll des Gründungskongresses der Sozialdemokratischen Partei Deutschlands aus dem Jahre 1869 in Eisenach. Dort verlangte ein Delegierter, die Forderung nach Lohngleichheit in die Statuten aufzunehmen – dazu kam es jedoch nicht.

Fragen der Lohngestaltung fielen bzw. fallen zwar nicht direkt in die Zuständigkeit des DGB[9], dennoch sind sie in einer Darstellung über die gewerkschaftliche Frauenarbeit des DGB von Belang und zwar aus zwei Gründen: Einmal strebten die Gewerkschafterinnen über die Entlohnung die Gleichstellung von Frauen und Männern an, wodurch diese Fragen in die gesellschaftspolitische Aufgabenstellung des DGB einzuordnen sind. Zweitens nutzten die Gewerkschafterinnen die Dachorganisation DGB, um ihren Forderungen Nachdruck zu verleihen.

In Aufsätzen, Reden und auch in Form von Anträgen zu den DGB-Bundesfrauenkonferenzen appellierten sie an die Tarifvertragsparteien – also an die Mitgliedsgewerkschaften des DGB und an die Arbeitgeberverbände – die Lohnunterschiede zwischen den Geschlechtern abzuschaffen. Die gewerkschaftlichen Programme in der frühen Nachkriegsphase schlossen die Lohngleichheitsforderung mit ein. In der Entschließung der Interzonenkonferenz 1947 forderte man:

"– Beseitigung aller besonderen Frauenlohngruppen in den Tarifen.
– Gerechte Einstufung der Frauen in die jeweils gültige Lohngruppe der Angelernten oder Facharbeiter ihrer Arbeit.
– Beseitigung aller unter einem Existenzminimum liegenden Löhne" (DGB-Bundesvorstand-brit. Zone o.J., S.736).

In den Leitsätzen des Gründungskongresses 1949 hieß es lediglich: "Gleicher Lohn bei gleicher Arbeit und Leistung" (DGB-BK 1949, S. 338).

In der Lohnpraxis gab es bis Mitte der 50er Jahre eine offene Diskriminierung von Frauen, denn die Tarifverträge sahen Lohnabschläge für Frauen vor. Tarifvertraglich, also mit Zustimmung der Gewerkschaften, war geregelt, daß Frauen 25% bis 40% weniger Lohn erhielten als die Männer der gleichen Lohngruppe. Die tariflichen Frauenlöhne im Tarifgebiet Nordrhein-Westfalen lagen beispielsweise 25% unter den Männerlöhnen. In Niedersachsen betrug die Differenz 20% und in Bayern 27%. Dies betraf sowohl un- und angelernte Arbeiterinnen als auch qualifiziert angelernte Arbeiterinnen und Facharbeiterinnen (Drohsel, Petra 1986, S. 76).

Eine Angleichung der Löhne beider Geschlechter schien möglich, als das Alliierte Kontrollratsgesetz Nr. 14 vom Oktober 1945 im September 1946 eine Ergänzung erhielt (Mielke, Siegfried u.a. 1987, S. 135 u. S. 166). Darin wurde eine Kann-Bestimmung in Kraft gesetzt, die vorsah, den Mindestlohn auf –,50 DM festzusetzen. "Die Löhne der Frauen lagen zu dieser Zeit oft nicht höher als –,35 DM in der Stunde" (Winkelsträter, Liesel 1985, S. 2).

Nach Einschätzung von Liesel Winkelsträter wirkte sich diese Regelung in einzelnen Fällen für die Frauen positiv aus. Sie verwies auf einen Tarifvertrag der Industriegewerkschaft Chemie, Papier, Keramik für die Chemische Industrie vom 25. Mai 1948 (Leverkusener Abkommen), der den Lohngleichheitsgrundsatz

9 Die Tarifpolitik, d.h. die Gestaltung des Lohnes und der Arbeitsbedingungen, fällt in die Zuständigkeit der Mitgliedsgewerkschaften des DGB. Weitere Untersuchungen über die Unterschiede zwischen den Männer- und Frauenlöhnen in den zahlreichen regionalen und branchenbezogenen Tarifverträgen sind wünschenswert.

enthielt (I.1.Q.20). Über die Aktivitäten, die dieser Nachtrag auslöste, berichtete eine andere Gewerkschafterin: *"Das weiß ich noch wie heute, wie die Direktive ins Gewerkschaftshaus kam. Mein Kollege sagte: Es gibt durch die Direktive 5 Groschen Stundenlohn. Ich sagte: Fahrrad her und sofort zur Glasfabrik. Die Glasfabrik war bei uns einer der größten Arbeitgeber für Frauen. Dort angekommen, habe ich zum Betriebsrat gesagt: Mach' mal schnell eine Versammlung. Und ich habe verkündet, daß der Arbeitgeber ab sofort –,50 DM Mindeststundenlohn zahlen muß. Bis dahin hatten die Arbeiterinnen einen Stundenlohn zwischen –,17 DM und –,27 DM. Es bedeutete also eine hundertprozentige Lohnerhöhung"* (I.1.H.25).

Die zeitgenössische Gewerkschaftspresse bilanzierte die Ereignisse um die Direktive so: "Ist diese Handhabe zu einer wesentlichen Verbesserung wenigstens eines Teils der Frauenlöhne in allen Betrieben ausgenutzt worden? –– Viele Frauen und Betriebsräte werden zugeben müssen: Nein! Woran liegt das? Und woran liegt es, daß auch jetzt, wo in den verschiedenen Gewerkschaften über Neufestlegung und Bewertung verschiedener Lohnkategorien untereinander beraten wird, den Frauen weitgehend ein Zukurzkommen droht? Ist es etwa gerechtfertigt, daß angelernte, Qualitätsarbeit leistende Frauen sehr häufig weniger Lohn erhalten als ein ungelernter männlicher Kollege? Oder daß es überhaupt noch einige – ganz besonders niedrig entlohnte – Gruppen 'rbeiterinnen' in Lohntarifen gibt, während es nur auf die Art der Arbeit, nicht aber auf das Geschlecht ankommen sollte?" (Der Bund 1948, Nr. 14, S. 2).

Maßstab für die Entlohnung sollte nach Auffassung der Gewerkschafterinnen also die ausgeführte Tätigkeit sein. Doch zunächst existierten unklare Vorstellungen über den Wortlaut des Lohngleichheitsgrundsatzes, denn anfangs lautete die Formulierung "Gleicher Lohn für gleiche Arbeit". Daraus erwuchsen zahlreiche Schwierigkeiten, denn es galt, im Einzelfall nachzuweisen, daß Arbeitnehmer und Arbeitnehmerinnen die gleichen Tätigkeiten ausführten. Wie in der Praxis versucht wurde, dies zu umgehen, berichtete eine befragte Kollegin: *"Es ist uns gelungen, eine Umgruppierung der Frauen zu erreichen, wenn die Frauen und die Männer haargenau die gleiche Arbeit verrichteten. Ich brachte immer ein Superbeispiel: In einem Gummibetrieb wurden an der Stanze Gummiabsätze gestanzt. Erst wurde es so gehandhabt, daß dann, wenn neue Partien gestanzt werden mußten, die Form ausgewechselt wurde. Männer und Frauen haben mal größere oder kleinere Absätze gestanzt. Als es um die Vergleichbarkeit ging, wurden den Frauen die kleineren Absätze zum Stanzen gegeben und der geringere Lohn ausgezahlt. Die Männer bekamen die größeren Absätze und den höheren Lohn"* (I.2.Q.27). Auf der 1. Bundesfrauenkonferenz 1952 führten die Gewerkschafterinnen die Formulierung "Gleiches Entgelt für gleichwertige Arbeit" ein (1. BFK 1952, S. 195ff. und S. 234f.). Auf dieser Konferenz appellierte Thea Harmuth an den Lohnpolitischen Ausschuß des DGB": "Inzwischen dürfte er sich an die Formulierung der Forderung nach gleichem Entgelt für gleichwertige Arbeit an männliche und weibliche Arbeitnehmer gebunden fühlen" (1. BFK 1952, S. 52). Damit bezog sie sich auf die Konvention 100 der Internationalen Arbeitsorganisation (IAO), deren Deklaration lautete: "Der Ausdruck, 'leiches Entgelt männlicher und weiblicher Arbeitskräfte für gleichwertige Arbeit' bezieht sich auf Entgeltsätze, die ohne Rücksicht auf den Unterschied des Geschlechts festgesetzt sind" (Drohsel, Petra 1986, S. 103).

Frauen in der Ofenfabrik Duisburg 1951

In den Tarifverträgen gab es jedoch weiterhin Regelungen zuungunsten von Frauen. Das Lohnabkommen in der Metallindustrie in Nordrhein-Westfalen aus dem Jahr 1952 bewerteten die Gewerkschafterinnen als verfassungswidrig, sie sahen darin einen groben Verstoß gegen das Gleichberechtigungsgebot des Grundgesetzes. Das Abkommen enthielt die Klausel, daß "weibliche Arbeitnehmer, die mit der gleichen Arbeit wie Männer beschäftigt werden und die gleiche Leistung erbringen, den Lohn wie Männer der gleichen Gruppe erhalten. Dies gilt nicht, sofern bei für Frauen geeigneten Arbeiten aus besonderen Gründen auch Männer mit der gleichen Arbeit beschäftigt werden" (Gewerkschaftliche Monatshefte 1953, S. 101). Die generelle Lohnabschlagsklausel für Frauen wurde somit umgewandelt in eine Lohnerhöhung für Männer, wenn diese die gleichen Arbeiten ausführten wie Frauen.

Entscheidend für die weitere Entwicklung war das Bundesarbeitsgerichtsurteil vom 6. April 1955. Der Gesichtspunkt der Gleichwertigkeit der Arbeit von Frauen und Männern gewann mit diesem Urteil an Gewicht. Das Gericht stellte den Grundsatz auf, "daß bei der Frage, ob gleicher Lohn für gleiche Arbeit zu zahlen sei, nur die konkrete Arbeit in Betracht gezogen werden dürfe, und daß die Arbeit der Frau ohne Rücksicht auf die sozialen Schutznormen sowie Belastungen des Arbeitgebers im Sinne der Lohngleichheit zu entlohnen sei" (Drohsel, Petra 1986, S. 115). In der Urteilsbegründung hieß es, daß eine Berücksichtigung etwa der ungleichen Muskelkraft in Betreben, in denen es auf das Heben von Gegenständen ankommt, zwischen Männern zulässig wäre, der gleiche Gesichtspunkt zwischen Männern und Frauen nicht geltend gemacht werden dürfe (vgl. Drohsel, Petra 1986, S. 114).

Nach der höchstrichterlichen Entscheidung war der generelle "Frauenlohnabschlag" nicht mehr zulässig und die Tarifvertragsparteien mußten die Tarifverträge entsprechend verändern. Die Verhandlungen zwischen den Arbeitgeberverbänden und den Gewerkschaften erbrachten, daß sich die Anzahl der Lohngruppen erhöhte und Differenzierungen in Lohngruppentexten vorgenommen wurden. In diesen Texten wurde einerseits unterschieden nach formal beruflichen Qualifikationen und andererseits spezifiziert nach dem Grad körperlicher Anstrengung für die auszuführenden Tätigkeiten. Diese Abstufungen waren wiederum nachteilig für Frauen, denn sie besaßen zumeist keine Berufsabschlüsse und überwiegende Mehrheit von ihnen übte an- und ungelernte Tätigkeiten aus.

Hinsichtlich der physischen Anstrengungen wurde untergliedert in "leichte" und "schwere" Arbeiten, wobei man Anforderungen wie Konzentration und Fingerfertigkeit, die hauptsächlich in den "typischen" Frauenberufen verlangt wurden, als leichte Tätigkeiten kategorisierte. Als schwer bezeichnete man diejenigen Arbeiten, die körperliche Kraft erforderten. Dafür gab eine befragte Kollegin ein Beispiel, das sie in den Betriebsversammlungen jener Zeit referierte. Sie fragte: *"Was ist das für eine Unterscheidung zwischen Männer- und Frauenarbeit? ... Der Mann kriegt seine Muskeln bezahlt. Aber mit seinen Muskeln könnte er nicht die Arbeit von Frauen verrichten. Die von weiblichen Beschäftigten verlangte Fingerfertig-*

keit und Aufmerksamkeit sind Tätigkeiten, die höher bezahlt werden müßten. Aber der Lohn eines Sackträgers, eines Karrenschiebers – also von ungelernten Arbeitern – liegt ca. 30 % über den Löhnen von Frauen mit ungelernten Tätigkeiten" (I.3.L.20).

Den skizzierten Prozeß hin zu den "Leichtlohngruppen", die bis Mitte der 70er Jahre existierten und im unteren Teil der Lohngruppenskala angesiedelt waren, prognostizierte Liesel Winkelsträter bereits auf der Bundesfrauenkonferenz 1955. Sie warnte "vor dem Versuch in einzelnen Tarifkommissionen, aus den vorhandenen vier Lohngruppen, nach denen bisher die Männer entlohnt wurden, jetzt sechs oder sieben oder acht Lohngruppen zu machen und in letztere die Frauen einzusortieren" (2. BFK 1955, S. 73).

Im Jahre 1985 resümierte sie die Geschichte der Lohngleichheitsforderung auf einer Arbeitstagung des DGB-Landesbezirkes Hessen: "Wie stark Tradition, Erziehung und Weltanschauung Vorurteile schaffen und am Leben erhalten, läßt sich an der Entwicklung der Entlohnung von Frauen trefflich verfolgen. Nicht nur, daß die Erwerbstätigkeit von Frauen von Anfang an als unnatürlich – deshalb minderwertig – im Verhältnis zur Männerarbeit angesehen wurde. Auch waren Frauen schon zu Beginn der industriellen Produktionsweise gegenüber den zu Verfügung stehenden Arbeitsplätzen in einer Überzahl vorhanden. Diese Tatsachen führten dazu, daß den Frauen die schlechtesten und niedrigsten Arbeiten zugeteilt wurden und sie dafür nicht einmal die Hälfte der Löhne der Männer erhielten, die eine vergleichbare Arbeit leisteten" (Winkelsträter, Liesel 1985, S. 4).

Betrachtet man nun die Positionen der Gewerkschaften zur Lohngleichheitsforderung, so kann konstatiert werden, daß sie als Tarifvertragspartei bei der Festschreibung der geschlechtsspezifischen Lohnunterschiede mitwirkten. In den Lohngruppentexten stimmten sie einer Unterbewertung der Tätigkeiten von Frauen zu und ließen psychische Arbeitsanforderungen unberücksichtigt. In der öffentlichen Auseinandersetzung traten sie jedoch für die Lohngleichheitsforderung und damit für die Gleichberechtigung ein. In einem vom DGB in Auftrag gegebenen Gutachten wurde festgestellt: "Ist somit das Prinzip der Lohngleichheit der Frauen schon aus dem Wortlaut des Art. 3 zu entnehmen, jedenfalls aber mit diesem Wortlaut durchaus vereinbar, so ergibt die Entstehungsgeschichte des Grundgesetzes mit voller Gewißheit, daß es der Wille des Gesetzgebers war, den Grundsatz (der Lohngleichheit, M.K.) im Art. 3 zum Ausdruck zu bringen" (Nipperdey, H. C. 1951, S. 4). Die Arbeitgeber hingegen blieben bei der Auffassung, nach der Tarifverträge privatrechtliche Vereinbarungen seien und sich deshalb nicht nach dem Verfassungsgebot zu richten hätten (Winkelsträter, Liesel 1965, S. 2).

Die Gewerkschaften vertraten die Lohngleichheitsforderung auch gegenüber dem Gesetzgeber und befanden sich damit im Gegensatz zu den Arbeitgeberverbänden. Die Bundesfrauenkonferenz und auch der DGB-Bundeskongreß im Jahre 1954 verlangten die Ratifizierung der erwähnten Konvention 100 durch den Bundestag. Diese erfolgte am 7. Dezember 1955, also nach dem Bundesarbeitsgerichtsurteil. Die Bundesrepublik verpflichtete sich damit, die Erfüllung der Forderung "Gleicher Lohn für gleichwertige Arbeit" zu unterstützen.

Diese Ratifizierung des Abkommens begrüßten die Gewerkschafterinnen, weiterreichende gesetzliche Maßnahmen für die Verwirklichung des Lohngleichheitsgrundsatzes lehnten sie jedoch ab. Vorrangig erwarteten sie Unterstützung von ihren männlichen Kollegen in den Tarifkommissionen. Dies kann dem Protokoll der Antragsdebatte zum Thema "Gleicher Lohn für gleichwertige Arbeit" auf der Bundesfrauenkonferenz 1952 entnommen werden. Dort votierten alle Rednerinnen für die Tarifautonomie und lehnten das Eingreifen des Gesetzgebers ab. Damit drückte man die Hoffnung aus, daß die gesamte Gewerkschaftsbewegung sich für die Lohngleichheit einsetzen werde und ordnete die spezifischen Interessen von Frauen in das Interessenspektrum aller Gewerkschaftsmitglieder ein.

Claudia Pinl bezweifelt in ihrer Publikation "Das Arbeitnehmerpatriarchat" prinzipiell den Willen der Männermehrheit, insbesondere bei den qualifizierten Facharbeitern, ihre eigenen höheren Lohnabschlüsse durch Forderungen zu gefährden, welche den Frauen die Lohngleichheit hätten sichern können. Tatsache sei, daß in der gesamten Geschichte des DGB keine einzige Gewerkschaft im DGB zugunsten frauenspezifischer Forderungen aus gesamtwirtschaftlicher Konsequenz in den Streik getreten sei, auch nicht während der 50er Jahre, obgleich sich bereits deutlich die Benachteiligung der Frau, gerade in der Lohnfrage, abzeichnete (Pinl, Claudia 1977, S. 51f.).

3.2 Strategien zur Entlastung der erwerbstätigen Frauen

In allen gewerkschaftlichen Erklärungen der frühen Nachkriegszeit wurde die Schaffung und Verbesserung betrieblicher und sozialer Einrichtungen zur Entlastung der berufstätigen Frauen und Mütter verlangt.

3.2.1 Der Hausarbeitstag

Hierzu zählte vor allem die an eine Regelung aus der Zeit des Nationalsozialismus anknüpfende Forderung nach einem bezahlten Hausarbeitstag[10]. Für Arbeitnehmerinnen, die einen eigenen Haushalt führten, sollte – auch wenn sie ledig waren und möbliert wohnten – monatlich ein freier Tag zur Erledigung häuslicher und persönlicher Angelegenheiten gewährt werden. Begründet wurde dies mit den Familienpflichten von Frauen, denn die Frau "hat mehrere Berufe nebeneinander auszufüllen ... Neben ihrem Fachberuf hat sie den Beruf als Hausfrau, der eine gesellschaftliche Leistung für die Familie bedeutet" (Der Bund 1947, Nr. 8, S. 3).

10 Einen Hausarbeitstag ohne Anspruch auf Vergütung sah die Freizeitanordnung vom 22.10.1943 vor. Danach stand Frauen mit eigenem Hausstand und einer wöchentlichen Mindestbeschäftigung von 48 Stunden innerhalb von 4 Wochen ein Hausarbeitstag zu. Für Frauen mit einem oder mehreren Kindern unter 14 Jahren waren im gleichen Zeitraum zwei Hausarbeitstage vorgesehen.

Dein Hausarbeitstag ist in Gefahr!

Auf Initiative von 65 Abgeordneten der CDU/CSU soll unser Hausarbeitstagsgesetz geändert werden.

Dieses Gesetz schützt jetzt etwa 800 000 berufstätige Frauen. Sollte der Bundestag dem Initiativantrag stattgeben, so verlieren etwa 750 000 berufstätige Frauen ihren freien Tag im Monat.

Das ist soziale Demontage!

Wehre Dich und schreibe den betreffenden Abgeordneten, die wir umseitig namentlich aufführen, und dem Abgeordneten Deines Wahlkreises Deine Meinung an die Adresse Bonn, Bundeshaus.

Protestiere!

Bundestagsabgeordnete (r)

Frau (Herr) . . . .

Bonn

Bundeshaus

Jetzt mußt Du handeln!

Veranlasse auch Deine Leidensgenossin zum Protest!

Zähle Deine Gründe auf

die Dich zum Protest veranlassen. Schildere Deine Belastung in Beruf u. Haushalt

Setz Dich gleich hin und schreibe Deinen Protest

an die Abgeordneten. Setze ihnen auseinander, wozu Du den Hausarbeitstag brauchst

Diese Argumentation ist auch den Diskussionsbeiträgen auf der Trizonalen Frauenkonferenz 1949 zu entnehmen. Dort erklärte eine Kollegin, es handle sich im allgemeinen um eine soziale Frage. "Es geht ja nicht nur um die einzelne Persönlichkeit Frau, sondern um die ganze Familie, und wenn wir die Familie als solche bejahen, dann müssen wir auch alles daran setzen, die zur Erhaltung der Familie notwendige Quelle zu erschließen ... Denn die mitarbeitende Frau ist eine Kerze, die an beiden Enden brennt" (Trizonale Frauenkonferenz 1949, S. 23). Ein Kollege unterstützte sie: "Wir geben ja der Frau nicht nur frei, weil sie es als Person nötig hat, sondern ... weil zu ihr ein Mann gehört und diese Arbeitskraft Mann hat es nötig, daß die Frau erhalten bleibt und rückwirkend" (Trizonale Frauenkonferenz 1949, S. 24).

Zu einer bundeseinheitlichen gesetzlichen Regelung für den bezahlten Hausarbeitstag kam es jedoch nicht, lediglich in den Bundesländern Niedersachsen, Hamburg, Bremen und Nordrhein-Westfalen gab es ein entsprechendes Gesetz.

Unter den Gewerkschafterinnen war strittig, ob überhaupt eine gesetzliche Bestimmung angestrebt werden sollte. In einer Empfehlung des DGB-Bundesfrauenausschusses aus dem Jahr 1953 hielt man sich diesbezüglich eher zurück und beschrieb darin die generelle Verkürzung der Arbeitszeit für Männer und Frauen als vorrangig anzustrebendes Ziel (DGB-Bundesfrauenausschuß Empfehlung vom 14. Januar 1953). Im DGB-Landesbezirk Berlin sah man davon ab, eine gesetzliche Regelung über den Senat zu erzielen. Dort versuchte man, das Anliegen über die Tarifvertragsparteien in Betriebsvereinbarungen zu verwirklichen (DGB-Landesbezirk Berlin, GB 1950–1952, S. 140). Doch seitens der Unternehmen erkannte man den bezahlten Hausarbeitstag nicht an. Dort strebte man vielmehr eine juristische Klärung der Frage an, ob diese Regelung gegen den Gleichberechtigungsgrundsatz von Mann und Frau nach dem Grundgesetz Art. 3 verstoße. Dies verneinte das Bundesarbeitsgericht mit dem Urteil vom 14. Juli 1954[11]. Daraufhin sprachen sich die Gewerkschafterinnen für eine einheitliche Regelung des Hausarbeitstages aus und forderten die DGB-Landesvorstände auf, sich bei den Landtagen und -regierungen mit Nachdruck dafür einzusetzen (2. BFK 1955, S. 365). Auf der Bundesfrauenkonferenz im Jahre 1959 verlangten die Gewerkschafterinnen ein Bundeshausarbeitsgesetz und verwiesen auf die zwischen den Bundesländern uneinheitlichen Bestimmungen.

An der Forderung nach einem bezahlten Hausarbeitstag für Frauen hielten die Gewerkschafterinnen auch nach der Einführung der 5-Tage-Woche bzw. der wöchentlichen Arbeitszeit von 45 Stunden fest[12]. In der innergewerkschaftlichen Diskussion um die Arbeitszeitverkürzung betonten sie: "Die berufstätige Frau sei

11 Dieses Urteil revidierte zahlreiche Beschlüsse von Arbeitsgerichten. So hatte z.B. das Arbeitsgericht Düsseldorf noch Ende 1953 die Einrichtung des Hausarbeitstages als Verstoß gegen das Gleichberechtigungsgebot des Grundgesetzes gewertet.

12 In einzelnen Regionen wurde für den Bereich der Metallindustrie ab Herbst 1956 die Einführung der 5-Tage-Woche erwirkt.

weiterhin durch die zusätzliche Führung des Haushalts mehr belastet als der Mann" (3. BFK 1959, S. 278ff.).

3.2.2 Die Halbtagsbeschäftigung von Frauen

Hinsichtlich der Halbtagsbeschäftigung von Frauen änderte sich die Haltung der Gewerkschafterinnen grundlegend. In der frühen Nachkriegszeit sah man darin eine Chance für Frauen, erwerbstätig zu sein und zugleich die Aufgaben in den Familien wahrnehmen zu können. Auf der Trizonalen Frauenkonferenz 1949 hieß es, "die Schaffung von Möglichkeiten der Halbtagsbeschäftigung für Frauen sei eine zwingende Notwendigkeit, da viele aufgrund geringer Renten gezwungen sind, einer Erwerbsarbeit nachzugehen, jedoch wegen dringender häuslicher Versorgungspflichten an einer ganztägigen Erwerbsarbeit gehindert sind" (Der Bund 1949, Nr. 5, S. 2). Die Gewerkschaftsfrauen in Württemberg-Baden beriefen sich auf einen Runderlaß des Landesarbeitsamtes, worin den Betrieben die Halbtagsbeschäftigung von Frauen mit Familien empfohlen wurde, und forderten sogar eine Verpflichtung der Betriebe, proportional zu einer bestimmten Anzahl ganztägig Beschäftigter eine bestimmte Anzahl halbtägig arbeitender Frauen einzustellen (Die Genossin, Jg. 1948/49, S. 45).

Aufgrund der großen Anzahl der aus der Gefangenschaft zurückkehrenden erwerbsuchenden Männer und des Zustroms von Flüchtlingen auf den Arbeitsmarkt waren diese Vorstellungen jedoch nicht zu realisieren. Erst ab Mitte der 50er Jahre, mit zunehmender Annäherung der Nachfrage nach Teilzeitbeschäftigung von Frauen und der Nachfrage seitens der Unternehmen nach weiblichen Arbeitskräften befaßten sich die Gewerkschafterinnen wieder mit diesen Fragen.

Elisabeth Ostermeier stellte dazu in ihrem Bericht zum 3. Ordentlichen Gewerkschaftstag der Gewerkschaft Nahrung-Genuss-Gaststätten (NGG) 1958 fest: "Die familiäre Bindung der Mütter, die auf einen Erwerb angewiesen sind, und der in einigen Städten sehr fühlbare Mangel an Arbeitskräften führte dazu, daß die Betriebe von seiten verschiedener Frauenverbände und auch von Ministerien aufgefordert wurden, Teilzeitarbeitsplätze zu schaffen" (NGG-Hauptvorstand 1988, S. 17).

Die Reaktionen der Gewerkschafterinnen auf diese Entwicklung lassen darauf schließen, daß sie zwar einerseits akzeptierten, daß Frauen aus einer persönlichen Notsituation heraus Teilzeitarbeit verrichteten. Andererseits sahen sie die Teilzeitbeschäftigten als Konkurrentinnen der ganztags tätigen Frauen, denn sie konstatierten unter ihnen eine hohe Bereitschaft, unter schlechteren Arbeitsbedingungen ohne versicherungsrechtlichen Schutz zu arbeiten. Außerdem waren Teilzeitbeschäftigte – so die damalige Auffassung – *"aufgrund ihrer Halbtagsbeschäftigung fähiger, ihre Arbeit zu verrichten, weil sie ja nur einen halben Tag arbeiteten und von daher ihre Kräfte auf vier Stunden konzentrieren konnten und nicht auf acht Stunden verteilen mußten"* (I.2.F.37). Den Frauen wurde empfohlen, sich zu fragen, "ob Teilzeitbeschäftigung nach Berücksichtigung der damit verbundenen

Mehrauslagen, wie Fahrgeld, erhöhter Kleiderverbrauch, zusätzliche Kosten für Haushaltsführung und Kinderbetreuung tatsächlich lohnt" (Abt. Frauen, GB 1954–1955, S. 29). Vom Standpunkt der Vollzeitbeschäftigung als anzustrebendes Ziel bot nach Ansicht der Gewerkschafterinnen die Teilzeitbeschäftigung wenig Chancen zu einer besseren Vereinbarkeit vom Erwerbstätigkeit und Familie.

Ihre Vorbehalte sahen die Gewerkschafterinnen noch durch die unter den halbtagsbeschäftigten Frauen verbreitete Auffassung von der zeitlichen Befristung ihrer Tätigkeit unterstützt. Diese Haltung schlossen die Gewerkschafterinnen aus der geringen Bereitschaft der Teilzeitbeschäftigten, sich in der Gewerkschaft zu organisieren. Aufgrund dessen forderte der DGB-Bundeskongreß 1956 die generelle Einbeziehung der Teilzeitarbeit in die gesetzlichen und tarifvertraglichen Bestimmungen sowie die Einhaltung der betrieblichen Arbeits- und Leistungsbedingungen der Vollzeitbeschäftigten auch für Teilzeitbeschäftigte (4. DGB-BK 1956, S. 834).

4. Schlußbetrachtung

Die sozialen, politischen und ökonomischen Verhältnisse in der Bundesrepublik Deutschland veränderten sich in der frühen Nachkriegszeit und im ersten Jahrzehnt der Bundesrepublik Deutschland nicht so weitreichend, daß die Gleichberechtigung beider Geschlechter hätte Wirklichkeit werden können. Das Gleichberechtigungsgebot (Art. 3, Absatz 2) des Grundgesetzes stellt für sich genommen eine entscheidende Veränderung für Frauen dar, die auf dem Hintergrund der – unfreiwilligen – quantitativ dominanten Stellung von Frauen im Produktions- und Reproduktionsbereich in der frühen Nachkriegszeit breite gesellschaftliche Anerkennung erhielt. Die daraus abzuleitenden für die Verwirklichung des Gleichberechtigungsgebotes notwendigen Schritte erfolgten in den 50er Jahren jedoch nur unzureichend.

Letzteres gilt auch für die Haltung der Gewerkschaften: Sie beteuerten zwar in (harmonisierender) Regelmäßigkeit, sich für die soziale und wirtschaftliche Gleichstellung von Frauen einzusetzen und erklärten in zahlreichen programmatischen Verlautbarungen, daß es dazu notwendig sei, daß Recht von Frauen auf Arbeit zu sichern. Dennoch trug die gewerkschaftliche Politik erheblich zur Verfestigung der sozialen Ungleichheit von Frauen und Männern bei und blieb im Widerspruch zur eigenen Programmatik.

Eine Angleichung zwischen den sozialen Verhältnissen von Frauen und Männern schien in der unmittelbaren Nachkriegszeit möglich. Die Untersuchung der darauffolgenden Entwicklung in den 50er Jahren läßt jedoch deutlich werden, daß in dem kurzen Zeitraum von 1945 bis 1949 nur 'althergebrachte' Strukturen und Denkmuster verdeckt bzw. überlagert waren. Denn hinsichtlich der Stellung von Frauen in der Wirtschaft der 50er Jahre sind deutliche Kontinuitätslinien zur Weimarer Republik erkennbar.

Die Erwerbsarbeit von Frauen beschränkte sich in der Zwischenkriegszeit auf wenige, eng umgrenzte Bereiche des Beschäftigungssystems. Diese Schwerpunkte bildeten sich nach Kriegsende wieder heraus und verfestigten sich in den 50er Jahren.

In der gewerkschaftlichen Politik der frühen Nachkriegszeit, die Frauen und Männer gleichermaßen gestalteten und die in der Bevölkerung auf weitgehende Akzeptanz stieß, gab es mit der Strategie zur Erweiterung des Berufsraumes für Frauen und mit Vorschlägen für andere Arbeitszeitformen Ansätze, der geschlechtsspezifischen Segmentierung des Arbeitsmarktes entgegenzuwirken. Tiefgreifende strukturelle Veränderungen zugunsten von Frauen wurden jedoch nicht erzielt. Und im Zeichen des wirtschaftlichen Aufschwungs kamen die Interessen der männlichen Arbeitskräfte weit mehr zum Tragen als die – oft unausgesprochenen – Anliegen von Frauen. Die staatliche Wirtschaftspolitik wirkte sich zum Vorteil für den Teilarbeitsmarkt der Männer aus. Ihr Anspruch auf Erwerbsarbeit mit einem ausreichenden Einkommen zum Unterhalt der Familie war weiterhin vollkommen unstrittig. Die Gewerkschaften, die in den 50er Jahren die Lohngestaltung zu ihrem vorrangigen Politikfeld erhoben, richteten sich in ihrer Praxis eben an dieser Beschreibung der männlichen Rolle aus. Damit trugen sie dazu bei, daß sich die Lohndiskriminierung von Frauen von offenen hin zu versteckten Formen wandelte.

Die Erwerbsarbeit von Frauen war während des gesamten Untersuchungszeitraumes in der Öffentlichkeit umstritten, insbesondere die Berufstätigkeit von Müttern stieß auf Ablehnung. Die rechtlichen Regelungen jener Jahre verorteten den Platz der Frau in der Familie, dem stimmten auch die Gewerkschaften weitgehend zu. Sie verlangten Maßnahmen zur Entlastung der erwerbstätigen Frauen um die (akzeptierten) Mehrfachbelastungen von Frauen für sie erträglicher zu gestalten.

Die außerhäusliche Berufstätigkeit von Frauen, die während der Zeit des wirtschaftlichen Wachstums quantitativ zunahm, fand nur als "Kriegsfolge", d.h. für alleinlebende Frauen, und als aus materieller Not erwachsende Notwendigkeit Akzeptanz. Wirkliche gesellschaftliche Anerkennung blieb den erwerbstätigen Frauen allerdings vorenthalten. Die überwiegende Mehrheit der erwerbstätigen Frauen übte in den Betrieben un- und angelernte Tätigkeiten bei geringer Entlohnung aus. Von seiten der Gewerkschaftsbewegung wurde die soziale Situation dieser Frauen weitgehend ignoriert – von einer Politik im Sinne einer positiven Befürwortung der Erwerbsarbeit für alle Frauen kann daher nicht gesprochen werden.

Die gewerkschaftlich aktiven Frauen wirkten in diesem Prozeß als "gestaltende Teilnehmerinnen" mit. Sie übernahmen ihren (nicht nur von den Gewerkschaftskollegen) zugewiesenen Part. Die Gewerkschafterinnen wandten sich insbesondere der sozialen Situation der alleinstehenden Frauen zu, diese bildeten das Gros der weiblichen Beschäftigten in der Industrie. Ein (nicht ausschließlich freiwilliger) Rückzug aus den allgemeinpolitischen Auseinandersetzungen innerhalb der Organisation ging damit einher. Die Gewerkschafterinnen "überließen" ihren Kollegen die Gestaltung wesentlicher Politikfelder. Erklären läßt sich diese Entwicklung nur mit der aus heutiger Sicht trügerisch erscheinenden Hoffnung, daß sich die gesamte

Gewerkschaftsbewegung der Interessen von Frauen annehmen werde. In dieser Erwartungshaltung wurden sie von ihren männlichen Kollegen auch stetig bestärkt. Eine Identifikation der Gesamtorganisation mit den Anliegen der gewerkschaftlich aktiven Frauen erfolgte jedoch nicht. Vielmehr beteiligten sich die Gewerkschaften an der Gestaltung einer Wirtschafts- und Gesellschaftspolitik zum Vorteil des männlichen Bevölkerungsteils, in der für die Sicherung des Rechts von Frauen auf bezahlte Arbeit – außer in unverbindlichen Erklärungen – kein Platz war.

Frauen in der Männergewerkschaft

Die Geschichte des Deutschen Gewerkschaftsbundes in der Nachkriegszeit unter dem Gesichtspunkt des Geschlechterverhältnisses

Karin Derichs-Kunstmann

0. Zur Fragestellung dieses Teils der Untersuchung

In der Einleitung haben wir uns vorgenommen, einen "anderen Blick auf die Geschichte" zu werfen. Das bedeutet nicht nur, die "verborgene Geschichte der Frauen" sichtbar zu machen, es bedeutet auch, Geschichte unter einer neuen Perspektive, der der Geschlechterbeziehungen, zu betrachten (Bock, Gisela 1988, S. 379ff.). Das soll im folgenden Text geschehen. Wir wollen uns sowohl der Situation der Frauen in den Gewerkschaften und als auch den Möglichkeiten gewerkschaftlicher Frauenpolitik zuwenden. Dabei soll es speziell darum gehen, diese unter dem Blickwinkel der Beziehungen zwischen Männern und Frauen in der Organisation Gewerkschaft zu betrachten. Dieser Perspektivwechsel ist damit gleichzeitig eine Perspektivenerweiterung: Neue Gesichtspunkte treten in den Vordergrund und lassen die Gewerkschaftsgeschichte in einem anderen Licht erscheinen.

Zu den Voraussetzungen der Arbeit von Frauen in den Gewerkschaften und im DGB will ich noch etwas vorausschicken. Gewerkschaften sind Organisationen, in denen Männer und Frauen sich gleichermaßen organisieren können. Sie sind keine Organisation, deren Hauptziel die Frauenpolitik ist. Sie sind Organisationen, entstanden aus der Tradition der deutschen Arbeiterbewegung (nicht ArbeiterInnenbewegung). Sie sind Massenorganisationen in einem bestimmten gesellschaftlichen Umfeld mit der Aufgabe, die Interessen der abhängig beschäftigten Männer und Frauen zu vertreten. Das ist heute so und war in der Nachkriegszeit nicht anders.

Wie stellt sich das Verhältnis von Männern und Frauen in den Gewerkschaften während der Nachkriegszeit dar? Welchen Stellenwert hat Frauenpolitik im Rahmen der gewerkschaftlichen Programmatik? Wie haben diejenigen Frauen, die in der Nachkriegszeit in den Gewerkschaften in der Bundesrepublik Funktionen bekleidet haben, ihre Situation empfunden? Mit welchem Selbstverständnis sind diese Frauen zur gewerkschaftlichen Arbeit gekommen? Welches waren ihre Ziele und mit welchen Strategien haben sie diese verfolgt? Und vor allen Dingen: Wie waren die Reaktionen der Männer in den Gewerkschaften auf die Frauen und ihre Forderungen nach Gleichberechtigung? Waren die Frauen selber diejenigen, an denen es lag, daß sich so wenige von ihnen gewerkschaftlich organisierten oder gar in gewerkschaftliche Funktionen kamen? Oder schlugen sich die immer noch starken und in den 50er Jahren wieder erstarkenden patriarchalen Strukturen der bundesrepublikanischen Gesellschaft auch in den Strukturen der Arbeitnehmerorganisationen nieder?

Wenn wir die Geschichte der Frauenarbeit im DGB unter dem Gesichtspunkt des Geschlechterverhältnisses betrachten, dann bedeutet dieses, daß wir das wechselseitige Verhältnis von Männern und Frauen zueinander untersuchen wollen. Wir sehen die Frauen dabei nicht als passiv Reagierende, sondern als Handelnde, deren Grenzen allerdings größtenteils nicht von ihnen selber definiert wurden. Uns geht es nicht darum, die Frauen als Opfer der herrschenden Männern oder der männerbeherrschten Organisation darzustellen. Wir sind schon der Meinung, daß die

Frauen an ihrer Geschichte selbst beteiligt sind. Auf die Frage, wie die Beteiligung der Frauen in der Zeit zwischen 1945 und 1960 aussah, soll mit dem folgenden Artikel "Frauen in der Männergewerkschaft" der Versuch einer Antwort gegeben werden.

1. Die Rolle der Frauen beim Neuaufbau der Gewerkschaften

1.1 Frauen zwischen Überlastung und Herausforderung: Zu den Anfängen der gewerkschaftlichen Frauenarbeit[1] nach 1945

Nach dem Ende des 2. Weltkrieges war Deutschland in weiten Teilen zerstört, Millionen von Menschen waren ums Leben gekommen, die Städte lagen in Trümmern, viele Menschen hatten weder Wohnung noch Arbeit. "Trägerinnen des zermürbenden Überlebenskampfes gegen den Hunger und die Entbehrungen aller Art waren die Frauen" (Schubert, Doris 1984, S. 35). Sie waren in unterschiedlichen Berufen tätig, sorgten als "Trümmerfrauen" für die Beseitigung der Kriegsschäden in den Städten und waren außerdem mit den vielfältigen Aufgaben belastet, die die Überlebenssicherung einer Familie in der Nachkriegszeit notwendig machte. "Nahrungsbeschaffung über Lebensmittelkarten, Schwarzmarkt und Hamsterfahrten, Reparaturen an Wohnungen und Kleidung mit geringstem Mittelaufwand, Brennstoff-, Wasser – und Stromversorgungsprobleme in den zum größten Teil zerstörten und nur notdürftig hergerichteten Wohnungen bewirkten eine zeitlich und körperlich drastisch ansteigende Beanspruchung der Frauen durch Hausarbeit, die sie häufig an die Grenze ihrer Leistungsfähigkeit brachte" (Kolbe, Nieves u.a. 1988, S. 4-5). Traditionelle Rollenverteilungsmuster ebenso wie die kriegsbedingte Abwesenheit der Männer trugen dazu bei, daß die Frauen die Hauptlast dieser Arbeit trugen[2].

Unmittelbar nach Beendigung der Kriegshandlungen (z.T. vor dem offiziellen Kriegsende) begann in verschiedenen Orten der Neuaufbau von Gewerkschaften. Diese Arbeit wurde auch von Frauen mitgetragen. Sowohl Frauen, die bereits vor 1933 in der Gewerkschaftsbewegung tätig waren, als auch andere Frauen begannen, sich politisch und gewerkschaftlich zu betätigen. Unter ihnen überwogen –wie auch noch bis in die 50er Jahre hinein – die älteren Kolleginnen. Im folgenden

---

1 Der Begriff "Frauenarbeit" bzw. "gewerkschaftliche Frauenarbeit" wird spätestens seit dem 1. Geschäftsbericht der Hauptabteilung "Frauen" beim Bundesvorstand des DGB (DGB, Abt. Frauen, GB 1950-51, S. 7ff.) für die politische Arbeit der Frauen in den Gewerkschaften bzw. für die Arbeit der gewerkschaftlichen Frauenausschüsse und Frauensekretariate verwendet. Für die Frauenarbeit in den Betrieben wird der Begriff der "Frauenerwerbsarbeit" benutzt (DGB, Abt. Frauen, GB 1950-51, S. 8ff.).

2 Ausführliche Darstellungen der Frauenarbeit in der unmittelbaren Nachkriegszeit gibt es für die Städte Berlin und Hamburg. Zu Berlin vgl. Meyer, Sibylle/Schulze, Eva 1984 und 1985; zu Hamburg vgl. Kolbe, Nieves u.a., 1988a u. b.

berichtet eine Frau, die ihre Jugend noch vor dem Nationalsozialismus erlebt hat. Diese Kollegin war 1945 38 Jahre alt. Sie engagierte sich vor allem deshalb, weil sie aus der politisch passiven Rolle, zu der sie durch die Ideologie des Nationalsozialismus gezwungen war, heraus wollte: *"Was wir zur Nazizeit nicht machen konnten, das wurde jetzt gemacht, daß die Frauen selbständig waren, daß die auch was wollten"* (III.3.O.25). Nach ihrer Auffassung wollten sich diese Frauen aufgrund ihrer Erfahrungen während der Nazizeit aktiv nicht nur beim Überlebenskampf, sondern auch beim Aufbau einer anderen Gesellschaft einmischen.

Diese Frauen waren durch die Erfahrungen im Nationalsozialismus politisiert worden: *"Ich ... und einige andere sind motiviert worden durch die Nazizeit. Wir haben das System überhaupt nicht begrüßt... Wir haben uns verweigert... Und dann habe ich mir, ... als da Schluß war, gesagt, so, jetzt mußt du mithelfen aufbauen. Das war für mich das Motiv. Jetzt hast du die Zeit, wo du dich engagieren mußt"* (III.3.O.26). Bestandteil einer veränderten Gesellschaft waren ihrer Meinung nach auch Gewerkschaften, in denen die Interessen der erwerbstätigen Frauen wie Männer zum Ausdruck kommen sollten: *"... und deshalb habe ich mich auch um die Gewerkschaftsarbeit bemüht"* (III.3.O.2).

Zum Neuaufbau der Gewerkschaften gehörte auch, daß bereits in den ersten Nachkriegsjahren an verschiedenen Orten in Gewerkschaften und gewerkschaftlichen Zusammenschlüssen Frauen begannen, eine Frauenarbeit zu organisieren. Es wurden die ersten gewerkschaftlichen Frauengremien geschaffen und Frauensekretariate eingerichtet[3]. Die Entwicklung verlief in den vier Besatzungszonen unterschiedlich[4]. So bestanden innerhalb der verschiedenen Besatzungszonen z.T. gewerkschaftliche Frauenausschüsse auf örtlicher Ebene. Aber auch die hauptamtliche Arbeit wurde z.T. auf Länderebene begonnen. Insbesondere in der amerikanischen Zone gab es "schon bald nach 1945 Frauensekretariate bei den damaligen Gewerkschaftsbünden der Länder" (DGB, Abt. Frauen, GB 1950-51, S. 8). In der britischen Zone fand zur gleichen Zeit der Aufbau der Frauenarbeit auf zonaler Ebene statt. In der französischen Zone waren die Bedingungen für die gewerkschaftliche Frauenarbeit schlechter als in den anderen beiden westlichen Zonen (Näheres dazu im Teil 1.5).

Für einige aktive Gewerkschafterinnen war es klar, daß zur gewerkschaftlichen Arbeit auch Frauenarbeit gehörte: *"... Und dann hab ich natürlich gleich so bei mir angefangen mit örtlicher Frauenarbeit. Und wir haben das aber ausgedehnt auf den Stadt- und Landkreis, wofür wir dann ja auch zuständig waren"* (III.2.E.36).

---

3 Für unsere Darstellung befassen wir uns jetzt nur mit der Entwicklung der gewerkschaftlichen Frauenarbeit in den drei westlichen Zonen.

4 Der Aufbau der Gewerkschaften in den vier Besatzungszonen Deutschlands 1945-1949 verlief jeweils sehr unterschiedlich. Die Besatzungsmächte nahmen entsprechend der in ihren Ländern vorherrschenden Regierungspolitik erheblichen Einfluß auf die Strukturen der neu aufzubauenden deutschen Gewerkschaften. Vor allem die westlichen Besatzungsmächte förderten den Aufbau einer Einheitsgewerkschaft nach föderativen Prinzipien, d.h. mit autonomen Industriegewerkschaften, die gemeinsam eine Dachorganisation, den DGB, bildeten.

Die Frau in Betrieb und Gewerkschaft

Richtlinien für die Frauenarbeit des DGB

Angenommen auf der Frauenkonferenz in Bielefeld

In ernsten Beratungen wurden von dem vom 28. bis 30. Oktober in Bielefeld tagenden gewerkschaftlichen Frauenkongreß der britischen Zone Grundsätze und Richtlinien für die Frauenarbeit behandelt und Forderungen erhoben, für die die gesamte Gewerkschaftsbewegung sich mit Nachdruck einzusetzen hat. Die hauptsächlichsten aktuellen Forderungen sind:

1. Erschließung aller geeigneten Arbeitsgebiete für die Frauen.

2. Verbot aller der besonderen Konstitution der Frau nicht entsprechenden Arbeiten.

3. Vorbereitung der Kinder schon in den Schulen auf die Selbstverständlichkeit des Berufslebens.

4. Im Rahmen der Berufsberatung besondere Berücksichtigung der Mädchen und Hinweis auf neue Berufe.

5. Ausreichende Beschaffung von Lehrstellen und beruflichen Ausbildungsstätten sowie Einführung von An- und Umlernkursen für Frauen.

6. Gleiche Bezahlung für Männer und Frauen, Beseitigung aller besonderen Frauengruppen in den Tarifen.

7. Bei betriebsnormaler Arbeitszeit Einführung eines freien bezahlten Hausarbeitstages in jedem Monat für alle Frauen mit verantwortlicher Haushaltsführung.

8. Ausreichende Einstellung weiblicher Gewerbeinspektoren.

9. Einstellung besonderer, von den Gewerkschaften vorzuschlagender Sozialbeamtinnen in Wirtschaft und Verwaltung.

10. Fortschrittliche Gestaltung eines ausreichenden gesetzlichen Mutterschutzes.

11. Schaffung von Kindergärten für die Kinder erwerbstätiger Frauen.

12. Soziale Gestaltung der Lohn- und Arbeitsverhältnisse für die in bisher besonders benachteiligten Berufen tätigen Frauen (Heimindustrie, Hauswirtschaft u. a.). Erlaß eines fortschrittlichen Heimarbeit- und Hausgehilfinnengesetzes unter Ablehnung des allgemeinen hauswirtschaftlichen Pflichtjahres.

Im Anschluß an diese Forderungen richtet der Deutsche Gewerkschafts-Bund als parteipolitisch und religiös neutrale Organisation an alle erwerbstätigen Frauen, wo sie parteipolitisch oder weltanschaulich auch stehen mögen, den dringenden Ruf durch Mitgliedschaft und eifrige Mitarbeit in den Gewerkschaften die Voraussetzungen für Verwirklichung dieser Forderungen zu schaffen.

Organisatorische Grundsätze

Zum Zwecke einer genügend intensiven Werbung unter den erwerbstätigen Frauen und Wahrnehmung ihrer Interessen nahm der Frauenkongreß folgende Richtlinien für die Organisationsgrundlagen an:

1. Wie in der Leitung des Deutschen Gewerkschaftsbundes ein besonderes Frauendezernat geschaffen wurde, so soll auch in den Untergliederungen durch Schaffung geeigneter Organe die Frauenarbeit als wesentlicher Bestandteil in die gewerkschaftliche Gesamtarbeit eingebaut werden.

2. Deshalb sollen in den Hauptleitungen der Gewerkschaften und in den Orts- oder Kreis- oder Bezirksausschüssen des Deutschen Gewerkschafts-Bundes Frauenausschüsse gebildet und nach Möglichkeit Frauensekretariate eingerichtet werden.

3. Auch in den Betriebsvertretungen in Betrieben und Dienststellen mit gemischter Belegschaft dürfen die weiblichen Arbeitnehmer nicht übergangen werden. Wir erwarten deshalb von unseren männlichen Kollegen, daß sie Verständnis für die Frauenarbeit bekunden und ihrerseits helfen, Arbeit und Weg der mitschaffenden Kolleginnen zu erleichtern.

Der Zonen-Frauenausschuß

Bisher hatte, noch aus der Zeit vor Konstituierung des DGB im Frühjahr dieses Jahres, ein im Anschluß an eine Frauenschulungstagung zusammengestellter zonaler Ausschuß aus Kolleginnen aus den drei Bezirken Nordrhein-Westfalen, Niedersachsen und Nordmark in engster Zusammenarbeit mit dem Bundesvorstand eine gewisse zentrale Tätigkeit organisiert und auch den jetzigen Kongreß vorbereitet. Nunmehr wurde von den Delegiertinnen des Frauenkongresses ein sechsköpfiger Frauenausschuß gewählt (sechsköpfig entsprechend allen anderen von Bundesvorstand und -Beirat beschlossenen zonalen Ausschüssen), der von dem Bundesvorstand noch zu bestätigen ist. Da es sich in allen diesen zentralen Ausschüssen um Gesamt-Bundes-Fragen handelt und kleinere arbeitsfähige Kommissionen notwendig sind, werden die Ausschüsse nicht unter dem Gesichtspunkt zusammengesetzt, daß unbedingt jede Industriegewerkschaft vertreten sein müßte, sondern rein nach der fachlichen personellen Eignung. Der Kongreß brachte dem Bundesvorstand folgende mit den meisten Stimmen aus einer Stimmzettelwahl hervorgegangenen Kolleginnen für den zonalen Frauenausschuß in Vorschlag: Kipp-Kaule, Bielefeld; Träder, Mülheim-Ruhr; Mia Schulz, Neumünster; Müller Remscheid, Weber, Gelsenkirchen, **Lührmann-Klinke, Hamburg. Es** handelt sich um Repräsentantinnen der **Gewerkschaften** Textil, Metall, Öffentliche Betriebe, Chemie und der DAG (Angestellten-Gewerkschaft)

Quelle: Der Bund, Nr. 5, 1949, S. 2

Diese Frauen bemühten sich, andere Frauen für die gewerkschaftliche Frauenarbeit zu gewinnen und mit ihnen gemeinsam für eine Verbesserung der Lebensbedingungen der Menschen – vor allen Dingen der Frauen – zu kämpfen.

Insbesondere ging es den gewerkschaftlich aktiven Frauen darum, die herausragende Rolle der Frauen beim Wiederaufbau des Landes nicht wieder in Vergessenheit geraten zu lassen, nachdem die Männer aus Krieg und Gefangenschaft zurückkamen. Dieses wurde als Anknüpfungspunkt für eine Aktivierung der Frauen für ihre eigenen Interessen und damit eine gewerkschaftliche Organisierung genutzt: *"Aber natürlich muß man dazu sagen, daß die Chance 1945/46 für die Frauen sehr groß war, weil (sie), als die Männer alle zurückkamen, (aus den Betrieben) rausmußten. Und das war etwas, was sie sofort begriffen. Wenn man ihnen das gesagt hat, dann haben sie sich organisieren lassen. Dann hat man ihnen gesagt, ihr habt immer gelitten ... Jetzt habt ihr die ganze Zeit alles aufrechterhalten, und jetzt werdet ihr wieder rausgeschmissen ... Das lassen wir uns nicht mehr gefallen. Wir sind weibliche Menschen, wir sind nicht nur für K, K, K da. Das war eine günstige Ausgangsposition"* (III.1.L.12).

Die sich erneut abzeichnende Rolle der Frauen als "Reservearmee des Arbeitsmarktes" wurde von den gewerkschaftlich aktiven Frauen nicht nur als Mobilisierungsmotiv für erwerbstätige Frauen benutzt; diese Tatsache fand auch Eingang in die gewerkschaftliche Beschlußlage und Programmatik der Nachkriegszeit.

1.2 Die Gewerkschaftliche Beschlußlage in der unmittelbaren Nachkriegszeit zur gewerkschaftlichen Frauenarbeit

In den Satzungen der gewerkschaftlichen Neugründungen in der unmittelbaren Nachkriegszeit gab es im wesentlichen zwei Variationen der Erwähnung der Frauen. Sie kamen entweder als Aktive vor ("Frauenbewegung") oder als Schutzwürdige ("Schutz der ... Frauen"). Die aktive Rolle der Frauen beim Aufbau der Gewerkschaften in der Nachkriegszeit führte dazu, daß in den Satzungen einiger der sich neu gründenden Gewerkschaftsbünde die "Schaffung von Zentralstellen für ... Frauenbewegung"[5] vorgesehen wurde. Dem gegenüber stand das Frauenbild anderer Satzungen, in denen die Frauen als besonders schützenswert herausgestellt wurden. Sie fanden dort nur Erwähnung unter dem Begriff "Schutz der Arbeitskraft unter besonderer Berücksichtigung der Jugendlichen und Frauen"[6]. Die Widersprü-

5 So in der Satzung des Badischen Gewerkschaftsbundes vom 1./2.3.1947 (Mielke, Siegfried u.a., 1987, S. 742) und in der Satzung des Allgemeinen Gewerkschaftsbundes Rheinland-Pfalz vom 2.5.1947 (ebenda, S. 713).

6 So in der Mustersatzung des Zonenvorstandes und Zonenausschusses der britischen Zone für die Industrie-Verbände vom 26./27.1.1947 (Mielke, Siegfried u.a., 1987, S. 422). Diese Mustersatzung sah keine Einrichtung besonderer Abteilungen oder Kommissionen vor, allerdings die Bildung von Fachgruppen "zur Förderung der besonderern Interessen der Berufszweige" (ebenda, S. 428). Das Muster des Gewerkschaftsrates in Frankfurt a.M. für ein Statut der

che zwischen diesen beiden Frauenbildern deuteten sich zu diesem Zeitpunkt an und werden auch im weiteren Verlauf eine Rolle spielen.

In der gewerkschaftlichen Programmatik der unmittelbaren Nachkriegszeit fand die Rolle der Frauen beim Neuaufbau ihren Niederschlag in Anträgen auf zwei Konferenzen. Auf der Gewerkschaftskonferenz der britischen Zone vom 21.-23.8.1946 wurde ein Antrag zur "Gleichberechtigung der Frauen" verabschiedet, der eine genügende Berücksichtigung der Interessen von Frauen forderte (Gewerkschaftliches Zonensekretariat, britische Zone 1946). Die VI. Interzonenkonferenz der deutschen Gewerkschaften vom 21. bis 23. Oktober 1947 in Bad Pyrmont begann ihre "Entschließung zur Frauenarbeit und zur Aufgabe der Frauen in den Gewerkschaften" mit der Feststellung: "Naziregime und Krieg haben die Stellung der Frauen im öffentlichen Leben und in der Wirtschaft grundlegend gewandelt. Nahezu 50 Prozent aller berufstätigen Menschen sind heute Frauen. Ihre Mitarbeit beim Neuaufbau der deutschen Wirtschaft und des deutschen Staates ist unerläßlich. Daraus ergibt sich, daß die Gewerkschaften in erhöhtem Maße die Interessen der werktätigen Frauen wahrnehmen" (DGB-Brit. Zone, o.J., S. 352).

So selbstbewußt in dieser Entschließung eine grundlegende Wandlung der Rolle der Frauen konstatiert wurde, so selbstverständlich erscheint dann auch die nachfolgende Feststellung, daß "die Gewerkschaften in erhöhtem Maße die Interessen der werktätigen Frauen wahrnehmen" (ebenda). Aus der Wahl der Formulierung ergibt sich, daß es sich um eine Feststellung und nicht um eine programmatische Äußerung handelt. Die Frauen forderten 1947 nicht, daß ihre Anliegen mehr berücksichtigt werden *müßten oder sollten*, sondern sie stellten fest, daß die Frauenanliegen berücksichtigt werden. Konsequenzen aus dieser Feststellung waren dann auch die frauenpolitischen Forderungen dieses Antrags nach:

"1. Sicherung des Rechtes der Frau auf Arbeit ...
2. Ausbau des Arbeitsschutzes für Frauen ...
3. Gleiche Bezahlung für Männer und Frauen ..."
(ebenda).

Gleichzeitig wurde aber auch an die erwerbstätigen Frauen appelliert, bei der Lösung dieser Fragen mitzuhelfen: "Kommt zur Gewerkschaft und kämpft in ihren Reihen für die Verwirklichung dieser Forderungen" (ebenda, S. 42). Aber auch die Industriegewerkschaften und Gewerkschaftsbünde wurden aufgefordert, "sich mit aller Kraft für die Erreichung dieser Ziele einzusetzen" (ebenda).

Damit war auf der einen Seite von den gewerkschaftlich organisierten Frauen ihr Anspruch an die Gewerkschaften und an die gewerkschaftliche Politik formuliert worden; auf der anderen Seite bedeutete diese Entschließung aber auch die Einbindung der frauenpolitischen Forderungen in die gewerkschaftliche Politik.

Gewerkschaften vom Dezember 1948 nennt die Frauen – ebenso wie die Jugend – als eine der Gruppen, auf die bei der Einberufung der Bezirks-Konferenzen und der Wahl der Bezirks-Vorstände "Rücksicht zu nehmen" ist (ebenda, S. 918). Ansonsten wird auch hier als eine der gewerkschaftlichen Aufgaben die "Erringung eines besonderen Schutzes für Jugendliche und Frauen" benannt (ebenda, S. 911).

Die Frau in Betrieb und Gewerkschaft

Trizonale Frauenkonferenz

Vom 25. bis 27. Januar fand in Rod a. d. Weil eine trizonale Tagung von Mitgliedern der Frauenausschüsse statt. Im Vordergrund der Beratungen standen die heute geltenden Tarife, die die unterschiedliche Bewertung der Arbeit von Mann und Frau ausdrücken. Die Teilnehmer dieser Tagung vertraten einmütig die Auffassung, daß es an der Zeit sei, hier eine Reform durchzuführen. Sie sprachen sich für die Entlohnung nach dem **Leistungsprinzip** aus. Dadurch werden alle Unterschiede wie z. B. Alter und Geschlecht, die bisher noch ihren Niederschlag in den Tarifen haben, beseitigt. Der Soziallohn, der in diesem Zusammenhang behandelt wurde, wurde mit der Begründung abgelehnt, daß der Ausgleich für alle Mehrbelastungen zur Erhaltung der Familie (besondere Zuwendungen für Ehefrau und Kinder) Aufgabe der Allgemeinheit sei.

Die Einführung des obligatorischen hauswirtschaftlichen Lehr- und Anlernverhältnisses in privaten Haushaltungen wurde abgelehnt. In diesem angestrebten Ziel liegt nach Auffassung der Teilnehmerinnen eine Umschreibung des im Dritten Reich eingeführten Pflichtjahres, von dem feststeht, daß es in vielen Fällen eine Ausbeutung übelster Art war. In einer Entschließung fordern die Teilnehmerinnen, daß in allen Volks- und höheren Schulen der obligatorische Haushaltunterricht einzuführen und auszubauen sei. Ferner sollen die Errichtung und der Ausbau staatlicher Haushaltungsschulen angestrebt werden. In diesen Schulen muß die Ausbildung durch Fachkräfte erfolgen, damit die Vorbereitung für die sozialen Berufe, wie z. B. Fürsorgerinnen, Krankenpflegerinnen, Anstalts- und Heimleiterinnen und ähnliche Berufe gewährleistet ist.

Die Forderung des freien **bezahlten Hausarbeitstages** für erwerbstätige Frauen, die durch Beruf und Arbeit doppelt belastet sind, wurde erneut bekräftigt. Die Tagung stellte sich einmütig hinter den bereits am 20. Mai 1948 von Vertretern der Arbeitgeberverbände und den Gewerkschaften gemeinsam formulierten Vorschlag, in die Freizeitanordnung an Stelle des unbezahlten den bezahlten Hausarbeitstag einzubauen. In bezug auf die Aufhebung des § 7 des Mutterschutzgesetzes wurde die Auffassung vertreten, daß der Schutz von Mutter und Kind nach den Leistungen der RVO völlig unzureichend und eine Verschlechterung ihrer sozialen Lage sei. Gefordert wurde die Wiedereinführung der erhöhten Leistungen nach § 7. Der Kündigungsschutz, der in § 6 des Mutterschutzgesetzes der Frau den Arbeitsplatz sichert, muß beibehalten werden.

Auch Frauen sollen dem Betriebsrat angehören!

Eine zwingende Notwendigkeit ist die Schaffung von Möglichkeiten der Halbtagsbeschäftigung für Frauen, da viele auf Grund geringer Renten gezwungen sind, einer Erwerbsarbeit nachzugehen, jedoch wegen dringender häuslicher Versorgungspflichten an einer ganztägigen Erwerbsarbeit gehindert sind. Es muß Zusammenarbeit und Übereinstimmung in dieser Frage mit den Arbeitsämtern, Gewerkschaften und Unternehmen erzielt werden.

Um für die Zukunft alle Fragen bezüglich der gewerkschaftlichen Frauenarbeit für die Trizone einheitlich zu klären, wurde von den Teilnehmerinnen in einem Antrag die Bildung eines ständigen Frauenausschusses beim Gewerkschaftsrat gefordert. Der Ausschuß soll das vorliegende Material dieser trizonalen Tagung gemeinsam mit dem Gewerkschaftsrat weiter bearbeiten.

Liesel Kipp-Kaule

Quelle: Der Bund Nr. 5, 1949, S. 2

1.3 Gewerkschaftliche Frauenarbeit als gesellschaftspolitische Frauenarbeit

Hatte die Gewerkschaftskonferenz der britischen Zone einen Antrag zur "Gleichberechtigung der Frauen" verabschiedet, so war es nur logisch, daß die Gleichberechtigung der Frauen Bestandteil nicht nur der gewerkschaftlichen Programmatik werden mußte. Aktive Gewerkschafterinnen gehörten daher mit zu den Frauen, die Elisabeth Selbert bei ihren Bemühungen unterstützten, den Artikel 3 Abs. 2 des Grundgesetzes "Männer und Frauen sind gleichberechtigt" durchzusetzen (vgl. Späth, Antje 1984, S. 149f. und Böttger, Barbara 1990).

Da die Mehrheit im Parlamentarischen Rat zweimal die von Elisabeth Selbert (SPD) vorgeschlagene Formulierung abgelehnt hatte, organisierten Frauen aus Verbänden, Parteien und Gewerkschaften zahlreiche Eingaben und Resolutionen (Janssen-Jurreit, Marielouise 1978, S. 311f.; Böttger, Barbara 1990, S. 191f.[7]): *"Wir haben die Selbert von unserer Gewerkschaft aus ... außerordentlich ... unterstützt in ihrem Verlangen, diese Formulierung so zu machen, daß sie für uns günstig war ... Sie hatte große Unterstützung von Gewerkschaften"* (III.1.L.38-39). Nicht zuletzt die Reaktion der Öffentlichkeit auf die ablehnende Haltung des Parlamentarischen Rates hat mit dazu beigetragen, daß der Artikel 3 Abs. 2 in der für die Frauen günstigeren und weitreichenderen Formulierung durchgesetzt werden konnte.

1.4 Frauen helfen – Frauen bauen auf. Männer machen Politik

Wie kamen die Frauen in der Nachkriegszeit in gewerkschaftliche Funktionen? Und wer waren die Frauen, die in der Nachkriegszeit darangingen, sich in den Gewerkschaften zu engagieren? Bei vielen aktiven Gewerkschafterinnen spielte eine Rolle, daß sie an politische Erfahrungen anknüpfen konnten, die sie vor 1933 gemacht hatten. Unter ihnen waren zahlreiche Frauen, die bereits vor 1933 gewerkschaftlich organisiert waren. Andere Frauen kamen aus einer familiären Gewerkschaftstradition; sie waren im Geiste der Arbeiterbewegung erzogen worden und z.T. waren Mitglieder ihrer Familien, insbesondere die Väter, Gewerkschafts- bzw. Parteifunktionäre gewesen.

Zu diesen politischen Vorerfahrungen kamen bei vielen dieser Frauen Charaktereigenschaften, die auch durch den Überlebenskampf in der Kriegs- und Nachkriegszeit gefördert worden waren. Sie waren Frauen, die sich persönlich ihrer Haut zu wehren wußten und sich nicht unterkriegen ließen. Erfahrungen, die einige Frauen aufgrund dieser Eigenschaften machten, führten dann fast direkt dazu, daß sie in gewerkschaftliche Funktionen kamen: *"... Nach dem Krieg kam ich mit dem Flüchtlingstransport nach W. ... Da habe ich als erstes in der Militärregierung gearbeitet und habe Entnazifizierung gemacht. Und da habe ich eines Tages auch die Amerikaner vor den Kopf gestoßen, weil man mir einen Mann vorsetzen wollte,*

---

7 Bei Barbara Böttger sind u.a. Briefe von gewerkschaftlichen Frauensekretariaten und Belegschaften bzw. Betriebsräten abgedruckt. Böttger, Barbara 1990, S. 202-214.

der von irgendwoher gekommen war (und) eine Arbeit übernehmen sollte, die ich bis dahin gemacht habe. Das habe ich mir nicht gefallenlassen, und da habe ich gekündigt. Das ist natürlich ein Schock für die Amerikaner. Eine kleine deutsche Angestellte erlaubt sich, eine Position bei den Amerikanern zu kündigen. Und da hat es dann noch Schwierigkeiten gegeben... (1945 wurde ich dann in W. Gewerkschaftsmitglied.) Ich bin dann von Ende Januar bis zum 1. April ... arbeitslos gewesen ... Am 1. April 1947 fing ich dann als erste Angestellte bei den Gewerkschaften in W. (an) ohne Büro, im Vorzimmer des Berufsberaters, der der ehrenamtliche Vorsitzende in W. war ... Da habe ich dann Frauenveranstaltungen gemacht und Kassierung" (III.5.F.4-5).

Aber nicht nur, daß die Frauen sich ihrer Haut wehren konnten, war eine wichtige Eigenschaft, die sie für die gewerkschaftliche Arbeit geeignet machte. Wichtig war auch bei fast allen von uns befragten Frauen, die in der Nachkriegszeit in gewerkschaftliche Funktionen kamen, daß sie eine berufliche Ausbildung im Büro oder in der Verwaltung erworben hatten, die sie befähigte, die anfallende Verwaltungsarbeit in einem Gewerkschaftsbüro zu bewältigen.

Wenn sie nicht über eine entsprechende Ausbildung verfügten, mußten sie zumindest vorgeben, diese Aufgaben erfüllen zu können. Eine Kollegin mußte zum Beispiel zu einem Trick greifen, um die Arbeit bei der Gewerkschaft zu bekommen: *"Der Krieg war zu Ende, ich hatte keine Arbeit ... Eines Tages war es soweit, ... ich konnte in der Küche anfangen ... Eines Tages geht die Klappe auf ...: 'Ist hier jemand, der Schreibmaschine und Stenographie kann?' Der hat das noch gar nicht ganz ausgesprochen, da hab ich ganz laut 'Ich!' (gesagt) ... Das war zufällig der Vorsitzende des ganzen Betriebsrates bei der Eisenbahn und der Vorsitzende der Gewerkschaft am Ort. Und ich konnte aber weder Stenographie noch Schreibmaschine ...*[8] *Und was war, er braucht mich. Die Eisenbahn entnazifizierte doch selbst ... Und da ich völlig unbescholten war aus der Nazi-Zeit, sonst wär ich da gar nicht hingekommen, wurde ich jetzt Protokollführerin ... Am 1.6.49 wurde ich angestellt"* (III.1.D.28-29).

Zu den beruflichen Voraussetzungen bzw. Fertigkeiten der Frauen kam häufig noch eine persönliche Eigenschaft hinzu: Sie trauten sich, sie standen zu ihren Fähigkeiten und wußten sich durchzusetzen. Soweit wie die Kollegin im folgenden Beispiel, die sich nicht in untergeordnete Funktionen abschieben ließ, gingen allerdings nur wenige: *"A. (war) der erste Vorsitzende und ich war seine Sekretärin ... Dann starb der A. und es kam G. ... Nun hatte er eine Sekretärin, ... und ich wanderte dann, hatte so überhaupt keine richtige Aufgabe. Und das stank mir. Und dann bin ich zu G. runtergegangen und hab zu ihm gesagt: 'Also hör mal zu, ich habe mir das überlegt, wenn ich hier keine andere Chance kriege, selbständig zu arbeiten, dann gehe ich in die Industrie. Das, was ich hier verdiene, verdiene ich da auch ... Da kann ich dann Gewerkschaftsarbeit leisten, hier komme ich ja zu nichts. Ich muß hier nur Protokolle führen, ich muß mir anhören, was ihr sagt ...*

8 Sie hat dieses dann aber in den folgenden Nächten vor Antritt der Beschäftigung fleißig geübt.

Und das mache ich nicht mehr', sagte ich. 'Das ist zu langweilig und das will ich nicht mehr.' Und da waren die dann überrascht ... Dann waren sie natürlich dafür, ich sollte eine Chance kriegen ..." (III.1.L.21-22).

Diese Kollegin, die selber dafür gesorgt hat, "daß sie ihre Chance kriegte", blieb eine der wenigen Ausnahmen unter den Frauen. Sie rückte durch ihr Heraustreten aus der Unterordnung bereits 1950 in eine hohe politische Funktion in ihrer Gewerkschaft auf.

Charakteristisch für die Chancen der Frauen war eher, daß ihrem Aufstieg sehr bald Grenzen gesetzt waren. Trotz aller in den Beispielen geschilderten Durchsetzungskraft der Frauen zeichnete sich schon sehr früh ab, daß die männlichen Gewerkschafter für die Frauen in erster Linie Hilfstätigkeiten vorgesehen hatten, in denen sie vor allen Dingen mit ihren schreibtechnischen Fertigkeiten eingesetzt wurden: *"... Da hab ich schon ehrenamtlich bei der Eisenbahnergewerkschaft Kongresse als Protokollführerin mitgemacht ..."* (III.1.E.35).

Die oben erwähnten Erfahrungen der Frauen aus der unmittelbaren Nachkriegszeit haben wir durch die Befragung der älteren Gewerkschafterinnen erfahren; die gewerkschaftliche Geschichtsschreibung erwähnt dieses nicht. Nur wenige Frauen werden in den Berichten und Protokollen über die Zeit vor der Gründung des DGB genannt. Zu ihnen gehören Frida Walter im Freien Gewerkschaftsbund Hessen, die Mitglied im "Organisationsausschuß zur Bildung eines Bizonalen Gewerkschaftsbundes" (Mielke, Siegfried u.a. 1987, S. 855) war, und Irmgard Heydorn, die Mitglied im Vorstand der "Sozialistischen Freien Gewerkschaft, Hamburg" war (Mielke, Siegfried u.a. 1987, S. 343). Im ersten Geschäftsbericht der Abteilung Frauen des DGB fanden die aktiven Frauen der Nachkriegszeit nur recht pauschal und anonym Erwähnung: "Ganz besonders dankbar ist in diesem Zusammenhang auch zu erwähnen, daß viele einzelne Frauen in der deutschen Gewerkschaftsbewegung nach 1945 an die Arbeit gegangen sind und mit Mut und Selbstlosigkeit Pflichten übernommen haben, deren Erfolge zwar nicht an die Öffentlichkeit kamen, aber doch wesentlich zu einem Gelingen der späteren Arbeit beitrugen" (DGB, Abt. Frauen, GB 1950-51, S.8).

Mit der geschlechtsspezifischen Rollenteilung zwischen Männern und Frauen beim Aufbau der Gewerkschaften in der unmittelbaren Nachkriegszeit zeichnet sich ein Muster ab, das über Jahrzehnte Bestand haben sollte: Die Frauen machten die Verwaltungs- und Hintergrundarbeit und die Männer machten die große Politik. Typischerweise kamenhauptamtliche männliche Gewerkschaftsfunktionäre oftmals ursprünglich aus (Fach)Arbeiterberufen. Viele hatten sich dann über Betriebsratsfunktionen und politische Mandate für gewerkschaftliche Aufgaben qualifiziert.

Nicht nur die von uns befragten Frauen sind Beispiele dafür, daß die hauptamtlichen Funktionärinnen oftmals aus Büro- und Verwaltungsberufen (auch bei den Gewerkschaften selbst) kamen. Aus diesen Hintergrundtätigkeiten heraus kamen viele Frauen in die Funktion einer politischen Sekretärin. Die Frauen blieben dann aber in der Regel in diesen Funktionen; eine weitergehende politische Karriere war für die meisten von ihnen selber nicht denkbar. Damit beschränkten sich die Frauen in den Gewerkschaften auch innerhalb der Organisation auf typisch weibliche Funktionen[9].

Die Männer waren es nicht allein, die den Frauen die untergeordneten Tätigkeiten zumaßen, durch die sie in Helferinnen-Funktionen kamen. Die Frauen selber übernahmen für sich diese Rolle[10]. Das Selbstbild der Frauen wird z.B. aus dem Motto der 1. Bundes-Frauenkonferenz des DGB 1952 deutlich. Es lautete: "Frauen helfen – Frauen bauen auf". Damit hatten sich die Frauen selber eine dienende Funktion zugewiesen. Es war nicht mehr selbstbewußt wie noch 1947 von der gewandelten "Stellung der Frau im öffentlichen Leben" (DGB-Brit. Zone o.J., S. 735; siehe Teil 1.2) die Rede. Mit der selbstzugemessenen Helferinnen-Rolle wurde die vormals konstatierte Wandlung der Stellung der Frau z.T. zurückgenommen.

1.5 Institutionalisierung der Frauenarbeit in den Gewerkschaftsbünden der westlichen Zonen

Wie schon erwähnt, verlief in der unmittelbaren Nachkriegszeit die Entwicklung der gewerkschaftlichen Arbeit in den einzelnen Zonen ungleichzeitig[11].

Zu Beginn des Jahres 1947 wurde beim *Bayerischen Gewerkschaftsbund* (in der amerikanischen Zone) ein eigenes Frauensekretariat eingerichtet und mit zwei Mitarbeiterinnen besetzt. Am Ende des gleichen Jahres gab es bereits 20 Keisfrauenausschüsse. Der Landesbezirksfrauenausschuß begann seine Arbeit am 7.8.1947. Thea Harmuth wurde Ende Januar 1948 als hauptamtliche Leiterin des Frauensekretariats eingestellt.

Das Gebiet *Württemberg-Baden* zählte ebenfalls zur amerikanischen Zone. Dort wurde Clara Döhring am 1.4.1948 als hauptamtliche Kollegin für die gewerkschaftliche Frauenarbeit eingestellt. Der Landesfrauenausschuß nahm zur gleichen Zeit seine Arbeit auf. Bis zum Jahre 1950 gab es 11 Kreis- bzw. Ortsfrauenausschüsse. Aus den Provinzen *Württemberg-Hohenzollern* und *Süd-Baden*, die in der französischen Zone lagen und nach der Länderneubildung gemeinsam mit Württemberg-Baden das Land Baden-Württemberg bildeten, sind keine Angaben über den Aufbau der gewerkschaftlichen Frauenarbeit vorhanden.

---

9 Die oben angeführten Beispiele für Frauenfunktionen und -karrieren in den Gewerkschaften blieben nicht nur für die Nachkriegszeit typisch. Die hauptamtliche gewerkschaftliche Arbeit von Frauen begann oftmals an der Schreibmaschine. Bis in die 80er Jahre hinein gibt es Frauen, die aus einer Verwaltungstätigkeit in der Gewerkschaft heraus in die Funktion einer politischen Sekretärin gelangen. Das ist ein Karriereweg, der bei Männern aufgrund des geschlechtsspezifischen Arbeits- und Ausbildungsmarktes so gut wie gar nicht vorkommt. Diese Einstiegswege der Frauen allerdings führen dann selten in höhere politische Funktionen, auch hier greifen wieder geschlechtsspezifische Segmentierungen.

10 Zum Selbstverständnis der gewerkschaftlichen Frauenarbeit vgl. weiter im Teil 4.

11 Die folgende Darstellung bezieht sich im wesentlichen auf Ergebnisse der Arbeit von Mechthild Kopel (vgl. Kopel, Mechthild 1991, S. 1-18, S. 109-113) und dem ersten Geschäftsbericht der Abteilung Frauen des DGB (DGB, Abt. Frauen, GB 1950-51, S. 55f.).

Insgesamt fanden die gewerkschaftlichen Neugründungen in der französischen Zone unter erschwerten Bedingungen statt, so daß es auch in Rheinland-Pfalz und dem Saarland zu keinem Aufbau einer Frauenarbeit kommen konnte. In *Rheinland-Pfalz* begann die ehrenamtliche Frauenarbeit im Jahre 1950. Eine hauptamtliche Kollegin wurde erst im Juli 1958 eingestellt. Im *Saarland*[12] wurde die gewerkschaftliche Frauenarbeit in den 50er Jahren von ehrenamtlichen Kolleginnen getragen. Eine hauptamtliche Arbeit gab es nicht.

In *Hessen*, das ebenfalls zur amerikanischen Zone gehörte fand der Aufbau der Frauenararbeit dagegen wieder gute Bedingungen vor. Seit 1947 hatte eine hauptamtliche Kollegin die Arbeit aufgebaut, und seit 1948 gab es einen Landesfrauenausschuß. Ende 1950 ging der Landesbezirk davon aus, daß der Aufbau der Orts- und Kreisfrauenausschüsse abgeschlossen sei. Die Arbeit war 1950 noch durch die Einstellung zweier weiterer Kolleginnen für die Frauenarbeit verstärkt worden.

Auch in der *britischen Zone* fanden die Gewerkschafterinnen günstige Bedingungen vor. Sie begannen bereits frühzeitig mit dem Aufbau von Frauenstrukturen auf zonaler Ebene. Bereits 1946 wurde im DGB der britischen Zone ein Frauendezernat eingerichtet. Auf einem Frauenkongreß im Oktober 1947 in Bielefeld wurde erstmalig ein sechsköpfiger zonaler Frauenausschuß gewählt, dessen Vorsitzende Liesel Kipp-Kaule wurde. Dieser Frauenausschuß initiierte die Einrichtung regionaler Frauenausschüsse.

Die Aufbauarbeiten in der britischen Zone waren gute Voraussetzungen dafür, daß in den DGB-Landesbezirken Nordmark, Nordrhein-Westfalen und Niedersachsen, die Frauenarbeit aufgenommen werden konnte. Die ehrenamtliche Frauenarbeit hatte im DGB-Landesbezirk *Nordmark* am 4.11.1948 mit der Gründung eines Landesbezirksfrauenausschusses begonnen. Örtliche Frauengruppen wurden bereits 1949 festgestellt. Eine hauptamtliche Unterstützung der Arbeit erfolgte ab November 1950.

In *Nordrhein-Westfalen* konstituierte sich der DGB-Landesbezirksfrauenausschuß am 5.5.1949. Am 1.4.1950 konnte eine hauptamtliche Frauensekretärin eingestellt werden. Im Frühjahr 1950 gab es bereits 66 Ortsfrauenausschüsse und sieben Frauenarbeitskreise auf der Ebene der Regierungsbezirke.

In *Niedersachsen* begann die DGB-offizielle Frauenarbeit erst 1950. Am 1.3.1950 nahm das hauptamtliche Frauensekretariat seine Arbeit auf; am 3.6.1950 konstituierte sich der Landesbezirksfrauenausschuß. 31 DGB-Kreisfrauenausschüsse wurden am Ende des Jahres 1951 festgestellt.

Aufgrund des Vier-Mächte-Status der Stadt verlief die Entwicklung in *Berlin* anders als in den anderen (späteren) Bundesländern. Am 1.9.1950 wurde das hauptamtliche Frauensekretariat besetzt; und der Landesbezirksfrauenausschuß begann seine Arbeit am 6.12.1950.

12 Das Saarland stellt insofern eine Besonderheit dar, als es einen anderen Status hatte als die anderen Länder. Es gehörte politisch und wirtschaftlich zu Frankreich. Die Eingliederung des Saarlandes in die Bundesrepublik erfolgte erst am 1.1.1957.

Beratungen, 1. Bundesfrauenkonferenz

Nicht nur in den einzelnen Ländern bzw. Besatzungszonen fand der Aufbau einer gewerkschaftlichen Frauenarbeit statt. Die Frauen aus den westlichen Zonen führten im Vorfeld des DGB-Gründungskongresses vom 25.-27. Januar 1949 eine "Trizonale Frauenkonferenz" durch. Auch auf den Interzonenkonferenzen kam es zur Zusammenarbeit der Frauen[13]. Insgesamt sind vor allen Dingen in der britischen und amerikanischen Zone innerhalb der Gewerkschaftsorganisationen wesentliche Vorarbeiten für den Aufbau der gewerkschaftlichen Frauenarbeit im späteren DGB geleistet worden.

Daß es dazu unterschiedliche Auffassungen gab, zeigt das Protokoll der 1. Bundesfrauenkonferenz des DGB 1952. Im Geschäftsbericht der Hauptabteilung

13 Ein Teil der frauenpolitischen Ergebnisse dieser Arbeit wurden im Teil 1.2 bereits dargestellt. Hinzuzufügen ist noch, daß zur Interzonenkonferenz 1947 in Bad Pyrmont die Gewerkschafterinnen lediglich zum Tagesordnungspunkt "Frauenarbeit" geladen waren.

Frauen war beim Bericht über die "Richtlinien für die gewerkschaftliche Frauenarbeit" (DGB, Abt. Frauen, GB 1950-51, S. 55) nicht erwähnt worden, daß bereits 1947 in der britischen Zone wesentliche Vorarbeiten dafür geleistet wurden. Dieses monierte die Kollegin Traeder von der IG Metall: "Deshalb stimmt es nicht, wenn an einer anderen Stelle steht, daß die Richtlinien erst sehr viel später festgelegt wurden. Bereits vor dem Kongreß von 1949 sind die Richtlinien für die Frauenarbeit im DGB fixiert worden, wenn auch später vielleicht einige Änderungen vorgenommen wurden" (1. BFK 1952, S. 84). Die Gewerkschafterinnen der britischen Zone hatten offensichtlich den Eindruck, daß ihre Arbeit von den Frauen aus den anderen Zonen, bzw. von der hauptamtlichen Leiterin der Abteilung Frauen beim DGB, Thea Harmuth, die aus der amerikanischen Zone kam, nicht ausreichend gewürdigt wurde.

Den Abschluß der Periode der unmittelbaren Nachkriegszeit in der Geschichte der Gewerkschaften in der Bundesrepublik und damit auch in der Geschichte der gewerkschaftlichen Frauenarbeit bildete der Gründungskongreß des Deutschen Gewerkschaftsbundes vom 12.-14. Oktober 1949 in München.

2. Frauenmitgliedschaft und Partizipation in Gewerkschaften und DGB in den 50er Jahren

2.1 Rahmenbedingungen der gewerkschaftlichen Frauenpolitik nach der Gründung des Deutschen Gewerkschaftsbundes im Oktober 1949

Beim Gründungskongreß des Deutschen Gewerkschaftsbundes vom 12.-14. Oktober 1949 in München wurden in den "Forderungen des Deutschen Gewerkschaftsbundes für die erwerbstätigen Frauen" im wesentlichen die Forderungen der VI. Interzonenkonferenz von 1947 wieder aufgenommen. Hinzu kam die ausdrückliche Befürwortung des Artikels 3 Abs. 2 des Grundgesetzes. Die Gewerkschaften betrachteten "es als eine ihrer vornehmsten Aufgaben, für die Verwirklichung dieses Grundsatzes auf sozialem und wirtschaftlichem Gebiet zu sorgen" (DGB-BK 1949, S. 338).

Gleichzeitig wurde auf dem Gründungskongreß der Bundesvorstand beauftragt, "Referate für Frauenfragen zu errichten" und "Richtlinien über die Zusammensetzung und Aufgaben der zu bildenden Frauenausschüsse zu erlassen" (DGB-BK 1949, S. 338). Damit war die Frauenarbeit in Form von ehrenamtlichen Gremien und einer hauptamtlichen Abteilung institutionell verankert worden. Thea Harmuth nahm als Mitglied des geschäftsführenden Bundesvorstandes und als Leiterin der Abteilung Frauen ihre Arbeit am 1. Januar 1950 in Düsseldorf auf.

Die auf dem Gründungskongreß in Auftrag gegebenen "Richtlinien über die Zusammensetzung und Aufgaben der zu bildenden Frauenausschüsse" wurden als "Richtlinien für die Frauenarbeit im Deutschen Gewerkschaftsbund" am 24. Juli

Richtlinien für die Frauenarbeit im Deutschen Gewerkschaftsbund

Der Gründungskongreß des Deutschen Gewerkschaftsbundes München 12. bis 14. Oktober 1949 hat nachfolgende Entschließung gefaßt, die Hauptbestandteil der Richtlinien für die

Frauenarbeit im Deutschen Gewerkschaftsbund

sein soll:

Die Industrialisierung und die Folgen zweier Weltkriege haben die Stellung der Frau in der Gesellschaft wesentlich verändert. Millionen von Frauen sind heute darauf angewiesen, den Lebensunterhalt für sich und ihre Angehörigen zu verdienen. Für den größten Teil dieser Frauen handelt es sich dabei nicht mehr um eine zeitlich begrenzte Erwerbstätigkeit. Hunderttausende von berufstätigen Frauen tragen als Hausfrau und Mutter doppelte Last.

Diesen Tatsachen tragen die Gewerkschaften Rechnung, indem sie die Interessen der Frauen in erhöhtem Maße wahrnehmen.

Die Gewerkschaften begrüßen die Anerkennung ihrer seit Jahrzehnten erhobenen Forderung auf Gleichberechtigung von Mann und Frau durch das Grundgesetz der Bundesrepublik Deutschland. Sie betrachten es als eine ihrer vornehmsten Aufgaben, für die Verwirklichung dieses Grundsatzes auf sozialem und wirtschaftlichem Gebiet zu sorgen.

Die Gewerkschaften erheben insbesondere folgende Forderungen:

1. Sicherung des Rechtes der Frau auf Arbeit durch Erschließung neuer Berufe, die der körperlichen Eignung der Frau entsprechen,
   Förderung der beruflichen Ausbildung,
   Bereitstellung von Lehrstellen,
   gleiche Aufstiegsmöglichkeiten in Betrieben und Verwaltungen für Mann und Frau.
2. Gleicher Lohn bei gleichwertiger Arbeit und Leistung.
3. Ausbau des Arbeitsschutzes für die Frau,
   Verbot aller Arbeiten, die der Konstitution der Frau unzuträglich sind,
   Ausbau der Arbeitsschutzbestimmungen und Durchführung des Arbeitszeitschutzes,
   ausreichender gesetzlicher Mutterschutz,
   Errichtung und Verbesserung sozialer Einrichtungen zur Entlastung der erwerbstätigen Frau und Mutter,
   Schutz der Heimarbeiterinnen und Hausgehilfinnen durch ausreichende Mindestarbeitsbedingungen,
   stärkere Heranziehung von Frauen für den Gewerbe-Aufsichtsdienst nach Vorschlägen der Gewerkschaften.

Die gewerkschaftliche Frauenarbeit umfaßt vornehmlich folgende Aufgaben:

1. Mitarbeit bei der Verwirklichung aller vom Gründungskongreß des Deutschen Gewerkschaftsbundes beschlossenen wirtschafts- und sozialpolitischen Grundsätze sowie der Forderungen für die erwerbstätigen weiblichen Arbeitnehmer.
2. Bildung und Schulung der Frauen, um sie zu befähigen, an der Gestaltung des gewerkschaftlichen, wirtschaftlichen, sozialen, politischen und kulturellen Lebens aktiv teilzunehmen.
3. Förderung und Weiterentwicklung einer guten Zusammenarbeit der Kolleginnen und Kollegen.
4. Verbreitung des gewerkschaftlichen Gedankens in der Öffentlichkeit und Werbung neuer Mitglieder.
5. Zusammenarbeit mit demokratischen Frauenorganisationen, die die gewerkschaftlichen Forderungen anerkennen und unterstützen.
6. Besondere Pflege der internationalen Beziehungen, soweit sie die Frauenarbeit betreffen.

Zur Verwirklichung der für die erwerbstätigen Frauen erhobenen Forderungen sowie Erfüllung der gestellten Aufgaben arbeiten zur Unterstützung der Organe des Deutschen Gewerkschaftsbundes *Frauen-Ausschüsse.*

Die Frauenausschüsse des Deutschen Gewerkschaftsbundes sind ein Teil der Gesamtbewegung und bilden keine eigene Organisation innerhalb des DGB.

Die DGB-Frauenausschüsse bedürfen der Bestätigung durch die zuständigen Bundesorgane.

Sie führen ihre Arbeit im Rahmen der Satzung des Deutschen Gewerkschaftsbundes durch und haben beratende Funktion. Ihre Empfehlungen werden den zuständigen Organen des DGB zur Beschlußfassung vorgelegt. Die Frauenkonferenzen des Deutschen Gewerkschaftsbundes sollen die gewerkschaftlichen Forderungen herausstellen und unterstützen.

Quelle: Geschäftsbericht des Bundesvorstandes des DGB 1950-1951, S. 599ff.

1951 vom Bundesvorstand des DGB beschlossen (DGB, Abt. Frauen, GB 1950-51, S. 55). In den Richtlinien erfolgte auch eine Konkretisierung der Aufgaben der gewerkschaftlichen Frauenarbeit (vgl. Abdruck der Richtlinien). An verschiedenen Passagen dieser Aufgabenbeschreibung werden die Dimensionen und Richtungen der Aufgaben der gewerkschaftlichen Frauenarbeit deutlich, und es ergeben sich daraus gleichzeitig Problemdimensionen, auf die wir in den weiteren Ausführungen eingehen werden.

Die als erstes genannte Aufgabe der Frauenarbeit ist die "*Mitarbeit* (Hervorhebung von KDK) bei der Verwirklichung aller vom Gründungskongreß des Deutschen Gewerkschaftsbundes beschlossenen wirtschafts- und sozialpolitischen Grundsätze sowie der Forderungen für die erwerbstätigen weiblichen Arbeitnehmer" (DGB, Abt. Frauen, GB 1950-51, S. 71). Auffallend dabei ist der Begriff der "Mitarbeit", er bedeutet, daß nicht die Frauensekretariate und die Frauenausschüsse eigenstän-

Organisatorischer Aufbau der DGB-Frauenausschüsse

Der DGB-Kreis- bzw. Orts-Frauenausschuß

besteht aus

je einer Vertreterin der dem DGB angeschlossenen Gewerkschaften und der örtlichen Frauensekretärin des DGB.

(Wo keine Frauensekretärin vorhanden ist, tritt an ihre Stelle der für die Frauenarbeit zuständige Sachbearbeiter.)
Die Vorsitzende und ihre Stellvertreterin werden vom DGB-Kreis- bzw. Orts-Frauenausschuß gewählt.

Die DGB-Kreis- bzw. Orts-Frauenausschüsse tagen möglichst alle vier Wochen, mindestens aber alle sechs Wochen.

Der DGB-Landesbezirks-Frauenausschuß

besteht aus

der DGB-Landesbezirks-Frauensekretärin,

je einer Vertreterin der dem DGB angeschlossenen Gewerkschaften und

höchstens 7 Vertreterinnen von örtlichen DGB-Kreis- bzw. Orts-Frauenausschüssen.

Die Vorsitzende und ihre Stellvertreterin werden vom DGB-Landesbezirks-Frauenausschuß gewählt.

Der DGB-Landesbezirks-Frauenausschuß tagt nach Bedarf, mindestens aber alle drei Monate.

Die DGB-Landesbezirks-Frauenkonferenz

findet in der Regel alle zwei Jahre statt. Die Konferenz setzt sich gemäß den Richtlinien des DGB für die Einberufung der Landesbezirkskonferenzen vom 24./25. 1. 1950 zusammen:

> zwei Drittel aus Delegierten der dem DGB angeschlossenen Gewerkschaften und einem Drittel aus Delegierten der Bundesorgane.

Der Bundes-Frauenausschuß des DGB
besteht aus

dem für die Frauenarbeit verantwortlichen Mitglied des geschäftsführenden Bundesvorstandes,

je einer Vertreterin (Frauensekretärin oder ehrenamtlich tätigen Kollegin) der dem DGB angeschlossenen Gewerkschaften,

den Frauensekretärinnen der DGB-Landesbezirke.

Der DGB-Bundes-Frauenausschuß tagt in der Regel alle drei Monate unter dem Vorsitz des für die Frauenarbeit verantwortlichen Mitgliedes des Geschäftsführenden Bundesvorstandes.

Die Bundes-Frauenkonferenz

findet in der Regel alle zwei Jahre statt. Die Teilnehmerinnen werden von den angeschlossenen Gewerkschaften entsprechend ihrer weiblichen Mitgliederzahl delegiert.

Für die Einberufung und Durchführung der Bundes-Frauenkonferenz erläßt der Bundesvorstand im Einvernehmen mit dem Bundesausschuß Richtlinien.

dig gewerkschaftliche Frauenpolitik machen, sondern daß sie mitarbeiten "bei der Verwirklichung der Forderungen für die erwerbstätigen Arbeitnehmer".

Damit wird der Frauenarbeit eindeutig ein nachgeordneter, zuarbeitender Status zugewiesen, der in den Aufgabenbeschreibungen für die Frauenausschüsse als "Unterstützung der Organe des Deutschen Gewerkschaftsbundes" noch deutlicher wird. Ausdrücklich wird außerdem betont, Frauenausschüsse seien "ein Teil der Gesamtbewegung und bilden keine eigene Organisation innerhalb des DGB"[14]. Entsprechend dieser untergeordneten Funktion bedürfen DGB-Frauenausschüsse "der Bestätigung durch die zuständigen Bundesorgane" und haben nur "beratende Funktion". "Ihre Empfehlungen werden den zuständigen Organen des DGB zur Beschlußfassung vorgelegt". Die DGB-Bundesfrauenkonferenz – immerhin das höchste Gremium der gewerkschaftlichen Frauenarbeit in der Bundesrepublik – erhielt ebenso wie der Bundesfrauenausschuß kein Antragsrecht für den DGB-Bundeskongreß. Die Beschlüsse der 1. DGB-Bundesfrauenkonferenz mußten vom DGB-Bundesvorstand (einem bis auf Thea Harmuth nur mit Männern besetzten Gremium) an den DGB-Bundeskongreß weitergeleitet werden. Diese Art des Verfahrens markiert in erster Linie die Grenzen der innergewerkschaftlichen Demokratie; damit wurden aber auch die Grenzen der gewerkschaftlichen Frauenarbeit eindeutig definiert. Die Frauen waren für die Durchsetzung ihrer Beschlüsse auf Mehrheitsbildungen – nicht nur unter den Frauen – angewiesen.

Mit Verabschiedung dieser Richtlinie erhielt der Bundes-Frauenausschuß kein Antragsrecht zum DGB-Bundeskongreß. Dieses wurde ihm erst durch Beschluß des 3. ordentlichen Bundeskongresses 1954 zuteil (und wurde damit zuerst auf dem 4. ordentlichen Bundeskongreß 1956 wirksam) und zwar, ohne daß es ausdrücklich gefordert worden war. Die IG Chemie hatte im Antrag 81 gefordert, daß der Bundes-Jugendausschuß Antragsberechtigung erhalten sollte. Mit der Annahme dieses Antrags erhielten sämtliche Personengruppen-Ausschüsse auf Bundesebene, also auch der Bundes-Frauenausschuß, die bis zu dem Zeitpunkt nur über den Bundesvorstand ihre Anliegen auf den Bundeskongressen vorbringen konnten, ein eigenständiges Antragsrecht. Seither können die beschlossenen Anträge der DGB-Bundesfrauenkonferenzen über den DGB-Bundesfrauenausschuß an den DGB-Bundeskongreß weitergeleitet werden.

Unabhängig davon, daß auch für die anderen Ausschüsse innerhalb des DGB vergleichbare Richtlinien galten, haben wir diesen Status der Frauenarbeit im DGB so ausführlich dargestellt, weil sich daraus das Selbstverständnis der gewerkschaftlich aktiven Frauen (vgl. Teil 4) und manche Konflikte der gewerkschaftlichen Frauenarbeit der folgenden Jahre erklären lassen. Claudia Pinl bezeichnet diesen Status der gewerkschaftlichen Frauenarbeit treffend als eine "mittelbare Form von Demokratie" (Pinl, Claudia 1977, S. 102).

---

14 Die Position der Frauenausschüsse innerhalb der Organisationsstrukturen des DGB unterscheidet sich damit keineswegs von der anderer Untergliederungen, wie z.B. der Jugendausschüsse. Trotz allem ist es wichtig, sich dieses zu verdeutlichen, um Handlungsmöglichkeiten und Stellenwert gewerkschaftlicher Frauenarbeit einschätzen zu können.

Im Text dieser Richtlinien ist von zwei weiteren Funktionen der gewerkschaftlichen Frauenarbeit die Rede. Die Frauen sollten die Aufgabe der "Förderung und Weiterentwicklung einer guten Zusammenarbeit der Kolleginnen und Kollegen" übernehmen. Damit wurde ihnen die Rolle derjenigen zugewiesen, die für das innerbetriebliche bzw. innerorganisatorische Klima zuständig sind. Weder in der "Richtlinie für die Angestelltenarbeit" noch in der "Richtlinie für die Beamtenarbeit" des DGB, die beide auf dem Gründungskongreß 1949 verabschiedet wurden, wurden solche Aufgaben benannt (DGB-BK 1949, S. 334ff.)[15]. Eindeutig ist, daß hier an das soziale Gewissen der Frauen in den Gewerkschaften appelliert und ihnen die Rolle der "Mutter der Organisation" zugeschoben wurde. Sie wurden damit zu Verantwortlichen für das Betriebsklima gemacht.

Zu der Rolle der "Mutter der Organisation" kam noch mit einer weiteren Funktionszuweisung die Rolle der Lehrerin. Mit diesen Rollenzuweisungen waren widersprüchliche Rollenbilder der Frauen verbunden. Auf der einen Seite wurde in den Richtlinien an die sozialen Kompetenzen der Frauen appelliert, auf der anderen Seite wurden die Frauen (vor allem die weiblichen Mitglieder) zu Defizitwesen erklärt. Eine weitere Aufgabe der gewerkschaftlichen Frauenarbeit sollte nämlich die "Bildung und Schulung der Frauen (sein), um sie zu befähigen, an der Gestaltung des gewerkschaftlichen, wirtschaftlichen, sozialen, politischen und kulturellen Lebens aktiv teilzunehmen" (DGB-BK 1949, S. 334ff.). Hier finden wir ein Argument wieder, das noch Jahrzehnte angeführt werden wird, wenn es um die Repräsentation der Frauen in den gewerkschaftlichen Gremien geht: Die Frauen müssen erst einmal "befähigt" werden. Damit sollte die gewerkschaftliche Frauenarbeit – und damit die Funktionärinnen in den Gewerkschaften – gegenüber den weiblichen Mitgliedern Nachhilfefunktion übernehmen. Wenig ist noch davon zu spüren, daß 1947 von der gewandelten "Stellung der Frau im öffentlichen Leben" gesprochen wurde, von der Frau, die durch ihre "Mitarbeit beim Neuaufbau der deutschen Wirtschaft und des deutschen Staates" ihre Befähigung bereits eindeutig nachgewiesen hatte (vgl. Beschluß der VI. Interzonenkonferenz, Teil 1.2).

In vielen Formulierungen dieser Richtlinien kommen Auffassungen vom Stellenwert der gewerkschaftlichen Frauenarbeit und der Stellung der Frauen in der Organisation zum Ausdruck, deren Widerspruch zu den Prinzipien des Gleichberechtigungsartikels erst in der Praxis der kommenden Jahre deutlicher werden sollte.

15 Ein weiterer Punkt unterscheidet die Richtlinien zur Frauenarbeit außerdem von den Richtlinien zur Angestelltenarbeit. In den 1949 verabschiedeten Richtlinien werden die Gewerkschaften aufgefordert, Angestelltenreferate einzurichten, eine vergleichbare Aufforderung ergeht weder in den "Forderungen des DGB für die erwerbstätigen Frauen" noch in den "Richtlinien für die Frauenarbeit im DGB".

2.2 *Weibliche Mitglieder der DGB-Gewerkschaften in den Jahren 1949 bis 1959*

Bei der Gründung des DGB gingen die Gewerkschaften von einer Mitgliederzahl von 4.955.200 Personen[16] aus. Darunter befanden sich 660.600 weibliche Mitglieder, das machte einen Anteil von 13,3 % (Stand 30. Juni 1949; DGB-BK 1949, S. 281). Die höchste Zahl weiblicher Mitglieder waren zu diesem Zeitpunkt mit 177.100 Frauen in der Gewerkschaft Textil, Bekleidung organisiert, gefolgt von der IG Metall mit 103.200 Frauen (vgl. die nachfolgenden Tab. 1 und 2).

In den Folgejahren stieg die Mitgliedschaft der Frauen in den Gewerkschaften sowohl absolut als auch prozentual kontinuierlich an. Der – übrigens nie wieder erreichte – Anstieg bei den weiblichen Mitgliedern vom 1.1.1950 bis zum 31.12.1951 um 42 % (303.838 zusätzliche weibliche Mitglieder innerhalb von 2 Jahren) ließ auch den Frauenanteil an der Gesamtmitgliedschaft auf 17,37 % ansteigen. Auf dem 2. ordentlichen DGB-Bundeskongreß lobte der Vorsitzende Christian Fette in seinem Geschäftsbericht: "Erfreulich, daß der Zuwachs sich besonders stark auswirkt bei den Frauen und Jugendlichen. Ein Beweis dafür, daß der Gedanke über den Wert der Organisation gerade bei diesen an Boden gewinnt" (2. DGB-BK 1952, S. 77).

Der bereits 1951 erreichte Frauenanteil an der Gesamtzahl der Gewerkschaftsmitglieder von etwas mehr als 17 % (vgl. Tab. 3) wurde in den 50er Jahren knapp gehalten. In den 60er Jahren sank der Frauenanteil. Insgesamt konnte erst 1974 wieder ein so hoher Anteil der Frauen an der Gesamtmitgliedschaft verzeichnet werden. Seit 1951 blieb die absolute Zahl der weiblichen Mitglieder bis Mitte der 60er Jahre bei über 1 Million.

Der Organisationsgrad der Frauen betrug am 30. September 1951 21,2%. Von der Gesamtzahl der weiblichen Arbeitnehmer mit 4.849.880[17] waren 1.027.135 gewerkschaftlich organisiert (DGB, Abt. Frauen, GB 1950-51, S. 67). Dabei schwankte der Prozentsatz der gewerkschaftlich organisierten Frauen zwischen 24,9% (Württemberg-Baden) und 16,0% (Berlin) (DGB, Abt. Frauen, GB 1950-51, S. 67). Damit lag der Organisationsgrad der Frauen weit unter dem Organisationsgrad der Männer, ein Tatbestand, der bis in die heutige Zeit so bleiben sollte.

---

16 Da die Statistiken der Gewerkschaften im Jahre 1949 noch nicht vollständig waren, wurde z.T. mit Schätzungen gearbeitet. Von daher muß bei diesen Zahlen von einer relativ großen Ungenauigkeit ausgegangen werden.

17 Zur Entwicklung der Frauenerwerbstätigkeit in der von uns untersuchten Periode 1945 bis 1959 siehe den Beitrag von Mechthild Kopel.

Tabelle 1: Mitgliederstand der Gewerkschaften beim DGB-Gründungkongreß 1949[18]

V. Tabellen A. Mitglieds-, Delegierten- und Gastdelegiertenzahlen der Gewerkschaften (Stand: 30. Juni 1949)

Lfd. Nr.	NAME DER GEWERKSCHAFT	Zahl der Delegierten	Zahl der Gast-delegierten	Mitglieder insgesamt		In dieser Gesamtmitgliederzahl sind enthalten: männlich		weiblich		Arbeiter		Angestellte		Beamte	
				Zahl	%	insgesamt	davon Jgdl. unter 21 Jahren	insgesamt	davon Jgdl. unter 21 Jahren	männlich	weiblich	männlich	weiblich	männlich	weiblich
1	2	3	4	5	6	7	8	9	10	11	12	13	14	15	16
1	Gewerkschaft **Bau, Steine, Erden**	40	6	**395 000**	8,0	388 600	29 700	6 400	500	376 400	6 200	12 200	200	—	—
2	Industriegewerkschaft **Bergbau**	52	6	**532 500**	10,7	524 900	56 400	7 600	800	489 900	5 000	35 000	2 600	—	—
3	Industriegewerkschaft **Chemie, Papier, Keramik**	34	6	**365 500**	7,4	293 300	28 600	72 200	18 600	262 700	64 700	30 600	7 500	—	—
4	Industriegewerkschaft **Druck und Papier**	10	6	**114 400**	2,3	84 300	8 900	30 100	4 800	79 100	27 800	5 200	2 300	—	—
5	Gewerkschaft der **Eisenbahner Deutschlands**	41	6	**444 000**	9,0	434 600	21 100	9 400	300	297 900	8 500	1 700	300	135 000	600
6	Gewerkschaft **Erziehung und Wissenschaft**	5	6	**47 000**	0,9	32 000	—	15 000	—	—	—	100	900	31 900	14 100
7	Gewerkschaft **Gartenbau, Land- u. Forstw.**	15	6	**123 900**	2,5	109 800	5 500	14 100	1 600	108 400	14 000	1 000	100	400	—
8	Gewerkschaft **Handel, Banken u. Vers.**	3	6	**32 900**	0,7	20 500	2 700	12 400	1 900	—	—	20 500	12 400	—	—
9	Industriegewerkschaft **Holz**	16	6	**174 100**	3,5	158 800	20 400	15 300	3 300	129 500	14 200	29 300	1 100	—	—
10	Gewerkschaft **Kunst**	5	6	**62 000**	1,3	62 000	—	—	—	2 300	—	59 700*)	—	—	—
11	Gewerkschaft **Leder**	6	6	**85 900**	1,7	49 900	11 500	36 000	8 200	46 900	33 900	3 000	2 100	—	—
12	Industriegewerkschaft **Metall**	117	6	**1 216 500**	24,6	1 113 300	111 400	103 200	12 600	1 037 000	92 200	76 300	11 000	—	—
13	Industriegewerkschaft **Nahrung, Genuß, Gaststätten**	23	6	**228 800**	4,6	153 300	11 300	75 500	14 700	142 200	68 200	11 100	7 300	—	—
14	Gewerkschaft **Öff. Dienste, Transp. u. Verkehr**	80	6	**659 000**	13,3	592 100	10 200	66 900	4 000	427 000	44 400	134 300	20 200	30 800	2 300
15	Deutsche **Postgewerkschaft**	9	6	**139 600**	2,8	120 200	8 300	19 400	900	40 900	6 800	27 700	8 700	51 600	3 900
16	Gewerkschaft **Textil, Bekleidung**	31	6	**334 100**	6,7	157 000	13 200	177 100	33 600	147 000	173 900	10 000	3 200	—	—
	Summe	487	96	**4 955 200**	100	4 294 600	339 200	660 600	105 800	3 587 200	559 800	457 700	79 900	249 700	20 900

*) darunter befinden sich die Freischaffenden Künstler

18 Quelle: DGB-BK 1949, S. 281.

Tabelle 2: Mitgliederentwicklung der Frauen in den Gewerkschaften – von 1950 bis 1960 –

Gewerkschaft	1.1.50[19] abs.	weibl. %	31.12.51 abs.	weibl. %	30.9.55[20] abs.	weibl. %	31.12.60 abs.	weibl. %
IGBSE	1.916	0,5	6.218	1,6	4.088	0,9	4.287	1,0
IGBE	7.552	1,4	9.988	1,6	11.236	1,8	8.636	1,6
IGCPK	78.379	21,1	102.499	22,2	100.258	21,9	107.882	20,8
IGDruPa	28.997	24,4	37.046	27,0	33.811	25,8	30.025	21,3
GdED	9.227	2,1	10.485	2,4	11.583	2,7	12.289	2,8
GEW	13.707	30,9	20.178	30,5	22.721	30,7	27.014	32,3
GGLF	8.846	10,0	12.082	10,7	8.566	8,7	6.424	7,2
HBV	19.152	43,7	42.849	48,9	62.284	56,4	77.242	59,0
Holz	10.653	6,0	22.357	10,5	18.639	10,0	17.161	10,7
Kunst	4.000	10,0	10.162	26,8	8.374	23,0	10.631	33,8
Leder	40.500	45,0	40.737	40,0	40.939	41,9	37.766	41,9
Metall	120.000	10,9	182.882	11,7	199.782	12,1	226.667	12,5
NGG	75.606	33,0	107.120	39,2	122.073	40,3	108.058	37,6
ÖTV	80.498	11,7	119.720	15,1	136.854	16,2	172.049	17,9
DPG	26.357	17,2	38.087	18,4	38.277	16,2	47.782	16,9
GTB	197.906	55,9	264.725	59,6	228.320	58,0	199.694	56,2
DGB	723.297	14,6	1.027.135	17,2	1.047.805	17,2	1.093.607	17,1

19 Zahlen für 1950 und 1951 aus: 1. Geschäftsbericht der Abteilung Frauen im DGB-Bundesvorstand 1950/51, S. 65 f.

20 Zahlen für 1955 und 1960 eigene Berechnungen nach Angaben des DGB, Abt. Organisation.

Tabelle 3: Mitgliederentwicklung im Deutschen Gewerkschaftsbund[21]

Jahr	Mitglieder insgesamt abs.	Weibl. Mitgl. abs.	Weibl. Mitgl. in %
1950	5.449.990	892.039	16,40 %
1951	5.912.125	1.027.135	17,37 %
1952	6.004.476	1.028.713	17,13 %
1953	6.051.211	1.046.148	17,29 %
1954	6.103.343	1.055.213	17,29 %
1955	6.104.872	1.047.805	17,16 %
1956	6.124.547	1.043.241	17,03 %
1957	6.244.386	1.077.652	17,26 %
1958	6.331.735	1.089.527	17,21 %
1959	6.273.741	1.070.762	17,07 %
1960	6.378.820	1.093.607	17,14 %
1965	6.574.491	1.030.185	15,67 %
1970	6.712.547	1.027.150	15,30 %
1975	7.264.912	1.313.021	17,80 %
1980	7.882.527	1.596.274	20,25 %
1985	7.719.468	1.705.131	22,08 %
1990[22]	7.937.923	1.939.600	24,40 %

2.3 Frauen als Mandatsträgerinnen auf DGB-Bundeskongressen

Bezogen auf den Anteil der weiblichen Mitglieder an der Gesamtmitgliedschaft blieben die Frauen bei den Mandatsträgern in DGB und Gewerkschaften weit zurück. Symptomatisch dafür ist der Anteil der Frauen unter den Delegierten der DGB-Bundeskongresse (vgl. Tabelle 4)[23]. Den absoluten Tiefpunkt hatte er beim Gründungskongreß des DGB mit 14 von 487 Delegiertenmandaten erreicht (2,9%).

21 Gekürzte und ergänzte Übernahme der Tabelle aus "frauen und arbeit" 4-7'89, S. 21. Zur Vereinfachung wurde nicht jedes Jahr berücksichtigt, sondern für die 60er bis 80er Jahre auf einen 5-Jahres-Rhythmus verkürzt.

22 Wegen der Vergleichbarkeit für den 31. Dezember 1990 Mitgliederzahlen nur aus den alten Bundesländern.

23 Wir untersuchen hier nur die Mandatsträgerinnen auf der Bundesebene des DGB, die Tendenzen dürften aber in den DGB-Landesbezirken vergleichbar gewesen sein.

Tabelle 4: Frauenanteil an den Delegierten zu DGB-Bundeskongressen

Jahr	Zahl der Delegierten	Weibl. Delegierte absolut	%	Anteil der Frauen im DGB
1949	487	14	2,9	14,0 %
1952	356	25	7,0	17,1 %
1954	391	23	5,9	17,3 %
1956	412	24	5,8	17,6 %
1959	392	26	6,6	17,1 %
1962	405	20	4,9	16,5 %
1966	439	20	4,5	15,5 %
1969	430	19	4,4	15,2 %
1972	453	29	6,4	16,0 %
1975	478	34	7,1	17,8 %
1978	504	39	7,5	19,1 %
1982	525	60	11,4	21,0 %
1986	525	80	15,2	22,6 %
1990	525	119	22,7	24,4 %

Selbst die Gewerkschaft Erziehung und Wissenschaft (GEW) als eine Gewerkschaft mit relativ hohem Frauenanteil unter den Mitgliedern (ca. ein Drittel weibliche Mitglieder) hatte in ihrer fünfköpfigen Delegation keine Frau. Die Gewerkschaft Textil, Bekleidung (GTB) stellte zwar mit 5 ordentlichen weiblichen Delegierten (von insgesamt 31 Delegierten) die größte Gruppe der Frauen; diese entsprach aber keineswegs dem Mitgliederanteil von mehr als 50% (vgl. DGB-BK 1949, S. 281). In den meisten Delegationen befand sich gar kein weibliches ordentliches Mitglied; immerhin 11 von 16 Gewerkschaften hatten nur Männer delegiert. Bei den Gastdelegierten der Gewerkschaften und der Gewerkschaftsbünde stieg dann der Frauenanteil auf 23 von 163 Delegierten an (14,1 %).

Vom 2. ordentlichen DGB-Bundeskongreß 1952 bis zum 5. DGB-Bundeskongreß 1959 verdoppelte sich die Zahl der weiblichen Delegierten nahezu (26 Frauen bei insgesamt 392 Delegierten). Dieser Anteil von 6,6% entsprach aber auch noch keineswegs dem inzwischen erreichten Mitgliederanteil von über 17%. Die weiblichen Delegierten haben bereits beim Gründungskongreß 1949 und regelmäßig auf den Folgekongressen auf den Skandal der geringen Repräsentanz der weiblichen Mitglieder hingewiesen (vgl. Teile 2.5 und 3). Dennoch blieb diese Tatsache lange Zeit ohne wesentliche Änderung.

2.4 Sozialer Status und Lebenssituation der Funktionärinnen

Wie bereits im Teil 1 ausgeführt wurde, waren viele der nach dem Krieg aktiven Frauen in den Gewerkschaften schon vor 1933 politisch tätig gewesen. Ein großer Teil von ihnen kam aus Büroberufen in gewerkschaftliche Funktionen. Nimmt man die Protokolle der DGB-Bundesfrauenkonferenzen der 50er Jahre zur Hand, so bestätigt sich, daß der größte Teil der Delegierten aus Angestelltenberufen kam. Im Unterschied dazu war der überwiegende Teil der weiblichen Mitglieder als Arbeiterin tätig. Anfang der 50er Jahre betrug der Anteil der Arbeiterinnen unter den weiblichen Mitgliedern der DGB-Gewerkschaften fast 80% (DGB, Abt. Frauen, GB 1950-51, S. 65). Eine der Gewerkschafterinnen charakterisiert das so: *"Die meisten Kolleginnen in den Frauenausschüssen (waren) ... Angestellte ... Wir haben uns aber primär um Arbeiterinnenfragen gekümmert. Die (Angestellten) legten auch gar keinen Wert darauf, daß man sich um ihre Dinge kümmerte, das kam erst viel später"* (III.1.C.3).

Damit bildeten die Gewerkschaftsfunktionärinnen nicht nur einen Gegensatz zu den weiblichen Mitgliedern. Auch bei den männlichen Funktionären verliefen die Rekrutierungsmechanismen ganz anders. Die Hauptstränge gewerkschaftlicher Politik waren – nicht erst in der Nachkriegszeit – durch die Interessenvertretung männlicher Facharbeiter für männliche Facharbeiter geprägt. Das war z.T. aber auch ein Abbild der betrieblichen Realität. Anfang 1958 stellten die Facharbeiter die Hälfte der männlichen Arbeiter. Bei den Frauen waren die Proportionen erheblich anders. Von den Industriearbeiterinnen waren zur selben Zeit 45% angelernte Arbeiterinnen und 46% Hilfsarbeiterinnen, nur 9% waren Facharbeiterinnen (vgl. DGB, Abt. Frauen, GB 1956-1958, S. 11-12). Die männlichen Facharbeiter mit Erfahrungen aus der Arbeit als Betriebsrat stellten auch einen großen Teil der haupt- wie ehrenamtlichen männlichen Gewerkschaftsfunktionäre.

Durch den 2. Weltkrieg war in Deutschland eine neue soziale Gruppe entstanden: die alleinstehenden Frauen, auch "Überschuß-Frauen" genannt. Bei Kriegsende gab es 7,3 Millionen mehr Frauen als Männer (Schubert, Doris 1984, S. 35). Viele Frauen waren Kriegerwitwen und mußten sich und ihre Kinder ernähren. Andere blieben alleinstehend, weil in ihrer Generation viele Männer im Krieg gefallen waren. Noch Anfang der 50er Jahre stellte die Gruppe der Alleinstehenden den größten Teil der erwerbstätigen Frauen; 1950 waren 5,2 Millionen von 8 Millionen beschäftigten Frauen alleinstehend (vgl. Ostermeier, Elisabeth 1955, S. 6).

Viele der aktiven Gewerkschafterinnen zählten selber zu dieser Gruppe. Sie waren wie viele andere Frauen in diesen Jahren Witwen mit und ohne Kinder oder nicht verheiratete Frauen, "die ihren Mann standen". Und nach ihrer Erfahrung waren es auch wieder die alleinstehenden Frauen, die sich vor Ort an der Gewerkschaftsarbeit beteiligten: *"... Wer kam zu uns in die Frauenarbeit, das waren meistens alleinstehende Frauen oder alleinstehende Frauen mit Kindern, relativ wenig waren verheiratet"* (III.1.C.13).

Ein weiteres Problem führt die Kollegin im folgenden an: *"Außerdem war es auch so, daß die Jüngeren fehlten"* (III.1.C.13). Auch andere Kolleginnen bestätigen, daß es vielfach ältere Kolleginnen waren, die sich in den Gewerkschaften engagierten, ältere Kolleginnen, die ihr politisches Engagement aus der Zeit vor 1933 fortsetzten (vgl. Teil 1.4) und vor allen Dingen ältere Kolleginnen, die nicht mehr so in die Familienpflichten eingebunden waren. Eine Kollegin faßt ihre

Erfahrungen entsprechend zusammen: *"Die Kinderzahl war noch größer, der Haushalt hat mehr Zeit in Anspruch genommen, so daß eben die ehrenamtliche Arbeit vorwiegend von den Alleinstehenden getragen worden ist. Das sehen wir ja zum größten Teil auch an uns. Oder Alleinerziehende dann auch, weil die mußten sich halt auf die Hinterbeine stellen und haben all die Belastungen dann auf sich genommen. Und das hat sich dann auch niedergeschlagen in den hauptamtlichen Positionen"* (III.1.B.15).

Diese Dominanz der älteren alleinstehenden Frauen wurde auch von den jüngeren Frauen wahrgenommen, wenn sie in die Gewerkschaftsarbeit hineinkamen. Vielfach hat das für sie auch als Barriere gewirkt: *"Deshalb haben sie gesagt, das sind ja alles alte Weiber da, die keinen mitgekriegt haben"* (III.2.Q.12). Die Konsequenz war in diesem Fall, daß in der Bildungsarbeit der Gewerkschaft gesonderte Lehrgänge für Frauen im Alter zwischen 25 und 35 Jahren angeboten wurden, um eine Möglichkeit zu finden, die jungen Frauen anzusprechen.

Aber auch für die Frauen selber hatte diese Situation ihren Preis. Trotz der großen Zahl alleinstehender bzw. alleinerziehender erwerbstätiger Frauen blieb der Widerspruch zum gesellschaftlichen Rollenbild der verheirateten Frau und Mutter, die ganz in ihren Familienpflichten aufging[24]. Schon die Existenz einer erwerbstätigen Frau war gesellschaftlich nicht anerkannt: *"Mitte der 50er Jahre ... war auch die Zeit, wo man eigentlich nur duldete, wo anerkannt war, daß die alleinstehende Frau arbeitet, daß die geschiedene Frau arbeitet, die Witwe eventuell noch arbeitet, wenn die Witwenrente nicht reicht, wo aber die verheirateten Frauen und Mütter sich beinahe dafür rechtfertigen mußten, daß sie arbeiten gingen"* (III.3.G.25). Vielmehr noch mußten die gewerkschaftlich engagierten Frauen ihr Engagement durch ständige Verfügbarkeit legitimieren: *"Ich habe mich auch nahtlos angepaßt, mein Kind verdrängt, Familie verdrängt ... Aber immer ... verfügbar, immer Überstunden, immer Wochenendarbeiten, als wenn es gar keine Familie gäbe. Das habe ich gemacht, war stolz drauf ... (Ich meinte,) wenn ich dauernd für die Familie (Zeit brauchte) und dauernd Freizeit und dauernd dies nicht kann, (dann) kann ich nicht erwarten, daß ich als gleichwertig angesehen werde"* (III.3.G.36).

Im Gegensatz dazu hatte der überwiegende Teil der männlichen Gewerkschafter Frau und Kinder, und es kam äußerst selten vor, daß deren Frauen erwerbstätig waren. Die *"politische Kultur in den Gewerkschaften ... orientierte sich weiterhin an dem von allen Familienaufgaben befreiten männlichen Gewerkschafter, der seine ganze politische Kraft und Freizeit in die politische Arbeit einbringen konnte"* (Ralfs, Ulla 1985, S. 100). Aus der heutigen Sicht betrachtet haben gerade mit dieser Anpassung an die politische Kultur der Männergewerkschaft die Frauen selbst einen Beitrag zum untergeordneten Stellenwert der Interessenvertretung der Frauen geleistet (vgl. Teil 4).

---

24 Auf das Frauenbild der Gewerkschafterinnen und Gewerkschafter geht Sigrid Bachler in ihrem Artikel ausführlicher ein.

2.5 "Stärkere Beteiligung der Frauen" – die Vorläuferin der Quote

Das Mißverhältnis zwischen den Anteilen der weiblichen Mitglieder und der weiblichen Delegierten und Funktionsträger auf allen Ebenen blieb den aktiven Gewerkschafterinnen nicht verborgen. Sie haben es seit dem DGB-Gründungskongreß immer wieder angesprochen. Auf dem 3. ordentlichen Bundeskongreß des DGB 1954 sagte Rose Marquardt, Mitglied des Hauptvorstandes der IG Chemie, Papier, Keramik dazu: "Zum Schluß noch eine Bitte an unsere Kollegen... Es ist ein ungesundes Verhältnis, wenn von über einer Million gewerkschaftlich organisierten weiblichen Mitgliedern – das sind 17 Prozent der gesamten Mitglieder – nur 6 Prozent der Delegierten von Frauen gestellt werden. (Zustimmung.) Es muß für uns eine Selbstverständlichkeit sein, die Solidarität zwischen Männern und Frauen auch in der Vertretung der einzelnen Gewerkschaften auf dem Bundeskongreß zum Ausdruck zu bringen. (Lebhafter Beifall – Zuruf: Sehr gut!)" (3. DGB-BK 1954, S. 198).

Lfd. Nr.	Antragsteller	Wortlaut des Antrags	Erledigung
81	IG Chemie, Papier, Keramik (Hauptvorstand)	**Antragsberechtigung des Bundesjugendausschusses** Der Bundeskongreß möge prüfen, ob die Möglichkeit besteht, die Satzung des Bundesvorstandes dahingehend zu ändern, daß der Bundesjugendausschuß das Recht erhält, in Zukunft Anträge an den Bundeskongreß zu stellen. Begründung: Nach der bisher geübten Praxis in der gewerkschaftlichen Jugendarbeit ist der Gewerkschaftsjugend die Möglichkeit gegeben, in ihren Gruppen und Ausschüssen aus ihrer Sicht zu den gewerkschaftlichen Fragen, soweit sie die junge Gewerkschaftsgeneration betreffen, Stellung zu nehmen und eine eigene Meinung zu finden. Wenn diese Praxis einen Sinn haben soll, muß es auch möglich sein, die Erkenntnisse, die im Raum der Gewerkschaftsjugend erarbeitet wurden, in die Gesamtbewegung hineinzutragen. Bisher erreichten Anträge des Bundesjugendausschusses lediglich den Bundesvorstand, in dessen Belieben es lag, sie zu berücksichtigen oder zu verwerfen.	Angenommen mit erforderlicher 2/3-Mehrheit wegen Satzungsänderungen
162	Kollege Eichhorn und Genossen	Ergänzungsantrag zu Antrag Nr. 81 Es wird beantragt, den angenommenen Antrag Nr. 81 auch auf die übrigen Personenausschüsse Angestellten, Beamte und Frauen auszudehnen.	

3. Bundeskongreß 1954, Protokoll S. 761ff.

Bis auf die im Protokoll vermerkte Zustimmung und den Beifall blieb diese Kritik ohne Antwort und ohne Konsequenz. Drei Tage später dann wurde auf demselben Kongreß eine Entschließung als Empfehlung an die Gewerkschaften und an den DGB angenommen, in der empfohlen wurde, "bei der Zusammensetzung von Ausschüssen für die verschiedensten Fragen, bei der Benennung von Delegationen und Vorschlägen, vor allem aber bei der Anstellung von hauptberuflichen Mitarbeitern weibliche Mitglieder und Bewerber mehr als bisher zu berücksichtigen und sich ihrer Mitarbeit zu vergewissern" (3. DGB-BK 1954, S. 703). Bis auf einen männlichen Kollegen, der das Anliegen dieser Entschließung für so wichtig hielt, daß er sie nicht nur als Empfehlung annehmen wollte, nahm niemand zu diesem Antrag Stellung. Der Empfehlung der Antragsberatungskommission, diese Entschließung "den Gewerkschaften und dem DGB zur sehr ernsthaften Beachtung" (3. DGB-BK 1954, S. 596) zu empfehlen, wurde mit knapper Mehrheit entsprochen.

Auf dem DGB-Bundeskongreß 1956 kamen die Frauen auf das Thema zurück. Dieses Mal lagen gleich mehrere Anträge vor, die sich mit der Vertretung der Frauen beschäftigten. Der DGB-Ortsausschuß Remscheid forderte eine "stärkere Berücksichtigung der Frau im Gewerkschaftsleben" (4. DGB-BK 1956, S. 837) und meinte: "Es ist daher dringend notwendig, daß in den Organen der Gewerkschaften mehr Frauen mitarbeiten, damit die Rechte der berufstätigen Frauen durch ihre eigenen Vertreterinnen wahrgenommen werden" (4. DGB-BK 1956, S. 837). Weiter hieß es in dem Antrag "Im Interesse der berufstätigen Frauen wird daher erwartet, daß in dem neu zu wählenden Bundesvorstand nicht nur das Referat Frauen von einer Kollegin ausgeübt wird, sondern daß darüber hinaus sowohl im Bundesvorstand als auch in den übrigen Organen des DGB mehr Frauen als bisher vertreten sind" (4. DGB-BK 1956, S. 838). Dieser Antrag wurde abgelehnt[25].

Weitere fünf Anträge bezogen sich auf die "Vertretung der Frauen im geschäftsführenden Bundesvorstand" (4. DGB-BK 1956, S. 994-996) und ein Antrag auf die "Vertretung der Frauen und der Jugend im geschäftsführenden Bundesvorstand" (4. DGB-BK 1956, S. 994). Die Anträge hatten ihren Ursprung vor allem darin, daß nach dem Tod von Thea Harmuth (1955), die seit 1949 Mitglied des Geschäftsführenden Bundesvorstandes (GBV) war, Überlegungen angestellt wurden, den GBV von 9 auf 7 Personen zu verkleinern und dabei evtl. keine Frau in den GBV zu wählen. Von daher erklärt sich der Wortlaut des Antrages 364 der NGG, "daß ... wieder eine Frau in den geschäftsführenden DGB-Bundesvorstand gewählt wird" (4. DGB-BK 1956, S. 995).

---

25 Es gab bei der Beschlußfassung zu diesem Antrag einige Komplikationen. Die Antragskommission hatte empfohlen, den Antrag als Material an den Bundesvorstand anzunehmen. Diese Empfehlung wurde abgelehnt. Nach einer erneuten Diskussion und Kontroversen darüber, ob es sich um eine Satzungsänderung handelte oder nicht, wurde auch der Antrag in seiner ursprünglichen Fassung nicht angenommen (4. BK 1956, S.31ff.).

Lfd.Nr.	Antragsteller	Wortlaut des Antrags	Erledigung
		Vertretung der Frauen im geschäftsführenden Bundesvorstand	
363	Bundes-Frauenausschuß des DGB	Der Bundes-Frauenausschuß des Deutschen Gewerkschaftsbundes beantragt, daß der 4. ordentliche Bundeskongreß des Deutschen Gewerkschaftsbundes mindestens eine Frau in den geschäftsführenden Bundesvorstand des DGB wählt. Begründung: Die gewerkschaftliche Frauenarbeit muß ihrer wachsenden Bedeutung entsprechend gewertet und gefördert werden, damit die uns noch fernstehenden weiblichen Arbeitnehmer für die Gewerkschaft gewonnen werden. Nur wenn Frauen als gleichberechtigte Vertreter in Betriebsräten, Vorständen und anderen Gremien mitwirken, wird durch die gemeinsame Arbeit das Ziel der Gewerkschaften erreicht. Damit wäre auch der Empfehlung des Kleinen Ausschusses des Vorstandes des Internationalen Bundes Freier Gewerkschaften entsprochen, der in einer Entschließung im April d. J. seine Mitgliederorganisationen aufforderte, „sich für weitgehendere Mitarbeit der Frauen auf örtlicher, nationaler und internationaler Ebene einzusetzen."	Keine Abstimmung. Entscheidung durch Bundesvorstandswahl
		Stärkere Mitgestaltung des gewerkschaftspolitischen Geschehens durch die Frau	
381	Initiativ-Antrag	Die in den Gewerkschaften des Deutschen Gewerkschaftsbundes organisierten Arbeiterinnen, weiblichen Angestellten und Beamtinnen repräsentieren in der Öffentlichkeit die große Zahl der in Wirtschaft und Verwaltung tätigen Frauen. Im Zeitalter hochentwickelter Technik und fortschreitender Automatisierung ist die Erwerbstätigkeit der Frau zu einer Tatsache geworden. Aus dieser Erkenntnis heraus kann es dem Deutschen Gewerkschaftsbund nicht genügen, die Mitwirkung der Frau nur als Staatsbürgerin formalgesetzlich verankert zu sehen. Er kann und will auf die aktive Mitgestaltung des gewerkschaftspolitischen Geschehens in allen Gremien durch die Kolleginnen nicht verzichten. Die Delegierten des 4. ordentlichen Bundeskongresses des DGB halten es für erforderlich, zu Tagungen und Konferenzen mehr Kolleginnen als bisher mit ordentlichen Mandaten zu delegieren. Es ist weiterhin gerechtfertigt, der hauptamtlichen Mitarbeit von Frauen sowohl beim DGB als auch bei den Gewerkschaften auf allen Gebieten mehr Raum zu geben.	Angenommen

4. DGB-Bundeskongreß, Protokoll S. 994ff.

Die Anträge 363 des Bundes-Frauenausschusses des DGB, 365 des DGB-Ortsausschusses Essen, 366 des DGB-Ortsausschusses Herne und 367 des DGB-Ortsausschusses Bochum forderten übereinstimmend, daß dem geschäftsführenden Bundesvorstand "mindestens", "zumindest" oder "wenigstens" eine Kollegin angehören solle (4. DGB-BK 1956, S. 994, 995, 996). Die Antragskommission hielt diese Anträge für nicht abstimmungsfähig: "Sie hält sich nicht für befugt, in den freien Entschluß der Delegierten bei der Wahl für den geschäftsführenden Bundesvorstand einzugreifen" (4. DGB-BK 1956, S. 559)[26]. Die Delegierten unterstützten die Auffassung der Antragskommission, indem sie der Ablehung der Anträge zustimmten.

Obwohl diese Anträge nicht angenommen worden waren, wurde doch eine Frau in den GBV gewählt. Otto Brenner, Vorsitzender der IG Metall, hatte in seiner Rede unterstrichen, "daß man in diesen Bundesvorstand auf jeden Fall eine Kollegin mit hineinnehmen sollte ... und ich stelle mich auch hinter die Auffassung, daß diese Kollegin nicht unbedingt und auf jeden Fall nur für die Frauenarbeit im Deutschen Gewerkschaftsbund prädestiniert sein soll" (4. DGB-BK 1956, S. 571). Diesen Auffassungen wurde dann auch mit der Wahl von Maria Weber in den Geschäftsführenden Bundesvorstand[27] entsprochen. Aber es blieb bis zur Bundesausschußsitzung vom Juni 1980 bei nur einer Frau im GBV[28].

Interessant an dieser frühen "Quotierungsdebatte" sind zwei Aspekte. Zum einen ist die Tatsache bemerkenswert, daß 30 Jahre vor den intensiven Diskussionen um die Quotierung zugunsten von Frauen in Parteien, Parlamenten und Gewerkschaften in der Bundesrepublik so eine heftige Auseinandersetzung um diese Frage im DGB stattgefunden hat. Zum anderen ist der Stil bemerkenswert, in dem diese Debatte von seiten den Männern geführt wird. Aus ihren Reaktionen auf die Frauenforderungen und ihren Bemerkungen und Argumenten können im Nachhinein Schlüsse auf das Klima zwischen Männern und Frauen in den Gewerkschaften gezogen werden. Darauf werde ich im Teil 3 näher eingehen.

Daß es sich bei den damaligen Forderungen um so etwas wie eine Quotierungsforderung gehandelt hat, wird von den älteren Gewerkschafterinnen heute ohne weiteres so eingeschätzt: *"Die empfanden schon das Wort 'stärker zu beteiligen' als eine Art Quotierung. Denn es war ja für sie ein Eingeständnis, wenn sie es akzeptieren. Dann gestehen sie zu, daß die Frauen eben nicht gut genug vertreten sind"* (III.2.R.34). Sie ordnen ihre damaligen Forderungen in eine Kontinuität der Frau-

26 Das galt übrigens auch für die anderen fünf Anträge, bei denen es um die Vertretung der Interessen der Jugendlichen, der Angestellten und der Beamten ging.

27 Maria Weber war bis 1982 Mitglied des Geschäftsführenden Bundesvorstandes; auf dem Bundeskongreß 1972 wurde sie zur stellvertretenden Vorsitzenden gewählt und behielt dieses Amt bis zu ihrem Ausscheiden bei.

28 In dieser Sitzung wurde zum ersten Mal eine zweite Frau (Irmgard Blättel) für einen vorzeitig ausscheidenden Mann in den GBV nachgewählt. Sie wurde 1982 vom Bundeskongreß wiedergewählt. Für die 1982 ausscheidende Maria Weber rückte Ilse Brusis in den GBV nach. Insofern war der Kongreß 1982 der erste, auf dem zwei Frauen in den GBV des DGB gewählt wurden.

enforderungen ein und reklamieren für sich, damit bereits in den 50er Jahren – allerdings relativ erfolglos – heutige Positionen vertreten zu haben: *"Die Quotierung, die fing schon viel früher an. Freilich, das ist ja wie ein roter Faden gegangen. Das war ja unsere erste Forderung, mehr Mitsprache, mehr Delegierte, auf der unteren Ebene in den Kreisvorstand, in den Landesvorstand, überall rein"* (III.1.E.11). Allerdings weisen sie auch gleich darauf hin, daß mit einer Akzeptierung ihrer Forderung durch die Männer (damals wie heute) das Eingeständnis von mangelnder Gleichberechtigung verbunden sein würde, ein Eingeständnis, zu dem die Männer in den Gewerkschaften nicht bereit waren.

Auch mit einem Hinweis auf die allenthalben in den Gewerkschaften existierenden Quotenregelungen[29] konnten sich die Frauen nicht durchsetzen: *"Ich habe mal (in den 50er Jahren) im Landesbezirksvorstand verlangt vor einer Konferenz, weil ich nicht mit der Zahl der weiblichen Delegierten einverstanden war, ... daß jede Gewerkschaft beschließt, eines von unseren Mandaten muß eine Frau bekommen. Ein wütender Aufschrei ... Wir verteilen das demokratisch und das muß gewählt werden, und das können wir vom Vorstand aus nicht entscheiden, daß da auf jeden Fall eine Frau Delegierte sein muß. Da hab ich ihnen dann gesagt, die Logik verstehe ich nicht. Ihr habt doch gerade festgestellt, daß zum Beispiel bei der ÖTV in fünf Regierungsbezirken, wenn ihr fünf Delegierte habt, jeder Regierungsbezirk ein Mandat bekommt. Warum geht das? Warum kann man nicht sagen, eine Frau (muß sein) und bei den anderen muß man dann eben nach anderen Dingen entscheiden ... Aber sie haben das glatt abgelehnt"* (III.2.F.36-37).

Die Äußerungen der Männer bei dieser Diskussion um die "stärkere Beteiligung der Frauen" sind sehr bezeichnend. Sie stehen am Anfang einer Kette vergleichbarer Erlebnisse einiger Frauengenerationen seit der Nachkriegszeit[30]. Die (un)schöne Regelmäßigkeit, mit der die Frage der Repräsentation der Frauen in den gewerkschaftlichen Gremien in den folgenden Jahrzehnten auf der Tagesordnung stehen sollte, gibt einen Eindruck von der Stärke des Widerstandes, der einer tatsächlichen Gleichberechtigung der Frauen in den Gewerkschaften entgegenstand.

---

29 So sehen in vielen Gewerkschaften, aber auch im DGB, die unterschiedlichsten Richtlinien vor, daß Bereiche, Regionen, Statusgruppen (Arbeiter, Angestellte, Beamte), Branchen etc. bei der Zusammensetzung von Gremien entsprechend zu berücksichtigen sind. Oftmals sind dieses allerdings keine schriftlich fixierten Vorschriften, sondern lediglich Gewohnheitsrechte, unhinterfragte Regelungen, gegen die aber keiner wagt, zu verstoßen. Diese Vorgehensweisen sind als der Preis für die Einheitsgewerkschaft zu verstehen. D.h., damit keine Gruppe den Konsens der Einheitsgewerkschaft verläßt, um sich eigenständig zu organisieren, muß jede sich "angemessen" bei den Mandanten berücksichtigt fühlen.

30 Allerdings zeigt der Rückgriff auf die Geschichte der Arbeiterbewegung in Deutschland (vgl. Teil 4.7), daß auch viele Generationen von Frauen vorher schon vergleichbare Erfahrungen gemacht haben.

3. Das Geschlechterverhältnis in den Gewerkschaften im Spiegel der DGB-Bundeskongreß-Protokolle

In Teil 2 wurde der Aspekt der Partizipation der Frauen in den Gewerkschaften mehr unter den quantitativen Gesichtspunkten der Repräsentation betrachtet. Die zahlenmäßige Unterrepräsentanz der gewerkschaftlich organisierten Frauen bei den Delegiertenmandaten zu den DGB-Bundeskongressen wurde dabei sehr deutlich. Das Geschlechterverhältnis kommt aber nicht nur in den Zahlen von männlichen und weiblichen Delegierten zum Ausdruck. Im folgenden Text greifen wir uns die fünf ordentlichen DGB-Bundeskongresse der ersten 10 Jahre der Existenz des DGB heraus. Es geht hierbei darum, die inhaltliche Beteiligung der Frauen an den DGB-Bundeskongressen ebenso wie die frauenpolitischen Anträge dieser Kongresse unter dem Gesichtspunkt des Geschlechterverhältnisses zu untersuchen. Gegenstand dieser Analyse sind daher nicht nur die Reden der Frauen und die frauenpolitischen Anträge, sondern auch die Reaktion der Männer darauf.

Die Konsequenz aus dieser Fragestellung bedeutet, daß die ersten fünf ordentlichen DGB-Bundeskongresse ausschließlich unter der Perspektive des Geschlechterverhältnisses, d.h. dem wechselseitigen Agieren und Reagieren von Frauen und Männern betrachtet werden. Das ist ein eingeschränkter Blickwinkel, der die Kongresse unter einem anderen Aspekt darstellt als bisher in der Geschichtsschreibung der Gewerkschaften üblich. Er vernachlässigt zwar auf der einen Seite die übrigen gewerkschafts-und gesellschaftspolitischen Dimensionen dieser Veranstaltungen, macht aber gerade wegen der Konzentration auf einen Blickwinkel die Dimensionen des Geschlechterverhältnisses umso deutlicher.

Am Beispiel dieser fünf Kongresse lassen sich Interaktionsformen der Geschlechter in den Gewerkschaften darstellen, deren Erscheinungsformen für viele Alltagssituationen in den Organisationen damals wie heute symptomatisch sind.

3.1 DGB-Gründungskongreß 1949: Der Patriarch diszipliniert die Frauen

Auf dem Gründungskongreß des DGB 1949 meldeten sich vier Frauen von insgesamt 14 weiblichen Delegierten (29%) zu Wort und zwar alle bei dem Tagesordnungspunkt "Wahl der hauptamtlich tätigen Vorstandsmitglieder", als es um die Wahl von Thea Harmuth in den geschäftsführenden Bundesvorstand ging. Die erste Frau, die das Wort ergriff, Marta Sieger vom Freien Gewerkschaftsbund Hessen, entschuldigte sich erst einmal dafür, daß sie überhaupt redete: "Liebe Kolleginnen und Kollegen! Erlaubt, daß auch einmal eine Frau zu Ihnen spricht. Es ist uns zugestanden worden, eine Frau in den Bundesvorstand schicken zu dürfen"[31] (DGB-BK 1949, S. 235). Im folgenden plädierte sie dann dafür, nicht die von Hans Böckler vorgeschlagene Thea Harmuth in den GBV des DGB zu wählen, sondern

31 Auf dem gedruckten Text des Protokolls ist nicht mehr zu erkennen, ob sie diese Worte so demütig gesprochen hat, wie sie klingen, oder ob diese Einleitung eher ironisch gemeint war.

Liesel Kipp-Kaule von der Gewerkschaft Textil Bekleidung[32]. Dieser Vorschlag war in der Vorbereitung des Kongresses vom überwiegenden Teil der Frauen, die zum damaligen Zeitpunkt gewerkschaftliche Frauenarbeit machten, abgesprochen worden.

Marta Sieger ging in ihrem Beitrag auch auf die unzureichende Vertretung der Frauen durch nur 14 weibliche Delegierte ein (DGB-BK 1949, S. 236) und appellierte an die Männer, dem Wahlvorschlag der Frauen zu entsprechen, mit dem Hinweis, "daß wir Frauen am besten wissen müssen, wer uns hilft weiter zu wachsen und zu lernen, auf daß alle Frauen eines Tages einmal selbständig entscheiden und neben den Männern gleichberechtigt stehen können" (DGB-BK 1949, S. 237).

Ihr Plädoyer und auch die nachfolgenden Voten von Josefine Halein, HBV, und Anita Winkelman, DGB britische Zone, für Liesel Kipp-Kaule[33] nützten nichts. Hans Böckler setzte sich mit seinem Vorschlag, Thea Harmuth zu wählen, durch. Er hatte diesen u.a. damit begründet, daß Liesel Kipp-Kaule als Mitglied des Bundestages nicht voll für die Arbeit zur Verfügung stünde und daß er mit seinem Vorschlag noch einen anderen Zweck verfolge, nämlich "der christlichen Richtung eine etwas stärkere Position im künftigen größeren Bundesvorstand einzuräumen als sie bis jetzt innehatte" (DGB-BK 1949, S. 238). Bei der Wahl wurde Thea Harmuth mit 276 Stimmen gewählt. Liesel Kipp-Kaule erhielt allerdings noch 197 Stimmen.

In der nachträglichen Analyse stellen sich die Vorgänge um die Vorstandswahlen so dar, daß der Patriarch Hans Böckler auf seine Autorität und seine höhere Einsicht gepocht hatte und sich damit durchsetzen konnte. Den Frauen wurde mit diesem Wahlergebnis demonstriert, daß ihre Durchsetzungskraft gering war und daß das Prinzip der Gleichberechtigung der Frauen dort seine Grenzen finden mußte, wo ein höherwertiges Prinzip (das der Berücksichtigung der christlichen GewerkschafterInnen) ins Spiel gebracht wurde. Im übrigen war die Diskussion um die Wahl des weiblichen Vorstandsmitgliedes der einzige Anlaß, zu dem sich Frauen auf dem Bundeskongreß zu Wort gemeldet hatten.

3.2 Zweiter ordentlicher DGB-Bundeskongreß 1952: Der Rückzug der Frauen – Schweigen

Auf diesem Kongreß waren die Frauen mit 25 Delegierten (7% aller Delegierten) vertreten. Allerdings hat dieser Anstieg der Zahl weiblicher Delegierter keinen Einfluß auf ihre inhaltliche Beteiligung. Das Protokoll des 2. ordentlichen Bundeskon-

32 Die Gewerkschaft Textil, Bekleidung war 1949 diejenige Gewerkschaft, die die größte Gruppe der Frauen organisierte. Die GTB hatte lt. Gründungsprotokoll des DGB 177.100 weibliche Mitglieder. Das waren 26,8% aller in den 16 Gewerkschaften organisierten Frauen und 53% der Mitglieder der GTB. Außer der GTB war die IG Metall die einzige Gewerkschaft, in der die Zahl der weiblichen Mitglieder über 100.000 betrug. Vgl. dazu Teil 2.1.

33 Es soll nicht verschwiegen werden, daß sich eine der vier Rednerinnen, Annemarie Haendel vom Bayerischen Gewerkschaftsbund, für Thea Harmuth eingesetzt hat.

gresses des DGB 1952 vermittelt den Eindruck, als seien die Frauen nach den Erfahrungen 1949 erst einmal ganz verstummt. Es meldete sich keine einzige Frau zu Wort.

Im – mündlich vorgetragenen – Geschäftsbericht des Vorsitzenden Christian Fette wurden die Frauen auf dreieinhalb Seiten erwähnt (2. DGB-BK 1952, S. 83ff.). Er bezeichnete Frauenfragen als "bedeutungsvolle Sonderprobleme", "die auch in Zukunft einer besonderen Behandlung durch die Frauen" (2. DGB-BK 1952, S. 83) bedürften.

In der gesamten Diskussion dieses Bundeskongresses standen die Auseinandersetzungen um die gewerkschaftliche Politik im Zusammenhang mit der Verabschiedung des Betriebsverfassungsgesetzes im Vordergrund. Diese führten dann

Entschließung zur Frauenarbeit

Die heutige Stellung der erwerbstätigen Frau im Gesellschaftsleben entspricht noch nicht den Aufgaben und Pflichten, die sie in unserer Zeit im öffentlichen und privaten Leben tatsächlich erfüllt. Da die Gewerkschaftsbewegung es als ihre vornehmste Aufgabe ansieht, Ungerechtigkeiten zu beseitigen, hat sie sich von jeher gegen jede Diffamierung und gegen jede Zurücksetzung der Frauen gewandt und sich für ihre Gleichberechtigung im sozialen, wirtschaftlichen und politischen Bereich eingesetzt.

Der 2. Ordentliche Bundeskongreß des DGB stellt fest, daß als erste Voraussetzung für die Gleichberechtigung der Frau in Verwirklichung des Artikels 3 des Grundgesetzes der Deutschen Bundesrepublik die Zahlung des gleichen Entgelts für gleichwertige Arbeit zu sehen ist. Es genügt aber nicht, den Grundsatz „Gleicher Lohn bei gleicher Arbeit und Leistung" in den Tarifverträgen zu verankern, sondern es ist auch dafür Sorge zu tragen, daß bei „nicht-vergleichbarer Arbeit" keine Unterbewertung der Frauenarbeit eintritt. Eine gerechte Arbeitsbewertung für Mann und Frau ist sicherzustellen. Ihre Verwirklichung entspricht auch der anläßlich der 34. Konferenz der Internationalen Arbeitsorganisation im Juni 1951 in Genf angenommenen Konvention und ergänzenden Empfehlung, deren baldige Ratifikation durch die Bundesregierung gefordert wird.

Zur Überwindung der beruflichen Benachteiligung der Frau sind insbesondere auch Maßnahmen zu ergreifen, die in verstärktem Maße Lehrstellen und qualifizierte Arbeitsplätze für Frauen schaffen und ihren Aufstieg in gehobene Berufe aller Wirtschaftszweige erleichtern.

Der 2. Ordentliche Bundeskongreß verlangt auf Grund der Bestrebungen, Betriebe und Verwaltungen in erhöhtem Maße zu rationalisieren, eine größere Beachtung des Arbeitsschutzes und der Unfallverhütungsmaßnahmen besonders für die weiblichen Arbeitnehmer. Er empfiehlt dem Bundesvorstand, dafür Sorge zu tragen, daß die modernen Arbeitsbedingungen Familienleben und Volksgesundheit nicht gefährden und beauftragt ihn, bestehende Schutzbestimmungen zu überprüfen sowie eine Anpassung der rechtlichen Grundlagen an die gegenwärtige Situation für die Gewerbeaufsicht zu veranlassen. Die Bereitstellung von Mitteln für die Errichtung neuer Planstellen im Gewerbeaufsichtsdienst ist von den Landesregierungen zu fordern und dabei auf die Besetzung dieser Stellen durch Frauen besonderer Wert zu legen.

In der Steuergesetzgebung wird die Beseitigung von Härten für weibliche Arbeitnehmer gefordert. Die zum Teil noch ungenügende Hilfe für weibliche Kranke und Kriegsversehrte sowie Rentnerinnen, insbesondere für alleinstehende alternde Frauen, ist bei einer Gesamtreform des Sozialrechts zu berücksichtigen.

Der Zweite Ordentliche Bundeskongreß ist der Auffassung, daß nur in verantwortungsbewußter Zusammenarbeit von Männern und Frauen ein echter und dauernder Erfolg für die gesamte Arbeitnehmerschaft erzielt werden kann. Die bisherige Mitarbeit der Frauen in der deutschen Gewerkschaftsbewegung wird dankbar anerkannt mit der Bitte an die Kolleginnen, sich stärker noch als bisher an der praktischen Gewerkschaftsarbeit zu beteiligen.

2. DGB-Bundeskongreß, Protokoll S. 480

zur Abwahl von Christian Fette vom Amt des 1. Vorsitzenden, das er nach dem Tod von Hans Böckler 1951 angetreten hatte. Das mag ein Grund dafür gewesen sein, warum die Frauenfragen – bis auf die diskussionslose Verabschiedung der Entschließung 6 "Zur Frauenarbeit" (2. DGB-BK 1952, S. 379) – gar nicht erst auf die Tagesordnung kamen. Die heftigen Auseinandersetzungen auf diesem Kongreß ließen dafür kaum Raum.

Von Kritikern der gewerkschaftlichen Politik ab 1952 wurde diese Phase späterhin als Beginn der "Zähmung der Gewerkschaften" (Pirker, Theo 1979a, S. 237ff.) bezeichnet. Der Zusammenhang zwischen dieser "Zähmung" und dem politisch "zahmen" Verhalten der Frauen in den Gewerkschaften wurde bisher nicht untersucht. Ließen die Frauen in den Gewerkschaften sich ebenfalls zähmen, indem sie die politischen Auseinandersetzungen den Männern überließen? War diese "Zähmung" einer der Gründe ihrer Zurückhaltung und spielten von daher die Frauenthemen auf diesem Bundeskongreß keine Rolle?

Auch eine andere Interpretation ist denkbar. Man könnte feststellen, daß die Frauen ihre Lektion vom DGB-Gründungskongreß (vgl. Teil 3.1) begriffen hatten. Da ihr Eintreten für Liesel Kipp-Kaule wirkungslos geblieben war, könnten sie daraus gelernt haben, daß es nichts nützte, wenn sie etwas sagten, und daß ihre Vorstellungen ohnehin keinen Einfluß hätten. Die "höhere Einsicht" der Männer, vor allem des Vorsitzenden, stand sogar dann über ihren Vorschlägen, wenn es um die für Frauenfragen zuständige Person ging. Von daher kann ihr Schweigen auch als eine (verständliche) Reaktion auf die Erfahrungen während des vorausgegangenen Kongresses gewertet werden.

3.3 Dritter ordentlicher DGB-Bundeskongreß 1954: Qualifizierte Beiträge der Frauen werden von den Männern ignoriert

Auf dem 3. ordentlichen Bundeskongreß des DGB 1954 meldeten sich die Frauen wieder zu Wort. Sie waren mit 23 weiblichen Delegierten vertreten (5,9% der Delegierten); von diesen sind drei auf der Rednerliste verzeichnet. Bei den Beiträgen dieser Kolleginnen sind mehrere Dinge herauszugreifen. Die Frauen erinnerten die Männer an die Umsetzung des Gleichberechtigungsgrundsatzes sowohl bei den Delegiertenmandaten innerhalb der Gewerkschaften als auch bei den Inhalten gewerkschaftlicher Politik, z.B. bei Tarifabschlüssen. Im Gegensatz zu diesen berechtigten Forderungen stand die Form, in der diese vorgebracht wurden. Die Frauen nahmen ihre inhaltlich wichtigen Beiträge z.T. durch die Art ihres Auftretens wieder zurück.

Wie schon 1949 mit der Entschuldigung der Kollegin Marta Sieger (vgl. 3.1) setzte sich beim Kongreß 1954 ein Verhalten der Frauen fort, das auch in den nächsten Jahren immer wieder vorkommen sollte: Die Frauen baten erst einmal für ihren Redebeitrag um Entschuldigung. Auch Käte Sodan, IG Druck und Papier, leitete ihren Beitrag auf dem 3. DGB-Bundeskongreß ein, indem sie sagte: "Sie werden schon gemerkt haben, daß wir Frauen nicht daran interessiert sind, die

Nr. 22

Antragsteller: Bundesvorstand

Entschließung 2 zur Frauenarbeit

Der 3. Ordentliche Bundeskongreß des DGB erwartet von der gleichberechtigten Mitarbeit der Kolleginnen in ehrenamtlichen und hauptberuflichen Funktionen auf Orts-, Landes- und Bundesebene und in allen Organen eine wertvolle Unterstützung zum Besten aller Arbeitnehmer, nicht nur im Bereiche der Frauenarbeit, sondern in der gesamten Gewerkschaftsbewegung. Er empfiehlt, bei der Zusammensetzung von Ausschüssen für die verschiedensten Fragen, bei der Benennung von Delegationen und Vorschlägen, vor allem aber bei der Anstellung von hauptberuflichen Mitarbeitern, weibliche Mitglieder und Bewerber mehr als bisher zu berücksichtigen und sich ihrer Mitarbeit zu vergewissern. Durch die Einbeziehung dieser Empfehlung in die praktische interne Gewerkschaftsarbeit wie auch in die Repräsentation nach außen, wird die deutsche Gewerkschaftsbewegung der großen Zahl ihrer weiblichen Mitglieder, ihrem Willen zur Mitarbeit und auch ihren Anliegen gerecht.

(Den Gewerkschaften und dem DGB zur Beachtung empfohlen.)

3. DGB-Bundeskongreß, Protokoll S. 703

Rednerliste um jeden Preis zu verlängern" (3. DGB-BK 1954, S. 501). Sie war die dritte und letzte Frau, die auf diesem Kongreß redet. Obwohl (oder vielleicht auch weil) die Frauen mit solchen Einleitungen im Grunde ihre Unterordnungsbereitschaft signalisierten, konnten sie ihre inhaltlichen Beiträge damit nicht davor bewahren, von den Männern ignoriert zu werden.

Die drei Frauen, die sich auf diesem Kongreß zu Wort gemeldet haben, waren Rose Marquardt, IG Chemie, Papier, Keramik (3. DGB-BK 1954, S. 196ff.), Liesel Winkelsträter, IG Chemie, Papier, Keramik (ebenda, S. 270f.) und Käte Sodan (ebenda, S. 501f.). Alle drei Rednerinnen befaßten sich mit dem Problem der Frauenlöhne und dem ihrer Meinung nach mangelnden Einsatz der Männer dabei, diese endlich abzuschaffen. Käte Sodan sagte: "Wir sind auch nicht gewillt, noch länger zuzusehen, wie unsere Probleme in der gesamten Gewerkschaftspolitik als zweitrangige Probleme behandelt werden" (3. DGB-BK 1954, S. 501-502). "Wir Frauen wünschen aber, daß es diesmal nicht bloß beim Versprechen bleibt, sondern daß wirklich eine verbindliche Erklärung dafür abgegeben wird, daß das Problem der Frauenlöhne in allernächster Zeit ernsthaft von allen Gewerkschaften in Angriff genommen werden muß und einer Lösung zuzuführen ist" (3. DGB-BK 1954, S. 503).

Gerade die Tarifpolitik der ersten Hälfte der 50er Jahre ist ein Beispiel für den innergewerkschaftlichen Stellenwert der Gleichberechtigungsforderungen der Frauen. Trotz einiger Erfolge wurden immer noch Tarifverträge mit Lohnabschlagsklauseln von den überwiegend männlich besetzten Tarifvertragskommissionen gebilligt[34]. Diese Tatsache war der hauptsächliche Redeanlaß für die drei Kol-

34 Für ihre Abschaffung sollte erst das Bundesarbeitsgerichts-Urteil sorgen, das 1955 von der Gewerkschaft Holz durchgefochten wurde.

leginnen auf dem 3. Bundeskongreß. Mit ihrem Anliegen passierte etwas Seltsames: Es wurde vollkommen ignoriert. Mit keinem Wort ging einer der männlichen Redner nach ihnen auf diesen Aspekt ein. Selbst als die zweite und die dritte Rednerin dieses Thema aufgriffen, war es, als hätte sie es gar nicht gesagt. Bei der nachträglichen Lektüre erweckt es den Eindruck, als ignorierten die Männer die Redebeiträge der Frauen, weil sie die kritisierten Tatbestände nicht verteidigen konnten.

Lfd.Nr.	Antragsteller	Wortlaut des Antrags	Erledigung
		Frauenarbeit	
129	Bundes-Frauenausschuß des DGB	Die stetig wachsende Zahl der berufstätigen Frauen fordert in erhöhtem Maße von Wirtschaft und Staat Beachtung und Berücksichtigung aller Erfordernisse, die zur Erleichterung der Erwerbsarbeit wie auch der persönlichen Lebenshaltung und zur Sicherung der Familie notwendig sind. Die Situation der weiblichen Arbeitnehmer ist noch nicht zufriedenstellend, obwohl den Frauen neben den politischen Rechten auch in stärkerem Maße als dies in den vorangegangenen Jahren möglich war, durch die Gewerkschaftsbewegung eine wirtschaftliche und gesellschaftliche Besserstellung zukam. Der 4. ordentliche Bundeskongreß stellt fest: Die berechtigte Forderung auf gleiches Entgelt für gleichwertige Arbeit muß nunmehr in allen Tarifverträgen volle Anerkennung finden. Die Mitarbeit der Kolleginnen in den Tarifkommissionen der Gewerkschaften sollte weitgehend gefördert werden und dazu verhelfen, daß künftig keine Tarifverträge mehr abgeschlossen werden, in denen nicht eindeutig erkennbar die gleiche Lohn- und Gehaltsgruppe für weibliche und männliche Arbeitnehmer vorgesehen ist. Die Erweiterung der staatlichen Gewerbeaufsicht in personeller wie materieller Hinsicht wird dringend gefordert. Die Arbeitsschutzgesetze müssen auf ihre strikte Einhaltung hin überwacht und die notwendigen Schutzmaßnahmen überprüft werden können. Die Aufgaben der Gewerbeaufsicht sind größer geworden, ohne daß in jedem Falle von den Länderregierungen ausreichend Planstellen errichtet und die notwendigen Mittel bereitgestellt wurden. Das Gesetz über das Verbot der Frauennachtarbeit muß weiterhin volle Gültigkeit behalten, und zulässige Ausnahmegenehmigungen durch die Gewerbeaufsichtsämter dürfen keine Anwendung aus konjunkturellen Gründen finden. Der im Grundgesetz Art. 6 zugestandene Schutz und die Fürsorge des Staates für die Familie ist eine sittliche und moralische Pflicht, die hierdurch zu einem Teil erfüllt werden kann.	Angenommen →

Lfd.Nr.	Antragsteller	Wortlaut des Antrags	Erledigung
		Der 4. ordentliche Bundeskongreß fordert im Interesse der berufstätigen Frauen, daß alles getan wird, um der Frau in der Wirtschaft und im öffentlichen Leben die Anerkennung zu gewähren, die sie sich im Verlauf der Jahre durch äußerste Pflichterfüllung und größte Arbeitsleistung verdient hat. Die Delegierten des 4. ordentlichen Bundeskongresses fordern zur Teilzeitarbeit: 1. Einhaltung der betrieblichen Arbeits- und Leistungsbedingungen der Vollzeitbeschäftigten auch für Teilzeitbeschäftigte. 2. Versicherungspflicht für Teilzeitbeschäftigte in der Kranken-, Renten- und Arbeitslosenversicherung. Im Interesse der Frauen wird weiterhin mit aller Entschiedenheit die Einführung eines Pflichtjahres für Mädchen sowie die eventuelle Dienstverpflichtung weiblicher Arbeitnehmer abgelehnt. Jede zwangsweise oder auch sogenannte „halbfreiwillige“ Verpflichtung zu Arbeits- und Dienstleistungen bedeutet nicht nur einen Verstoß gegen das Grundgesetz, sondern diskriminiert die Erwerbsarbeit der Frauen, da sie die persönliche Freiheit des einzelnen Arbeitnehmers einschränkt.	
		stärkte Mitarbeit der Gewerkschaftskolleginnen einer Lösung zuzuführen, nicht nachlassen. Die Delegierten des 4. ordentlichen Bundeskongresses unterstützen die internationale Zusammenarbeit der gewerkschaftlich organisierten Frauen in der ganzen freien Welt durch die Anerkennung der Entschließung des Internationalen Bundes Freier Gewerkschaften (IBFG) zu Fragen der weiblichen Arbeitnehmer. Sie erwarten, daß der DGB und die in ihm zusammengeschlossenen Gewerkschaften die in der Entschließung des IBFG erhobenen Forderungen verwirklichen.	

4. DGB-Bundeskongreß, Protokoll S. 833ff.

Daß Rose Marquardt außerdem auf das "ungesunde Verhältnis" zwischen den Anteilen der weiblichen Mitglieder (17%) und der weiblichen Delegierten (6%) zu sprechen kam, haben wir im Teil 2.5 bereits diskutiert. Festzuhalten bleibt, daß die weiblichen Delegierten seit Anbeginn der Existenz des DGB regelmäßig auf die mangelnde Repräsentanz der weiblichen Mitglieder hingewiesen haben. Auch könnte man die auf diesem Kongreß verabschiedete Entschließung, "weibliche Mitglieder und Bewerber mehr als bisher zu berücksichtigen" (3. DGB-BK 1954, S. 703) mit dem heutigen Sprachgebrauch als Vorläuferin einer Quotierungsempfehlung bezeichnen. Wie sich aus den Daten und den Diskussionen der folgenden Jahre ergibt, hat sie allerdings damals noch keine praktische Relevanz erhalten.

3.4 *Vierter ordentlicher DGB-Bundeskongreß 1956: Gönnerhaftes Appellieren an die Durchsetzungskraft der Frauen statt "Quotierung" zu ihren Gunsten*

Auf dem 4. ordentlichen Bundeskongreß des DGB 1956 spielte die Frauenfrage das erste Mal eine stärkere Rolle, und es meldeten sich die Frauen mehr und häufiger als bisher zu Wort. 7 von 24 weiblichen Delegierten[35] (29,2% aller weiblichen Delegierten) sind auf der Rednerliste verzeichnet. Auch in der Reaktion der Männer auf die Beiträge der Frauen ist eine Änderung spürbar; sie gingen auf die Vorstöße der Frauen ein, allerdings selten in zustimmender Weise. Die Wirkungen der Frauenforderungen bleiben langfristig die gleichen wie bisher: so gut wie gar keine.

Auf diesen DGB-Bundeskongreß wurde die Diskussion um die stärkere Beteiligung der Frauen erneut aufgegriffen. Die Diskussionen waren allerdings sehr viel umfassender und heftiger als 1954, da zahlreiche Anträge zu diesem Themenkomplex vorlagen. Da die Diskussion zu dieser Frage bereits im Teil 2.5 ausführlich dargestellt wurde, will ich hier nur Form und Stil der Auseinandersetzung thematisieren. Bezeichnend für die Notwendigkeit der Auseinandersetzungen um die Rechte der Frauen in den Gewerkschaften waren Teile der Diskussion, die um diese Anträge geführt wurde. Karl Küpper hatte als Berichterstatter der Antragskommission beim Antrag des Ortsausschusses Remscheid vorgeschlagen, "diesen Antrag als Material zu überweisen, mit dem Hinweis an die Frauen, daß es nicht zuletzt auf die Initiative der Frauen selbst ankommt, inwieweit sie sich durch intensive Teilnahme an gewerkschaftlicher Arbeit in den gewerkschaftlichen Gremien durchsetzen" (4. DGB-BK 1956, S. 311). Nachdem Gretel Meier, GdED, für den Antrag gesprochen hatte, griff Matthias Föcher als Vorsitzender des Kongresses ein und sagte: "Wir Männer, glaube ich, haben in der Gewerkschaftsbewegung sehr wenig Neigung verspürt, die Frauen zu unterdrücken. Nach unserer Auffassung hat die Antragskommission recht, wenn sie darauf hinweist, daß es sehr viel an unseren weiblichen Mitgliedern liegt, daß sie sich in der gewerkschaftlichen Arbeit durchsetzen. Wir versprechen gern Unterstützung" (4. DGB-BK 1956, S. 311-312).

Ingeborg Tönnesen, ÖTV, appellierte an die Glaubwürdigkeit der Gewerkschaften, in dem sie sagte, "daß eine so große Organisation wie die unsrige und wie die Gewerkschaftsbewegung überhaupt mit einem so großen Anteil von Frauen schon nach außen hin das Gesicht wahren muß, und daß zumindest auch die Frauen an die Mitgestaltung herangelassen werden sollten" (4. DGB-BK 1956, S. 313). Ihr Appell konnte den Antrag nicht davor bewahren, nicht nur nicht an den Vorstand als Material überwiesen, sondern gänzlich abgelehnt zu werden; die Delegierten hatten offenbar keine Sorgen um die Glaubwürdigkeit gewerkschaftlicher Politik.

Die nachfolgende Diskussion um die Berücksichtigung der Frauen bei den Vorstandswahlen wurde von den Männern kaum weniger gönnerhaft geführt. Elisabeth Ostermeier sprach als Mitglied des Bundesfrauenausschusses und des Vorstandes der NGG. Sie erinnerte daran, daß "jeder dritte Arbeitnehmer eine Frau ist." Mit

35 Der Delegiertenanteil hatte sich allerdings nach wie vor nicht verbessert und lag bei 5,8%.

feiner Ironie fuhr sie fort: "Es war und ist eine schöne Tradition der Gewerkschaften, für die Frauen Anerkennung und Gleichberechtigung zu fordern. Nun hat Prof. Preller hier vorgestern gesagt, daß man einmal mit alten Traditionen brechen soll. In diesem Fall möchten wir sagen, daß man von der Forderung nun zur Tat übergehen sollte" (4. DGB-BK 1956, S. 562).

Dafür mußte sie sich dann auch gleich einen Tadel durch den Vorsitzenden der IG Bergbau, Heinrich Gutermuth, gefallen lassen: "Kolleginnen und Kollegen! Ich glaube, die letzte Rede war vollkommen überflüssig" (4. DGB-BK 1956, S. 563). Zum Schluß stritt er dann sämtliche Überlegungen ab, keine Frau wieder in den GBV zu wählen: "Es ist selbstverständlich, daß der Bundesvorstand zu keiner Stunde daran gedacht hat, eine Frau aus dem Bundesvorstand zu entfernen" (4. DGB-BK 1956, S. 564). Selbst als Adolph Kummernuss es als eine "Selbstverständlichkeit" bezeichnete, "daß eine Frau dem geschäftsführenden Bundesvorstand angehört", konnte er sich nicht verkneifen hinzuzufügen: "Nicht weil wir Männer unsere Frauen lieben – das könnte auch ein Grund sein!" (4. DGB-BK 1956, S. 566).

Es ist im nachhinein nicht mehr rekonstruierbar, ob die zahlreichen Anträge zu dieser Thematik den Ausschlag dafür gegeben haben, daß mit Maria Weber erneut eine Frau in den geschäftsführenden Bundesvorstand gewählt wurde. Möglicherweise war diese Entscheidung bereits in der Vorbereitung des Kongresses gefallen. Nach dieser Wahl blieb es bis zur Bundesausschußsitzung im Juni 1980 bei nur einer Frau im GBV des DGB (vgl. Teil 2.5).

Charakteristisch für den Umgangsstil der Männer mit den Frauen auf diesem DGB-Bundeskongreß war ein gönnerhaftes Verhalten auf der einen Seite und andererseits der Appell an die Durchsetzungskraft der Frauen. Damit versagten die Männer den Frauen aber auch gleichzeitig die Unterstützung und warfen sie auf sich selbst zurück. Auf der Seite der Frauen kann man ein verändertes Verhalten insofern feststellen, als sie einerseits ein fast kämpferisches Eintreten für eine stärkere Berücksichtigung zeigten. Andererseits setze sich aber das Verhalten von den vorigen Kongressen fort, daß die Frauen immer noch meinten, sich für ihre Wortmeldungen entschuldigen zu müssen und sich damit gleichzeitig selber wieder zurücknahmen.

3.5 Fünfter DGB-Bundeskongreß 1959: Anpassung der Frauen und demonstrative Ignoranz der Männer

Ebenso wie auf dem 4. DGB-Bundeskongreß meldeten sich auf dem 5. DGB-Bundeskongreß 1959 sieben Frauen zu Wort. Das waren 26,9% der insgesamt 26 weiblichen Delegierten. Neu waren die Inhalte der Redebeiträge der Frauen und die Funktionen, die die Frauen auf dieser Konferenz bekleideten. Und neu war auch, daß die Interessenvertretung der Frauen auch für die Frauen kein Thema war. Bis auf den Geschäftsbericht von Maria Weber zu diesem Bereich erfolgte kein Beitrag zu Frauenthemen.

Maria Weber, 1959

Bemerkenswert an diesem Kongreß war insbesondere, daß der überwiegende Teil der Redebeiträge der Frauen fast nie inhaltlicher Natur waren. Ausgenommen davon waren die Beiträge, die Maria Weber als Mitglied des geschäftsführenden Vorstandes und Gerda Linde als Sprecherin der Antragskommission in Erfüllung ihrer Funktionen leisteten. Man kann es als ein Zeichen für die "Normalität" der Frauenbeteiligung auf diesem Kongreß betrachten: Die Frauen machten Verfahrensbeiträge, Vorschläge zum Umgang mit Anträgen und Beschlüssen und zeigten damit, daß sie "dazugehörten".

Der 5. DGB-Bundeskongreß brachte noch eine weitere Neuerung. Frauen redeten nicht nur als Delegierte, sondern in gewählten Funktionen. Maria Weber gab ihren Teil des Geschäftsberichtes persönlich ab[36]. Gerda Linde, Gewerkschaft

36 Dieses war ein Gegensatz zu ihrer Vorgängerin Thea Harmuth, die auf keinem DGB-Bundeskongreß referiert oder in der Diskussion das Wort ergriffen hatte. Allerdings wurde bis zum 3. DGB-Bundeskongreß 1954 jeweils ein "Geschäftsbericht des Vorsitzenden" abgegeben, der auch einen Teil zur Frauenarbeit enthielt und vom jeweiligen ersten Vorsitzenden vorgetragen wurde. Erst mit dem DGB-Bundeskongreß 1956 wurde dieser Tagesordnungspunkt "Geschäftsbericht des Bundesvorstandes" genannt und von den Mitgliedern des GBV für ihre Bereiche erstattet. Aufgrund des Todes von Thea Harmuth 1955 kam es erstmals 1959 dazu, daß eine Frau einen Teil des Geschäftsberichtes vortrug. In der Tat war es also nicht nur den weiblichen Mitgliedern des geschäftsführenden Bundesvorstandes verwehrt, ihren Teil des

Textil, Bekleidung, war als erste Frau Berichterstatterin der Antragskommission für einen Teil der Anträge[37].

Während des Teils des Kongresses, in dem Gerda Linde Sprecherin der Antragskommission war, konnten ganz offensichtlich die anwesenden – vor allem männlichen – Delegierten nicht mit dem ungewohnten längeren Auftreten einer Frau umgehen. Zumindest sah sie sich am Ende des ersten Abschnitts ihrer Aufgabe dazu veranlaßt zu bemerken: "Es war augenfällig, daß in dem Moment, wo ich hier die Anträge zu bearbeiten hatte, der Kongreß von einer Lebhaftigkeit befallen wurde, von der ich nicht hoffe, daß sie darauf zurückzuführen ist, daß unsere Kollegen, von denen wir ja zumindest in mancher Beziehung Kollegialität sicherlich immer wieder zu spüren bekommen, mich aus der Ruhe bringen wollten. (Lebhafte Heiterkeit.) Ich bin gern damit einverstanden, daß so verfahren wird, möchte aber sagen, daß ich auch noch weiter über die Runden gekommen wäre, obwohl ich nicht als Mitglied der Antragskommission zur Welt gekommen bin" (5. DGB-BK 1959, S. 218). Der Vorsitzende des Kongresses, Bernhard Tacke, ergänzte die demonstrative Ignoranz der Delegierten durch Gönnerhaftigkeit, indem er hinzufügte: "Ich darf der Kollegin Gerda Linde sagen, daß sie zweifellos auf den Kongreß belebend gewirkt hat" (ebenda).

3.6 Schlußfolgerungen

Auf den vier der fünf analysierten Kongresse, bei denen die Frauen sich überhaupt zu Wort melden, kann man beobachten, daß der Redeanteil der Frauen weit über dem Durchschnitt liegt. 1949 haben sich 29% der weiblichen Delegierten zu Wort gemeldet, 1954 13%, 1956 29,2% und 1959 26,9%. Damit lag der Redeanteil der Frauen immer weit über dem der Männer. Das kann zum einen an dem Zwang liegen, daß bei so wenigen weiblichen Delegierten ein Sich-Drücken nicht möglich ist. Es kann aber auch daher kommen, daß die wenigen anwesenden Frauen ihre Mandate als Verpflichtung auffassen, daß sie sich für ihre Interessen engagieren und sich einmischen wollen, wenn sie die Möglichkeit dazu haben.

Das heißt auf der einen Seite, daß weibliche Delegierte sich im Durchschnitt eher zu Wort melden als männliche Delegierte. Dennoch stellt sich im Gesamteindruck bei allen vier Kongressen der Umfang der von den Frauen geleisteten Redebeiträge als relativ gering dar. Da liegt daran, daß trotz allem nur sehr wenige Beiträge von Frauen geleistet werden und daß Frauen sich erheblich kürzer fassen als

Geschäftsberichtes persönlich abzugeben. Dennoch unterstrich diese Praxis das männerdominierte Bild des Kongresses.

37 Babette Rögner war beim Gründungskongreß zwar Mitglied der Antragskommission gewesen, aber nicht als Berichterstatterin aufgetreten. Bei den ersten vier Kongressen wurde gelegentlich eine Frau in die Mandatsprüfungskommission gewählt, war aber nie als deren Sprecherin tätig gewesen. Das am häufigsten bekleidete Amt der Frauen war das der Schriftführerin. Es kam vor, daß sogar zwei oder drei Frauen zu Schriftführerinnen gewählt wurden.

die meisten Männer. Der zeitliche Umfang ihrer einzelnen Beiträge ist erheblich geringer. Soweit zur quantitativen Seite.

Wenn es um politische Inhalte ging, hielten die Frauen sich weitgehend zurück. Überblickt man die fünf Kongresse dieser Dekade insgesamt, so macht es den Eindruck, als hätten die Frauen ihre Lektion jeweils sehr schnell begriffen. Bis auf die Diskussionen um die Repräsentanz der Frauen in den Gremien der Gewerkschaften auf dem 3. und 4. DGB-Bundeskongreß 1954 und 1956 blieben die wenigen Frauen, die auf den DGB-Bundeskongressen als Delegierte vertreten waren, auffallend zurückhaltend. Es kam im gesamten Untersuchungszeitraum nicht vor, daß Frauen Aussagen zu allgemeinpolitischen oder gewerkschaftspolitischen Fragen machten. Sie konzentrierten sich auf die Frauenpolitik oder auf Verfahrensfragen (5. DGB-Bundeskongreß).

Paternalistisches Pochen auf Autorität, Überhören berechtigter Anliegen, Gönnerhaftigkeit, Herablassung und Ignoranz auf Seiten der Männer und Zurücknehmen, Schweigen, Anpassen, Sich-Entschuldigen, allenfalls heimliche Rebellion auf Seiten der Frauen: Dies sind Verkehrsformen des Geschlechterverhältnisses in den Gewerkschaften, die sich in den ersten fünf DGB-Bundeskongressen nachweisen lassen. Ihre impliziten Mechanismen sind der Appell an die Unterordnungsbereitschaft und die Zurechtweisung bei Überschreiten des zugewiesenen Spielraums und damit gleichzeitig das Hinweisen auf den zweitrangigen Status.

Es sind Variationen des Umgangs der Geschlechter untereinander, wie sie sich in anderen Organisationsformen und anderen Strukturen ebenfalls wiederfinden lassen: "... all jene Erfahrungen, die den Frauen auf ihrem Weg ... nicht erspart geblieben sind: zuerst verhöhnt, dann gedemütigt, schließlich geduldet, aber im stillen weiterhin geringgeschätzt und verwiesen auf den hinteren Rang" (Feyl, Renate 1989, S. 174). Renate Feyl faßt so die Erfahrungen von Lise Meitner "auf dem Weg in die Wissenschaft" zusammen, die sich aber ohne weiteres mit den Erfahrungen der Frauen in der politischen Organisation Gewerkschaft[38] vergleichen lassen.

Befragt man die älteren Gewerkschafterinnen nach diesen Erfahrungen, so stellt sich heraus, daß sie sie entweder als "alltäglich" und "normal" *("So sind die Männer eben ...")* weggesteckt oder z.T. gar nicht mehr wahrgenommen haben. "Die 'alltägliche Diskriminierung' der Frau in den gewerkschaftlichen Organisationen ist subtiler, als viele wahrhaben möchten und oftmals wird sie selbst von den Frauen kaum noch wahrgenommen", hat Angelika Lippe in ihrer Untersuchung über gewerkschaftliche Frauenarbeit in Deutschland und Frankreich am Ende der 70er Jahre festgestellt (Lippe, Angelika 1983, S. 220). Das können wir aufgrund unserer Ergebnisse nur bestätigen.

38 Für die parlamentarische Karriere von Frauen hat Beate Hoecker das männliche Diskriminierungsverhalten gegenüber Frauen beschrieben; vgl. Hoecker, Beate 1987a, S. 127ff und 1987b, S. 10ff.

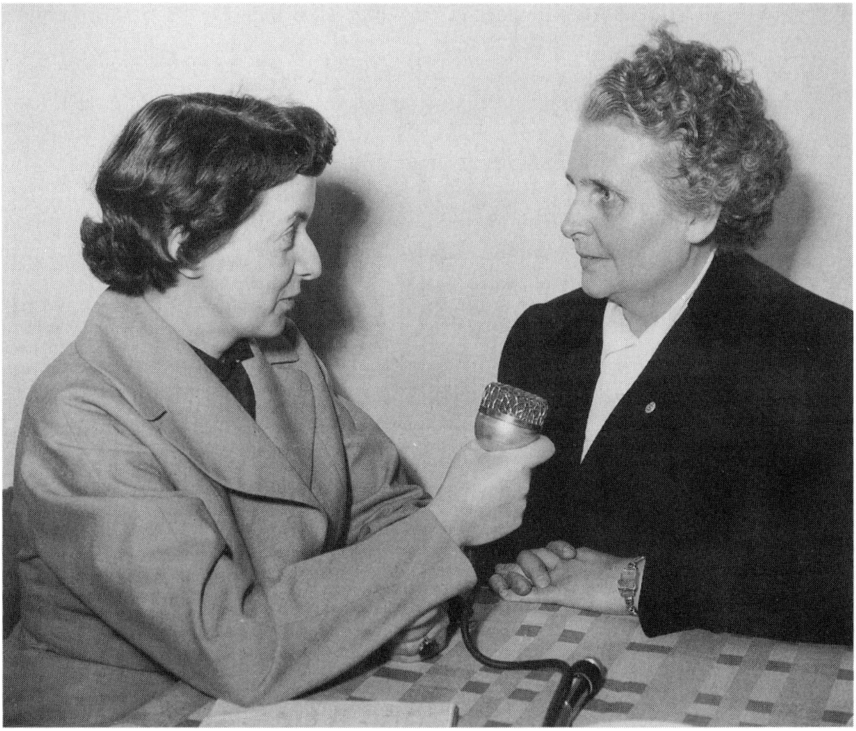

Thea Harmuth, 1952

4. Stellenwert und Probleme der gewerkschaftlichen Frauenarbeit aus der Sicht der Akteurinnen

Zu einer vollständigen Einschätzung der Situation der Frauen in der Männergewerkschaft gehört auch die Auseinandersetzung mit dem politisch-ideologischen Stellenwert der Frauenarbeit innerhalb der Organisation Gewerkschaft, ebenso wie die Darstellung der Selbsteinschätzung der Akteurinnen. Von daher wollen wir uns im Teil 4. vor allen Dingen mit dem Stellenwert der gewerkschaftlichen Frauenarbeit und den individuellen Strategien der Gewerkschafterinnen befassen.

4.1 Frauenpolitik untergeordnet unter die allgemeine Gewerkschaftspolitik

Bei der genaueren Analyse der offiziellen wie individuellen Positionen zur gewerkschaftlichen Frauenpolitik fällt die ausgesprochen ambivalente Haltung diesem Politikfeld gegenüber deutlich ins Auge. Auf der einen Seite betonten die Gewerkschafterinnen in den 50er Jahren immer wieder die besondere Bedeutung und Wichtigkeit der Frauenpolitik in den Gewerkschaften, auf der anderen Seite erteilten sie einer eigenständigen Frauenpolitik unabhängig von der Männerorganisation Gewerkschaft eine Absage. Dieses wird sowohl in den offiziellen Stellungnahmen als auch in den Erinnerungen der Gewerkschafterinnen deutlich.

Thea Harmuth z.B. verband ihren ersten Geschäftsbericht mit einer vorsichtigen Kritik an der Frauenpolitik der Gewerkschaften in der Weimarer Republik, indem sie sagt: "Viele Fragen, die sich heute ergeben, würden nicht mehr als ungelöste Aufgaben vor uns stehen, wenn man sie nach 1918, als sie sich ebenfalls bemerkbar machten, zum Teil nicht als vorübergehende, zeitbedingte Erscheinung abgetan hätte" (1. BFK 1952, S. 47). Sie fährt fort: "Die deutsche Gewerkschaftsbewegung hat bewiesen, daß sie aus den Erfahrungen gelernt hat und daß sie es ernst meint mit den Anliegen der erwerbstätigen Frauen. Die Schaffung einer Abteilung 'Frauen' im Bundesvorstand des DGB und die Einrichtung von Frauenreferaten bei DGB-Landesbezirksvorständen, Industriegewerkschaften und Gewerkschaften ... sind Zeichen dafür" (ebenda). Aber gleichzeitig hatte sie im ersten Geschäftsbericht der Abteilung Frauen den Gedanken der Einheitsgewerkschaft auch im Hinblick auf die Frauenpolitik betont: "Die Gewerkschaftskolleginnen im DGB bejahen nicht nur die Einheit zwischen weltanschaulichen und beruflichen Verschiedenheiten der Arbeitnehmer, sondern ganz besonders auch die Gemeinsamkeit von Frauen und Männern in einer großen Gewerkschaftsbewegung. Darum gibt es für sie letztlich keine Frauenbewegung in ihr, sondern das gleichberechtigte Mitwirken bei allen gesamtgewerkschaftlichen Aufgaben ..." (DGB, Abt. Frauen, GB 1950-51, S. 69). Dieses Sowohl-als-auch der Frauenpolitik gegenüber ist als Selbst- und Fremddarstellung durchgehend zu finden und definiert den zweitrangigen Status der gewerkschaftlichen Frauenarbeit.

Auch in der äußerst zwiespältigen Ansprache der Frauen durch den DGB-Vorsitzenden Christian Fette (Vorsitzender des DGB von 1951-1952) in seinem mündlichen Geschäftbericht auf dem zweiten ordentlichen DGB-Bundeskongreß kommt der zweitrangige Status der Frauenarbeit und damit der Frauen zum Ausdruck: "Wir erleben in unserer Zeit das Mündigwerden der Frau" (DGB-GB 1950-51, S. 540), hatte er im Geschäftsbericht des DGB-Bundesvorstandes festgestellt. Daraus zog er die Konsequenz, "Mitgliedschaft und Mitarbeit der Frauen in den Gewerkschaften sind daher heute anders zu sehen als früher" (2. DGB-BK 1952, S. 83). Bis hierher könnte 'frau' noch meinen, daß damit der Frauenarbeit ein veränderter (höherwertiger) Stellenwert eingeräumt werden müßte. Das wird wenig später dadurch korrigiert, daß er Frauenfragen als "bedeutungsvolle *Sonderprobleme*" bezeichnet, "die auch in Zukunft einer besonderen Behandlung *durch die Frauen*" (2. DGB-BK 1952, S. 83, Hervorhebungen von KDK) bedürften. Die gönnerhafte

Feststellung des "Mündigwerdens der Frau" und gleichzeitige Einstufung der Frauenprobleme als "Sonderprobleme" charakterisieren treffend den Status, den gewerkschaftliche Frauenpolitik in männlicher Sicht damals hatte. Die Frauen werden auf der einen Seite gelobt und ermuntert. Damit sie aber nicht übermütig werden oder etwa übertriebene Forderungen wie nach "stärkerer Beteiligung" oder Umsetzung des Gleichberechtigungspostulats bei Tarifverhandlungen (vgl. Teile 2.5 und 3.3) stellten, wurden ihre Anliegen gleichzeitig zu Sonderproblemen abgestempelt und damit als nachrangig definiert. Der "proletarische Antifeminismus"[39] ist noch keineswegs überwunden.

Aber auch die gewerkschaftlich aktiven Frauen gingen mit der gleichen Sichtweise an ihre Arbeit heran. Als "Sonderprobleme" wurden frauenpolitische Inhalte im Grunde auch von ihnen betrachtet und entsprechend defensiv war auch ihre Politik. Die Berichte der Frauen über die Nachkriegszeit und die 50er Jahre sind auf der einen Seite von beinahe unendlichen Mühen und Anstrengungen bis an die Grenzen der Selbstaufopferung und vielen vergeblichen Bitten an die Männer gekennzeichnet. Auf der anderen Seite nehmen sie sich und die von ihnen vertretene Sache immer wieder zurück, zeigen eine Verhalten, daß von "aktiver Selbstbeschränkung" (Freier, Anna-Elisabeth 1983, S. 201) gekennzeichnet ist[40]. Diese aktive Selbstbeschränkung kann als durchgehende Haltung der Gewerkschafterinnen ihren Aufgaben gegenüber festgestellt werden. Wie sie sich in den verschiedenen Aspekten ihrer Tätigkeit und ihrer Selbsteinschätzung darstellt, werden wir im Folgenden sehen.

Die handelnden Frauen selbst waren so in den Kategorien patriarchalen Denkens[41] verhaftet, daß sie es – damals – (noch) nicht schafften, sich und dem Anliegen der Frauen einen anderen Stellenwert zuzumessen. In der Konsequenz dieser im Grunde widerstreitenden Anforderungen versuchten sie, sowohl "richtige (gute) Gewerkschafterinnen" als auch "richtige Frauen" im Sinne des patriarchalen Rollenbildes zu sein: *"Wir haben nicht reine Frauenarbeit gemacht. Wir haben*

---

39 Werner Thönnessen: Frauenemanzipation. Frankfurt/Main 1969, zitiert nach: Freier, Anna-Elisabeth 1983, S. 195.

40 Angelika Lippe nennt diese Haltung "Selbstbescheidung" (Lippe, Angelika 1983, S. 85); Ulla Ralfs bezeichnet sie als "Selbstbeschränkung" (Ralfs, Ulla 1988, S. 108). Anna-Elisabeth Freier benutzt den Begriff der "aktiven Selbstbeschränkung" (Freier, Anna-Elisabeth 1983, S. 201) für die Strategien der proletarischen Frauenbewegung. Diese Wortwahl unterstreicht zum einen den defensiven Charakter des Vorgehens, macht aber auch deutlich, daß es sich dabei um keine bloße Reaktion handelt.

41 Dieses Problem kennzeichnet Bornemann als ein Charakteristikum des Patriarchats. "Das Bedeutsame ist, daß die Unterdrückungsmethoden der europäischen Männer nicht nur das Weltbild der Unterdrücker, sondern auch das der Unterdrückten geprägt haben ... Überall auf der Welt ... hat sich das Bild der Frau als zweitklassiges Wesen so tief eingeprägt" (Bornemann, Ernest 1979, S. 10). Die Folge davon ist die "Zerstörung der Würde, das Selbstbewußtsein dessen, was eine Frau überhaupt ist ... Denn wenn sie nicht mehr weiß, was sie eigentlich ist, kann sie nur noch versuchen, sich innerhalb der männlichen Gesellschaft zu bewähren, sich mit männlichen Mitteln Ansehen und Macht zu verschaffen" (ebenda, S. 543).

Gewerkschaftsarbeit gemacht, (so,) daß es eine sehr politische Gewerkschaftsarbeit war. Also in sehr umfassendem Sinn" (III.3.Z.33).

Sie brachten z.T. ihre mütterliche Art[42], die sie auch den Frauen gegenüber zum Ausdruck brachten, in die gesamte Gewerkschaftsarbeit ein: *"(Da kamen) die ganzen Kolleginnen, die in den einzelnen Gewerkschaften dann zum Teil ihre Sorgen abladen wollten ... Dann war also Zimmer 1 die Treppe hoch Anlaufstelle. Ich war auch immer bis abends 18.00 Uhr da, die anderen haben früher geschlossen, da wurde noch einmal alles abgegeben ... Man hat dadurch zu den Menschen persönlichen Kontakt gehabt. Man hat über diese Leute erfahren, wie es denen geht. Was da ist. Da konnte man nachfassen"* (III.3.E.31). Diese Art der gewerkschaftlichen Arbeit wird von einer anderen Kollegin bestätigt: *"So habe ich Gewerkschaftsarbeit als Hauptamtliche dann auch kennengelernt. Ich habe ja in so einer Kreisverwaltung gesessen ... Von den 130 (Kassierern) kannte ich ganz genau die Verhältnisse, die betrieblichen vor allen Dingen. Also das geht doch heute alles verloren. Wir wußten ganz genau Bescheid, wie es in jedem Betrieb aussah. Die hatten so viel Vertrauen, ich kannte auch die privaten (Verhältnisse) von allen"* (III.3.G.31).

Verbunden mit diesem unermüdlichen Einsatz der Frauen für die Interessen der gesamten Organisation war immer die Hoffnung, daß dadurch die Männer lernen würden, nicht nur ihre eigenen Interessen zu sehen und die Interessen der Frauen mitzuvertreten: *"Arbeitnehmerinnen und Arbeitnehmer müssen zusammenstehen. Und nur gemeinsam – und das müssen auch die Männer erkennen – nur wenn sie Fraueninteressen mitvertreten, wie die Frauen die Männerinteressen mitvertreten, nur dann können wir gemeinsam etwas durchsetzen. Unser Gegner ist ja nicht die Frau oder der Mann; unser Gegner ist ja der Arbeitgeber, und der freut sich, wenn er uns spalten kann"* (III.3.G.36).

Einigen Gewerkschafterinnen war aber auch bewußt, daß dieses eine doppelte Anstrengung bedeutete: *"Wir waren uns darüber klar, daß wir einige Bataillone wieder um uns haben mußten, und zwar auf zwei Seiten. Wir mußten auf der einen Seite Bewußtseinsveränderungen bei den Männern erreichen. Und wir mußten auf der anderen Seite mehr Frauen hinter uns bekommen, damit wir eine größere Schubkraft haben würden. Und auf diesen beiden Schienen haben wir dann gearbeitet"* (III.2.N.5). Nicht selten geriet die Balance zwischen den selbstgesetzten und den fremdgesetzten Anforderungen zu einem Drahtseilakt, der bis an den Rand der körperlichen und psychischen Erschöpfung ging.

Zwar protestierten Frauen gelegentlich – auch öffentlich – gegen die mit der Unterordnung unter die Interessen der Gesamtorganisation verbundene Geringwertigkeit der Frauenpolitik, wie z.B. die Kollegin Sodan auf dem 3. DGB-Bundeskongreß: *"Wir sind nicht gewillt, noch länger zuzusehen, wie unsere Probleme in der gesamten Gewerkschaftspolitik als zweitrangige Probleme behandelt werden ...*

42 Zum Selbstverständnis der Gewerkschafterinnen als Frauen vgl. den Beitrag von Sigrid Bachler.

Wir Frauen wünschen aber, daß es diesmal nicht bloß beim Versprechen bleibt" (3. DGB-BK 1954, S. 501-503). Es gab sogar mal in den 50er Jahren – aufgrund eines Vorbildes aus Dänemark – Überlegungen, eine Frauengewerkschaft zu gründen, die dann aber wieder von den Gewerkschafterinnen verworfen wurden[43]. Aber insgesamt kann man feststellen, daß sich die Gewerkschafterinnen mit dem minderwertigen Status arrangierten und mit doppelter Anstrengung versuchten, allen Ansprüchen gleichermaßen gerecht zu werden.

4.2 Frauenarbeit als vorübergehender Bestandteil der Gewerkschaftsarbeit

Getreu der sozialistischen Auffassung, daß die Probleme der Frauen gelöst sein würden, wenn der Sozialismus den Sieg davongetragen haben würde[44], gingen die Gewerkschafterinnen davon aus, daß gewerkschaftliche Frauenarbeit nur vorübergehend notwendig sein würde. Sie betrachteten die Institutionalisierung der Frauenarbeit mit der Gründung des DGB 1949 als einen bedeutsamen Schritt auf dem Weg zu diesem Ziel. Thea Harmuth, die als Katholikin die Einheitsgewerkschaft bejahte, ließ in ihrer Kritik an den Gewerkschaften in der Weimarer Zeit anklingen, daß sie der Auffassung war, einige Probleme der Frauen könnten schon gelöst sein, wenn bereits nach 1918 eine institutionalisierte gewerkschaftliche Frauenpolitik ins Leben gerufen worden wäre. Verbunden damit war die Hoffnung, daß Frauenprobleme bald der Vergangenheit angehören würden.

Dieser Gedanke wurde von vielen Gewerkschafterinnen vertreten und sie betrachteten daher gewerkschaftliche Frauenpolitik nicht nur als untergeordnet unter den Einheitsgedanken, sondern auch als eine vorübergehende Aufgabe: *"Wir haben ja alle damals gedacht, Frauenarbeit ist bald vorbei, das erleben wir alle noch, daß wir keine Frauenarbeit mehr haben. Das steht genau drin in der Richtlinie, gewerkschaftliche Frauenarbeit darf kein Selbstzweck werden. Und wir sind alle mit dem Optimismus an die Arbeit gegangen, na ja, wenn wir mal in Pension gehen sollten, ist das ja alles gewesen"* (III.2.M.28).

---

43 Auch nachträglich sind die Einschätzungen der Kolleginnen geteilt, ob diese Entscheidung richtig war: *"Ich wage heute nicht mehr zu sagen, daß die Entscheidung richtig war, daß wir keine Frauengewerkschaft wollen ... Denn rückblickend denke ich manches Mal, vielleicht hätten wir tatsächlich mehr erreichen können im gemeinsamen Zusammenschluß und wenn alle in die gleiche Kerbe hauen"* (I.1.M.31). Dem widersprach eine andere Kollegin mit dem Hinweis auf die unterschiedlichen Interessen zwischen Arbeiterinnen und Angestellten. Späterhin ist die Diskussion um die Möglichkeiten der Gründung einer eigenständigen Frauengewerkschaft im DGB-Bundesfrauenausschuß nicht mehr geführt worden.

44 "Die volle Emanzipation der Frau und ihre Gleichstellung mit dem Mann ist eines der Ziele unserer Kulturentwicklung, dessen Verwirklichung keine Macht der Erde zu verhindern vermag. Aber sie ist nur möglich auf Grund einer Umgestaltung, welche die Herrschaft des Menschen über den Menschen – also auch des Kapitalisten über den Arbeiter – aufhebt ... Die Klassenherrschaft hat für immer ihr Ende erreicht, aber mit ihr auch die Herrschaft des Mannes über die Frau" (Bebel, August 1903, S. 440-441).

Die Frau
und der Sozialismus

Von August Bebel

Fünfzigste Auflage
Verbessert, vermehrt und neu bearbeitet

Jubiläums-Ausgabe

Stuttgart
Verlag von J. H. W. Dietz Nachf.
1910

Die beiden Einstellungen zum innergewerkschaftlichen Stellenwert der Frauenarbeit (der zweitrangige Status gegenüber den Aufgaben der Gesamtorganisation und der sozialistische Emanzipationsbegriff) gepaart mit dem im patriarchalen Denken verhafteten ambivalenten Frauenbild[45] der Gewerkschafterinnen konnten immer nur zur einer zwiespältigen Haltung der gewerkschaftlichen Frauenpolitik und damit der eigenen Arbeit gegenüber führen. Konsequent war es daher, wenn die hauptamtlich tätigen Frauen davon ausgingen, daß gewerkschaftliche Frauenarbeit, insbesondere gewerkschaftliche Frauenbildungsarbeit, die Funktion haben sollte, die Frauen für die (höherwertige) andere gewerkschaftliche Arbeit fit zu machen und sie stolz darauf waren, wenn sich Kolleginnen in der (ihrer Meinung nach eigentlichen) Gewerkschaftsarbeit einmischten: *"Dadurch ist dann erst mal der Mut für die Kolleginnen gekommen, auch aufzutreten. Und das hat sich ja dann wieder ausgewirkt im Betrieb, daß sie auch dann dort den Kollegen gegenüber wagten, ihren Mund aufzumachen"* (III.1.E.19). Sie stellten dann auch nicht ohne Stolz fest, *"wenn dann mal in der Angestelltenarbeit eine Frau in den Angestelltenausschuß ... gewählt worden ist, kamen die alle aus der Frauenarbeit"* (III.2.Q.12).

Die Gewerkschafterinnen sahen zwar, daß die Frauenarbeit für die einzelnen Frauen wichtig war, aber wie unter gesamtgewerkschaftlichen Gesichtspunkten hielten sie auch individuell für die einzelne Kollegin die Frauenpolitik für ein vorübergehendes Stadium. Konsequenterweise war dann auch das selbstgesteckte Ziel der Frauenarbeit: *"Das Ziel der Frauenarbeit muß sein, sich selber überflüssig zu machen"* (III.3.G.36).

4.3 Selbstverständnis der Gewerkschafterinnen den Frauen gegenüber

Die aktiven Gewerkschafterinnen verstanden sich als Stellvertreterinnen, aber auch als Erzieherinnen und Vorbild. Sie definierten ihre Funktion beinahe in einer mütterlichen Weise: *"Der Anfang war so, daß man doch versucht hat, über diese Arbeit an die Menschen ranzukommen und vor allen Dingen den Frauen und jungen Mädchen zu vermitteln, daß sie bei der Gewerkschaft ihre Sorgen abladen können, und eine Heimat finden, daß wir Bezugspersonen waren"* (III.3.E.30). Für alle Frauen wollten die Gewerkschafterinnen Vorbilder sein: *"Und das war eine der wichtigsten Aufgaben, zumindest bei uns in den Kreisfrauenausschüssen, den Frauen Mut zu machen und zu sagen, ihr könnt auch was. Und sicher auch ein Stückchen Vorleben zu zeigen"* (III.1.C.13). *"Ich hatte irgendwo immer ein Stück ... mehr Glaubwürdigkeit. Denn die, die mir zuhörten oder zuhören sollten, sollten sich auch ein bißchen mit mir identifizieren so unter dem Gesichtspunkt 'Ich bin eine von ihnen'. Das spielte in der Frauenarbeit eine weit größere Rolle, als man das glaubte. Und man (mußte) auch ein bißchen persönlich begeistern können"* (III.1.C.33).

---

45 Vgl. zu diesem Thema den nachfolgenden Artikel von Sigrid Bachler.

Ziel dieser Bemühungen der Gewerkschafterinnen war es, dazu beizutragen, daß der Gleichberechtigungsgedanke von den Frauen in ihrer täglichen Praxis in der Familie und im Betrieb umgesetzt werden konnte. Aus diesem Grunde war es nur konsequent, daß die meisten befragten Gewerkschafterinnen der Bildungsarbeit so eine große Bedeutung beimaßen: *"Also ich fand immer, Frauenarbeit ist in erster Linie Bildungsarbeit. Also sie aufgeschlossen machen für die gewerkschaftliche Arbeit und eben auch für die politische Arbeit"* (III.4.D.8). Verbunden damit war bei den Gewerkschafterinnen das Bewußtsein einer Avantgarde-Rolle, die sie den Frauen gegenüber erfüllen mußten: *"Es war schon eine Sysiphusarbeit in vieler Hinsicht, die Frauen dorthin zu bringen. Es ist ihnen ja von der Erziehung her nicht beigebracht worden. Was haben sie denn (gelernt)? Die wurden vorbereitet auf ihre Rolle als Frau und Mutter, fertig aus, kein kritischer Verstand wurde geschult"* (III.1.J.17).

Diese Avantgarde-Rolle vertraten sie in einem doppelten Sinne. Sie waren schon damals der Meinung, daß die Aufgabe der Schulung und Bildung der Frauen in erster Linie von Frauen selber wahrgenommen werden sollte. Ihrer Meinung nach waren Männer keineswegs dafür geeignet, diesen Bildungsprozeß bei Frauen herbeizuführen: *"Das hätten die Männer niemals fertiggebracht, den Frauen das so beizubringen. Drum war ich immer der Auffassung, nur wir Frauen können die Lehrgänge leiten. Wir haben ja die Frauenlehrgänge gemacht. Wie dann später die Männer das übernahmen ... Ich sag: 'Hört mal, das schafft ihr gar nicht. Das ist kein Vorwurf, das ist eine Feststellung. Könnt ihr gar nicht haben. Wir Frauen kommen viel besser miteinander zu Rande'. Und das hat sich dann später auch bewiesen"* (III.1.J.18). Mit dieser Position nahmen sie Forderungen vorweg, die erst in den 70er und 80er Jahren bei der Durchsetzung eigener Frauenbildungsarbeit einen breiten Konsens finden sollten.

4.4 Von den ständigen Legitimationszwängen der Frauenpolitik

Deutlich wird die aktive Selbstbeschränkung der Gewerkschafterinnen und ihre eigene ambivalente Einschätzung der Frauenarbeit auch in ihrer Selbstdarstellung der gewerkschaftlichen Öffentlichkeit gegenüber. "Das ausgezeichnete Niveau, die lebendige sachliche Diskussion und die Beratungsergebnisse fanden beim DGB und bei den angeschlossenen Gewerkschaften Beachtung und Anerkennung. Aber auch in der Öffentlichkeit ist diese Konferenz als eindrucksvoll und gelungen bezeichnet worden. Besondere Erwähnung hat dabei die gute Disziplin während des Ablaufs und die Sachkenntnis gefunden, mit der die Teilnehmerinnen ihre Anliegen und Forderungen vorgebracht und erörtert haben" (DGB, Abt. Frauen, GB 1959-1961, S. 25). Mit diesen Worten berichtet die Abteilung Frauen beim DGB-Bundesvorstand über die 3. Bundesfrauenkonferenz in Bremen. In dieser Aussage liegen zwei Dinge: Stolz und Rechtfertigung.

Die Frauen waren stolz darauf, wie diszipliniert und sachlich Frauenkonferenzen abliefen: *"Also das ist meine Erfahrung bei allen Frauenkonferenzen ... Bei*

Die Frau in Betrieb und Gewerkschaft

Erziehung zum gewerkschaftlichen Denken

Die Redaktion erhält von Kolleginnen die in der praktischen Arbeit stehen, immer wieder Aufsätze, die noch gar nicht so sehr Einzelfragen der Arbeit betreffen als vielmehr das Bestreben zum Ausdruck bringen, der Mehrzahl der erwerbstätigen Frauen die Notwendigkeit und die gesellschaftliche Bedeutung ihrer Arbeit überhaupt erst bewußt zu machen. Wir veröffentlichen wegen dieses offensichtlich dringlichen Bedürfnisses nachstehende Einsendung, die zugleich auch für die Betriebsratswahlen richtunggebend ist.

Um die Frauenmitwirkung im Rahmen des Gewerkschaftslebens zu fördern ist es notwendig, von einer festen tragenden Idee aus ihre heutige Stellung und Einschaltung zu beleuchten. Es genügt nicht, auf Einzelheiten zuerst einzugehen, wenn man nicht die Basis festlegt, von der aus man die berufstätige Frau in ihrem Wirken und ihren Zukunftszielen erfaßt. Die Zeiten haben sich verändert. Was einstens war, ist zum Teil wesenlos geworden.

Jahrhundertelang war die Frau angefüllt von den Rechten und Pflichten der Hausfrau und Mutter, und mit dem Gesichtskreis der sich aus dieser ihrer Stellung im Leben ergab. Wer sich Mühe gibt, die Mentalität der heutigen Frau im Durchschnitt zu erfassen, wird feststellen müssen, daß ihr Sinn vorwiegend auf das Praktische gerichtet ist. Sie kennt die Dinge des alltäglichen Lebens. Sie erfaßt Einzelheiten und kann sich in dem kleinen wirtschaftlichen Leben, in dem sie steht, zurechtfinden. Aber ihr fehlt der Blick für die große Gesamtheit, deren Einzelglied sie ist. Sie weiß kaum etwas von Politik oder Volkswirtschaft, noch kennt sie die Hintergründe des Gewerkschaftslebens, dessem Schutz sie sich anvertraut. Mit dem Rüstzeug eines normalen Menschenverstandes, der sich nur in engen Grenzen entwickelt hat, stellt man die heutige Frau vor die Alternative, sich so schnell wie möglich mit Problemen zu befassen, für die die Männer Jahrhunderte brauchten, um ihnen mit mehr oder weniger Erfolg gerecht zu werden. Gewiß hat es schon vor dem Dritten Reich berufstätige Frauen gegeben. Aber geschichtlich betrachtet ist es noch nicht allzu lange her, daß die Frau aus den schützenden Mauern ihres Heimes neben den Mann ins „feindliche Leben" trat. Was bedeuten schon 40 oder 50 Jahre gegenüber der Erziehung, die Jahrhunderte vollbracht haben? So steckt eben das politische Denken der Frau noch in den Kinderschuhen.

Die Gewerkschaften haben hier die größte Aufgabe, weil sie die größte Anzahl der berufstätigen Frauen erfassen; durch die Betriebsräte ist ihnen ein Zugang zu einer persönlichen Verbindung mit ihnen gegeben. So gäbe es eine Möglichkeit — eben durch die Betriebsräte — dafür Sorge zu tragen, daß neben Männern gerade auch politisch und wirtschaftlich geschulte Betreuerinnen in den Betrieben den berufstätigen Frauen einen Einblick in die Fragen des öffentlichen großen Lebens schaffen.

Man muß sich immer wieder vor Augen führen, daß die Frauen heute in der Überzahl sind. In ihre Hände ist damit das Wohl und Wehe unseres Volkes zu einem großen Teil gegeben. Sie wird einmal entscheidend eingreifen müssen in das Räderwerk des Staatsgefüges. Die Gewerkschaften können der Frau auch ohne Bindung an parteiliche Erwägungen und Richtlinien einen objektiven Überblick über alle Fragen unseres Volkslebens ermöglichen. Nichts ist so sehr in den Brennpunkt des allgemeinen Interesses gerückt wie die tätige Mitarbeit der Frau auf dem Gebiete der Politik und Wirtschaft. Darum könnten die Gewerkschaften unserem Vaterlande den größten Dienst erweisen, wenn sie sich mit ganzer Kraft für die volkswirtschaftliche und staatsbürgerliche Erziehung der Frau einsetzen.

Marg König-Georgi

Quelle: Der Bund, Nr. 12, 1948, S. 3

Frauenkonferenzen sitzen die Delegierten im Raum. Sie hören zu, sie diskutieren und hinten läuft niemand rum. Im Gegensatz zu allgemeinen Konferenzen. ... Da sitzen im Raume bei den Delegierten wenig, hinten ist die reinste Wandelhalle, die Kaffeetassen sind alle voll ... Ob da Pause war oder nicht bei den Männern, hinten wandelte es ... Und bei den Frauen ist soweit Disziplin, daß sie eben im Saal sitzen und auch bis zum Schluß bleiben und nicht nach dem Spesenempfang abhauen ... (Bei den) Kaffeeklappen[46] *(waren sie) nur in den Pausen zu finden" (III.1.C.25). Gleichzeitig aber meinten sie, diese Disziplin und Sachlichkeit betonen und damit rechtfertigen zu müssen: "Man hat den Frauen keine Sachlichkeit zugetraut. Man hat immer gemeint, die sind irgendwie impulsiv und beleidigt, die streiten sich"* (III.1.B.26). Da dieses Urteil der Männer insgeheim von den Frauen selber geteilt wurde, übernahmen sie es und betonten dann die (eigentlich selbstverständliche) Sachlichkeit und Disziplin der Frauen.

Der legitimatorische Charakter dieser Formulierungen wird ihnen erst in späteren Jahren klar: *"Ja, warum, zum Teufel, schreibe ich sowas? Was bei Männern selbstverständlich ist und wenn sie nun noch so ein wüster Haufen sind bei manchen Diskussionen, kein Mensch hat hinterher (betont), sie haben sachlich (diskutiert). Ja, das ist der ständige Zwang, der dir in Fleisch und Blut übergegangen ist im Laufe der vielen Jahre, daß du dauernd ... die gewerkschaftliche Frauenarbeit rechtfertigen mußt ... Wir sind ja genauso sachlich wie ihr. Wir sind ja genauso diszipliniert. Wir sind kein Kaffeekränzchen"* (III.3.G.13-14). Diese ständigen Legitimationszwänge waren eine Konsequenz aus dem ambivalenten Selbstbild der Gewerkschafterinnen und Teil ihrer aktiven Selbstbeschränkung. Aber im Grunde wollten sie diesem Zustand gerne überwinden und erhofften sich von der Zunahme der weiblichen Mitgliedschaft der Gewerkschaften einen Ausweg.

4.5 Der Appell an die Frauen, sich zu organisieren

Schon in der unmittelbaren Nachkriegszeit hatten die Gewerkschafterinnen an die Frauen appelliert, ihre Verantwortung gegenüber dem Gemeinwohl und für ihre eigenen Interessen selber wahrzunehmen. Klara Döhring sagte in einer Rundfunkrede 1947: "Ist die Mitarbeit der Frau beim deutschen Wiederaufbau eine moralische und unabdingbare Pflicht für die Frau, so müssen ihr auch entsprechende Rechte gewährt werden. Diese Rechte fallen ihr aber, wie die früheren Kämpfe der Arbeiterschaft bewiesen haben, nicht in den Schoss. Wohl sind die obersten Grundsätze 'Gleicher Lohn bei gleicher Leistung' und 'Schutz der weiblichen Arbeitskraft' auf Betreiben der Gewerkschaften nunmehr in den Verfassungen verankert, für ihre restlose Verwirklichung in der Praxis muss sich jedoch die Frau selbst aktiv einsetzen innerhalb der Gewerkschaften, die als ihre wirtschaftliche Vertretung hierzu berufen sind" (Döhring, Clara 1947, S. 1).

In der Selbstwahrnehmung der Frauen stellte es sich so dar, daß sie sich den Vorgaben der Männer in der Gewerkschaft anpaßten, daß sie selber bis zur Selbstaufopferung Gewerkschaftsarbeit machten, daß auf Frauenkonferenzen immer wieder die "richtigen" Beschlüsse gefaßt wurden und daß sogar auf Gewerkschaftstagen und Bundeskongressen die Bedeutsamkeit der Frauenpolitik unterstrichen wurde. Wenn dann obendrein noch in den ersten Jahren nach der Gründung des

46 Hamburger Ausdruck für Stehcafé.

DGB der Frauenanteil in den Gewerkschaften immer weiter angestiegen war, konnten sie sich nicht mehr erklären, warum der gewerkschaftlichen Frauenpolitik – nicht nur in den Augen der Frauen in den Gewerkschaften – so wenig Erfolg beschieden war. Die Erklärung, die ihnen die Männer dafür anboten, lautete: "daß es sehr viel an unseren weiblichen Mitgliedern liegt, daß sie sich in der gewerkschaftlichen Arbeit durchsetzen" (So Matthias Föcher; DGB 1956, S. 312). Von daher konnte es nur an den Frauen selber liegen.

Konsequenterweise richteten Frauen wie Männer in den Gewerkschaften immer wieder Appelle an die erwerbstätigen Frauen, sich zu organisieren und sich mehr für die eigenen Belange einzusetzen. Diese Apelle wiederholten sich auf den Bundesfrauenkonferenzen der 50er Jahre ebenso wie auf den Bundeskongressen des DGB (vgl. Teil 3). Gerade wenn es dann auch um die Kritik an dem mangelnden Einsatz der Männer bzw. der Gesamtorganisation für die Frauenbelange ging, kamen diese Argumente: *"Es wurde uns immer wieder vorgehalten: Die Frauen organisieren sich nicht, die Frauen wollen ja nicht. Und wenn die Frauen nicht wollen, dann wollen wir auch nicht. Das war bitter, denn im Grunde genommen wußten wir ja auch, wie schwer es war für die Frauen, sich zu organisieren. Es gab viele Gründe unmittelbar nach dem Krieg: Ängste, Organisationsängste überhaupt, weil sie sich als Frauen nicht so zu Organisationen hingezogen fühlten wie Männer, die ihr Berufsleben anders betrachtet haben. Dann natürlich auch: Mein Mann ist organisiert, wozu muß ich das. Dann die Argumentation: Ich bleibe sowieso nicht lange im Betrieb, ich gehe ja demnächst wieder raus, wenn Kinder kommen oder so.*

Es waren so viele Gründe, die sie uns lieferten, die sachlich auch begründet waren (wenngleich wir ihnen natürlich andere Gründe vortrugen), aber die es sehr erschwerten, Frauen zu Mitgliedern zu machen. Und es gab dadurch immer wieder Argumente, auch die Frauenthemen, die Frauenprobleme, in der Gesamtorganisation etwas zurückzudrücken. Deshalb mußten wir zwangsläufig unseren ganzen Druck darauf verstärken, die Frauen zu organisieren und klarzumachen, daß das die Basis einer Organisationsarbeit ist, und daß man damit auch vorankommt" (III.2.R.10-11).

Die Gewerkschafterinnen wiesen zwar die Kritik an der geringen Organisationsbereitschaft der Frauen immer wieder zurück; dennoch übernahmen sie im Grunde diese Kritik selber und gaben sie an die Frauen weiter. *"Ich habe ... auch im Hinterkopf immer die Vorstellung gehabt, (die) Frau muß etwas tun. (Der) Mann muß auch Verständnis haben, aber auch die Frau muß etwas tun. Also, ich habe auch immer wieder an die Frauen appelliert ... Ich habe mit dem Ziel ständig an die Frauen appelliert, nicht so deutlich ausgesprochen, aber gemeint – paßt euch an, beweist, daß ihr genauso seid und genauso viel leistet und genauso zur Verfügung steht, wenn alles an Deck gebraucht wird. Das gebe ich ehrlich zu"* (III.3.G.36). Da die aktiven Frauen damals nicht erkannten, daß ihre persönliche Existenz und ihr noch so selbstloser Einsatz immer wieder an den von den Männern gesetzten Grenzen in der Gesellschaft wie in der Gewerkschaft scheitern mußten, mußten sie – wie von den Männern vorgegeben – die Fehler bei sich und den anderen Frauen suchen.

4.6 Individuelle Strategien der Gewerkschaftsfrauen im Umgang mit den realen Politikmöglichkeiten in den Gewerkschaften

Sie "hat, wie ihre Vorgängerinnen, erfahren, daß gewerkschaftliche Frauenarbeit außerordentlich wichtig ist, aber innerhalb der Gewerkschaften keinen hohen Rang genießt" (IG CPK 1987, S. 121), hieß es in einer Veröffentlichung der IG Chemie, Papier, Keramik über die Erfahrungen von Liesel Winkelsträter. Das gehörte zur täglichen Praxis fast aller gewerkschaftlich aktiven Frauen, nicht nur der damaligen Generation. Wie konnten und können sie mit diesem Widerspruch leben?

Die zwiespältigen Erfahrungen führten die meisten der Gewerkschafterinnen zu einem ebenfalls zwiespältigem Verhalten, das sie selber als *"Doppelgleisigkeit"* (III.1.J.16) bezeichnen. Zum einen mußten sie sich an die Spielregeln der Großorganisation halten, die ihnen auferlegten, sich an formale Regeln – wie Delegationsprinzip und hierarchisierte Willensbildung – anzupassen, wenn es ihnen auch schwer fiel: *"Das ist ja furchtbar gewesen, diese Art von Delegationsprinzip..., wo das also immer mehr nach oben hin verflachte und die Basis eigentlich im Grunde genommen gar nichts mehr zu sagen hatte"* (III.1.L.7). Diese Anpassung war aber notwendig, um die Ziele der Frauenpolitik im Rahmen der Männerorganisation Gewerkschaft durchsetzen zu können. *"Wir waren ja immer noch, nach wie vor, in der Minderheit. Egal, wenn wir zusammengezählt haben, waren wir zwar eine Million weibliche Mitglieder im DGB oder so ungefähr, aber in den Funktionen und da, wo man was beschließen und bestimmen konnte, da waren wir ja nicht viele. Da waren wir ja immer ein bißchen mehr geworden, aber doch nur eine Handvoll. Es ist ja so, daß der Kongreß erst mal beschließen muß und du mußt erst mal die Mehrheit haben. Und die weiblichen Delegierten waren ja nicht die Mehrheit, wir waren eine ganz kleine Minderheit. Wenn man also einen Kongreß auf seine Seite bringen will, muß man manchmal schon an Formulierungen denken"* (III.2.Q.32-33).

Die Konsequenzen aus dieser Minderheitensituation in einer Großorganisation lagen für die Frauen u.a. in taktischem Vorgehen: *"Wir haben schon, wenn man was erreichen wollte, auch Taktik anlegen müssen. Und wir haben manchmal den, (bei dem) wir mal gedacht haben, den kannst du umbiegen, allein erst mal bearbeitet, wenn wir was durchsetzen wollten. ... Die Männer waren doch so eitel, die waren doch so empfindlich. Ja, und da haben wir auch manchmal auf Taktik gemacht"* (III.2.R.33).

Trotz allem schlichen sich bei den Kolleginnen immer wieder Haltungen ein, die an Resignation grenzten, vor allem, weil sie sich von den Männern in der Gewerkschaft bzw. von der Gesamtorganisation mißbraucht fühlten: *"Wir sollten weiterhin wohl die Schäfchen ins Revier treiben, aber die Früchte davon konnten wir nicht ernten. Und das hat mir dann doch die Augen geöffnet ... Denn wir erleb-*

ten ja ständig, daß wir nicht weiterkamen. Wir traten ja auf der Stelle. Wir machten die wunderbarsten Beschlüsse, waren dann stolz wie Oskar, wenn dann unsere Beschlüsse als Antrag in die Kongresse kamen. Oft wurden sie abgeschmettert oder als Material (angenommen). Wir kamen ja nicht weiter" (III.4.D.11+13).

Gerade diese Erfahrungen führten dazu, daß manche der Kolleginnen sich ein dickes Fell zulegten: *"Nur der hat überlebt, der wirklich soweit kam, daß er so gesagt hat: 'Ihr könnt mich mal!' Und wenn er das nicht so geschafft hat, der hat kapituliert"* (III.2.Q.27). Die Belohnung für die Anstrengungen mußte schon von innen kommen oder von den anderen Kolleginnen: *"Daß das natürlich eine harte Situation oft war und daß wir oft auch mal untereinander zusammensaßen und die Köpfe haben hängen lassen, entmutigt waren und gedacht (haben), wir pfeffern alles an die Wand und so. Wenn man Tag und Nacht dackelt und X Betriebsversammlungen macht und kein Wochenende hat und Lehrgänge macht und Schulungen macht und weiß, was die Kolleginnen wollen – und die Mannsbilder nehmen das überhaupt nicht für ernst. Die gehen darüber weg und denken gar nicht daran, das ernst zu nehmen. Na ja, dann hat der eine und der andere – wir waren ja nur ein kleiner Haufen, die nun die Antreiber waren von den Dingen – der eine halt dem anderen mal wieder ins Kreuz getreten ... Hat man ja immer jemanden mal gebraucht und hat sich wieder aufgerichtet"* (III.2.Q.5).

Die Stärkung durch die Zusammenarbeit mit den Kolleginnen spielte bei der Anstrengung des immer wieder Durchhalten-Müssens eine große Rolle. Für die Frauen aus den kleineren Gewerkschaften bzw. aus den Gewerkschaften mit einem geringen Frauenanteil übernahm die Zusammenarbeit mit den Frauen im DGB-Bundesfrauenausschuß diese Funktion: *"Wenn ich den DGB nicht gehabt hätte und auch den Bundesfrauenausschuß!"* (III.2.P.18) *"Der DGB ... war sozusagen unsere Stütze, weil sich die aktiven Einzelkämpferinnen im DGB fanden"* (III.2.N. 18). Andere bezogen ihre Stärkung aus der Arbeit mit den Kolleginnen bei den Seminaren: *"Für mich war das immer ein Höhepunkt im Jahr und auch gleichzeitig so ein Ruhepunkt für zwei Wochen. Das hob sich nicht gegenseitig auf, aber das waren ja manchmal so Erlebnisse mit den Kolleginnen, davon haben wir profitiert in einem Ausmaß, wie ich das eigentlich erst so 15-20 Jahre später so recht würdigen konnte"* (III.2.M.9).

Und noch eine zwiespältige Erfahrung haben die Frauen gemacht. Sie haben auf der einen Seite erlebt, daß sie von den Männern immer argwöhnisch als *"Revolutionäre in der Gewerkschaft"* (III.2.Q.31), als *"Unruhestifter"* (III.2.R.4) betrachtet wurden. Auf der anderen Seite ging es ihnen selber oftmals nicht schnell genug. Sie bescheinigen sich *"Bravheit"* (III.1.J.9) und *"Schwäche"* (ebenda). Manches Mal erschien den Frauen ihre eigene Geduld als eine positive Eigenschaft: *"Vor allen Dingen, wir brauchten unendliche Geduld, und wir mußten uns darüber klar sein ... Wir mußten uns sagen, man kann den zweiten Schritt nicht vor dem ersten tun. Wir müssen Schritt für Schritt für Schritt vorwärtskommen, und wir müssen uns Strategien erarbeiten und Pläne machen, wie genau wir welche*

Schritte gehen wollen und ... welches Ziel wir haben und welche Schritte wir unternehmen wollen, um zu diesem Ziel zu kommen. Und darauf müssen wir zusteuern. Und zwar ganz beständig. Trotz aller Rückschläge und trotz allem. Immer wieder" (III.2.N.6). Die Gewerkschafterinnen bescheinigen sich allerdings auch, daß sie durch all ihre Erfahrungen *"immer härter wurden"* (III.2.Q.5). Das bewahrte sie nicht davor, ein anderes Mal an der Ignoranz der Männer zu verzweifeln: *"Die sind zu den Frauenkonferenzen nur zur Eröffnung gekommen und dann sind sie weggegangen. Sie haben dich noch nicht mal angehört, bestimmt auch nicht nachgelesen, was wir gesagt haben"* (I.1.K.14).

Auf der anderen Seite war ihnen aber auch klar, daß ihr zweitrangiger Status und das Desinteresse der Männer Gründe dafür waren, daß sie in ihrer täglichen Arbeit soviel Freiheit hatten: *"Wir haben unsere Frauenpolitik gemacht, wie wir das für richtig hielten, und sind eigentlich nie gehindert worden in dem, was wir konzipiert haben"* (III.2.Q.3). Nur an den Durchsetzungschancen mangelte es dann häufiger. Der Widerspruch zwischen dem postulierten Gleichberechtigungsanspruch der gewerkschaftlichen Frauenpolitik und dem sich in der Ignoranz und der Herablassung der Männer niederschlagenden real existierenden Patriarchat mußte von ihnen in ihrer täglichen Praxis ausgehalten werden.

Betrachten wir das Verhältnis von Männern und Frauen in der Gewerkschaft unter dem Gesichtspunkt der "kulturellen Inszenierung des Geschlechterverhältnisses" (Heintz, Bettina/Honegger, Claudia 1981, S. 15), so unterlag diese Inszenierung von seiten der Frauen einem doppelten Irrtum. Sie reproduzierten Verhaltensweisen, die man als "kollektives Ausagieren eines 'Mythos' männlicher Vorherrschaft" (ebenda, S. 15) umschreiben kann, d.h. sie stellten grundsätzlich die Verherrschaft der Männer nicht infrage. Auf der anderen Seite verfügten sie aber weder strukturell noch faktisch über eigene Machtbereiche, von denen die Männer abhängig waren. In der Konsequenz konnten die Frauen daher nur als Bittstellerinnen auftreten und moralisierend an die Männer appellieren, doch bitte entsprechend der gemeinsamen Programmtik eine Stück vom 'Kuchen der Macht' an die Frauen abzutreten.

4.7 Persönliche Diskriminierungserfahrungen der Frauen in der Gewerkschaft

"Die ... Ablehnung der Frauenerwerbstätigkeit schlug sich neben der teilweise fehlenden Einsicht in die Notwendigkeit der Organisierung der Frauen auch in versteckter und offener Diskriminierung der Frauen innerhalb der Organisation nieder. Die Arbeit der Genossinnen wurde häufig nicht gewürdigt und auch vor offenen Kränkungen und Verächtlichmachungen wurde nicht zurückgeschreckt" (Leopold, Beate 1990, S. 269). Dieses Zitat bezieht sich zwar auf die Frauenarbeit der Gewerkschaften vor 1933, aber soweit entfernt wie 'frau' sich wünschen könnte, ist es von der Realität der Nachkriegszeit und der 50er Jahre leider nicht.

Beim Kramen in ihren Erinnerungen kamen die Kolleginnen nicht umhin, auch ihre unmittelbar persönlichen Erfahrungen mit der Diskriminierung als Frauen in der Gewerkschaft hervorzuholen. Die Diskriminierungen waren sehr vielfältig:

- Es kam z.B. mehrfach vor, daß die Frauensekretärin einer Gewerkschaft weniger verdiente als männliche Kollegen, die in einer vergleichbaren Funktion (z.B. Jugendsekretär) tätig waren (I.2.M.47/48 + III.3.G.21-22)[47].
- Männer versuchten, die Wahl einer ihnen unbequemen Kollegin zu verhindern, ob für den Hauptvorstand (III.2.M.26) oder als Betriebsratsvorsitzende (III.2.P.16-17).
- Kollegen ließen sich dazu herab, einer Kollegin den guten Rat zu geben: *"Jetzt mußt Du Dich aber anstrengen, daß Du in drei Jahren den geeigneten Mann findest, der dann die Verwaltungsstelle leitet"* (III.2.P.23), als die Kollegin als erste Frau zur Vorsitzenden der Verwaltungsstelle gewählt wird.
- Es kam vor, daß Kreisvorsitzende eine Veranstaltung absagen wollten oder auch tatsächlich abgesagt haben, weil sie eine Frau als Rednerin nicht akzeptierten (III.2.E. 36).
- Gewerkschaftssekretärinnen haben erlebt, daß Richter meinten, sie könnten den Arbeitsgerichtsprozeß nicht beginnen, weil sie es nicht gewohnt waren, daß eine Frau als Prozeßvertreterin auftrat (III.1.D.37).
- Frauen wurde immer wieder nicht zugetraut, daß sie eine Funktion ausfüllen und sich durchsetzen könnten (III.1.E.16).
- Frauen mußten erst kämpfen, um Gelder für Frauenbildungsarbeit in ihrer Gewerkschaft durchzusetzen (III.2.N.15).
- Frauen bekamen bei gleicher Qualifikation nicht die gleichen Chancen wie Männer, sondern wurden in Tätigkeiten, die unter ihrer Qualifikation lagen, eingesetzt (III.2.N.24).
- Frauen wurden von Männern immer wieder in ihre Schranken zurückgewiesen: "Er hat mir dann laut vor der ganzen Konferenz deutlich gemacht, wir Frauen hätten nur zu bitten" (III.2.M.31-32).
- Männer versuchten, Frauen gegeneinander auszuspielen (III.2.N.18), oder wollten Frauen benutzen, um die Wahl eines ihnen unliebsamen Mannes zu verhindern (III.2.F.37).

Alles in allem wurde den Frauen immer wieder von den Männern eine ungeheuere Frustrationstoleranz und ein immenses Durchsetzungsvermögen abverlangt: *"Also sie haben sich manchmal dran geärgert, daß sie an mir nicht kritisieren konnten. Und wenn ich nicht hören will, dann ziehe ich die Ohren auf Durchzug. Kommst du am besten mit zurecht. Das kann nicht jeder. Wer also für solche hauptamtlichen*

---

47 Auch eine solche Ungleichbehandlung der Frauen verfügte in der Arbeiterbewegung über eine gewisse Tradition. Ida Altmann z.B., erste Leiterin eines gewerkschaftlichen Arbeiterinnen-Sekretariats bei der Generalkommission der Gewerkschaften Deutschlands, erhielt 1908 ein niedrigeres Gehalt als männliche Sekretäre in vergleichbaren Positionen (Leopold, Beate 1990, S. 269).

Arbeiten, solche Gewerkschaft überhaupt, zu sensibel ist, soll die Finger davon lassen, der muß ein gewisses dickes Fell haben, auch eine gewisse Wurstigkeit, und sehr schnell entscheiden können. Wer also empfindlich ist, der geht kaputt" (III.1.C.27). In der Erinnerung der Frauen gehörte das aber nicht zu den Ausnahmen, sondern war die Regel, *"diese positiven Fälle, wo Frauen unbestritten an der Spitze waren und anerkannt waren, das waren die Ausnahmen"* (III.3.G.35).

4.8 Selbsteinschätzung der Erfahrungen durch die befragten Gewerkschafterinnen

In der Rückschau vertreten die befragten Gewerkschafterinnen durchaus eine ambivalente Selbsteinschätzung. Einesteils betrachten sie ihre eigene Haltung und ihre Erfolge durchaus sehr selbstkritisch, andererseits stellen sich ihre in den 50er Jahren eher mageren Erfolge aus heutiger Sicht als die Grundsteinlegungen späterer Frauenpolitik dar. Insofern verweisen sie nicht ohne Stolz auf ihr Lebenswerk und die Fortschritte gewerkschaftlicher Frauenpolitik, an denen sie sich einen nicht unwesentlichen Anteil zumessen.

Den befragten Gewerkschafterinnen ist heute klar, daß sie sich und die von ihnen vertretenen Frauen den Männernormen angepaßt haben: *"Was wollten wir aber damit erreichen? Damit wollten wir doch eigentlich erreichen, daß Frauen sich nahtlos der Männergewerkschaft und der Männergesellschaft und der Männerarbeitswelt anpassen"* (III.3.G.36). Sie schätzen ihr defensives Vorgehen und ihre aktive Selbstbeschränkung heute durchaus selbstkritisch ein: *"Wenn wir uns ehrlich gegenüber waren, mußten wir selbst sagen, wir haben viel versäumt... Denn wir erlebten ja ständig, daß wir nicht weiterkamen. Wir traten ja auf der Stelle"* (III.4.D.10+13). Gerade das Auf-der-Stelle-Treten und die Abhängigkeit von Zugeständnissen der Männer wird heute klarer gesehen als damals: *"Immer mal wieder ein kleines bißchen Zugeständnis, mal einen kleinen Schritt voran, aber natürlich nicht befriedigend, weder in der einen noch in der anderen Gewerkschaft"* (III.2.R.33).

Der Glaube an die nur vorübergehende Notwendigkeit gewerkschaftlicher Frauenarbeit wird von den älteren Gewerkschafterinnen heute als einer ihrer großen Fehler eingeschätzt. Die Selbstkritik einer der befragten Kolleginnen macht das sehr deutlich: *"Da haben wir uns alle schrecklich geirrt. Schrecklich geirrt, und keiner von uns kann auch nur in etwa voraussagen, wie lange wir benötigen, bis wir unser Ziel mal erreicht haben. Also eine Gleichberechtigung, wo man nicht mehr darüber redet, ob Mann oder Frau, sondern welcher Mensch macht das, wer ist dafür jetzt geeignet. Das auf allen Ebenen, auf allen Gebieten ... Nach dieser Erfahrung, nach diesem Zeitraum, habe ich viel zurückgesteckt. Und ich glaube, daß wir bis zu Beginn des nächsten Jahrhunderts vielleicht um Zentimeter weitergekommen sind"* (III.2.M.28). Die Hoffnung auf die Erledigung der Frauenprobleme durch ihre institutionelle Bearbeitung hatte sich als eine Illusion erwiesen. Den Kolleginnen wurde auch schon damals deutlich, daß dieses ist zwar eine notwendige, aber keine hinreichende Bedingung für die Lösung eines Problems ist.

Nur war es ihnen aus ihrer damaligen Situation heraus kaum möglich, die tatsächlichen Gründe für die Umsetzungsschwierigkeiten gewerkschaftlicher Frauenpolitik zu erkennen.

Doch auch mit einigem Stolz blickten die Kolleginnen auf ihr Lebenswerk. Bei aller Selbstkritik stellen sie gemeinsam fest, daß sich seit damals doch einiges geändert hat und daß sie selbst vielleicht daran nicht unbeteiligt waren: *"Wir sind ja doch ein großes Stück weitergekommen. Wir sind nicht am Ziel, aber ..."* (III.3.G.46). Deutlich wird aus der folgenden Aussage ebenso, daß es von ihnen kaum auszuhalten wäre, wenn sie nur auf negative Erfahrunge und auf Rückschläge zurückblicken müßten: *"Ja, es hat sich sehr viel geändert. Gott sei Dank. Ich denke oft nach und sage mir, wenn sich nichts geändert hätte, wäre ja unsere ganze Arbeit für umsonst gewesen"* (III.3.O.46).

Insgesamt vermittelten die älteren Kolleginnen in ihrer ganzen Haltung keine Resignation. Für sie war es nur in der konkreten Situation – gefangen in den Werten und Normen der Zeit – nicht immer möglich, ihre Erfahrungen analytisch einzuschätzen. Es wird kaum einer der befragten Frauen in den Sinn gekommen sein, das Verhalten der Männer in den Gewerkschaften als einen Ausdruck des in deren Köpfen vorhandenen Patriarchats zu bezeichnen[48].

48 Bemerkenswerterweise enthielt die Literaturliste am Schluß des Geschäftsberichtes der Abteilung Frauen für die Zeit von 1956-1958 als ersten Titel das Anfang der 50er Jahre erschienene Buch von Simone de Beauvoir "Das andere Geschlecht". In diesem Buch nimmt Beauvoir eine präzise Analyse der Situation der Frauen in den westlichen Gesellschaften und des dort herrschenden Patriarchats vor. Die Gedanken von Beauvoir erzeugten in der westdeutschen Gesellschaft allerdings erst dann Diskussionen, als sie Ende der 60er Jahre von der Neuen Frauenbewegung aufgegriffen wurden. In den Analysen und Strategien der Gewerkschafterinnen in den 50er Jahren finden sie noch keinen Niederschlag.

Liebe Kolleginnen!

Auch wir die Frauen aus unserem Kreisausschussgebiet sind dazu herzlich eingeladen.

Zum Aktionsprogramm des Deutschen Gewerkschaftsbundes, spricht die

Kollegin Kipp-Kaule, Mitglied des Bundestages aus Düsseldorf.

Danach beginnt ein bunter Nachmittag mit einem schönen und heiteren Programm mit dem Künstlerensemble "Bert Litsch" aus Freiburg.

Zwischendurch gibt es Kaffe und Kuchen, so dass für alles was wir Frauen lieben, gesorgt ist.

Beginn der Veranstaltung in Lörrach 14.3o Uhr.

- 2 -

DEUTSCHER GEWERKSCHAFTSBUND
KREISAUSSCHUSS LIPPE

Einladung zu einer Zusammenkunft

am ______________________ um ________ Uhr

im ______________________

Thema: ______________________

Wir erwarten Sie recht gern

Mit freundlichem Gruß

DGB-FRAUENKREIS
Die Vorsitzende

4.9 Zum Stellenwert der gewerkschaftlichen Frauenarbeit – Resümee

Wenn wir eine zusammenfassende Einschätzung des Stellenwertes der gewerkschaftlichen Frauenarbeit in der Nachkriegszeit machen wollen, so müssen wir noch einmal die zwei Voraussetzungen festhalten, unter denen gewerkschaftliche Frauenpolitik stattfand (vgl. Teile 4.1 und 4.2):

- Frauenprobleme waren "Nebenwidersprüche", ihre Erledigung wurde als ein Automatismus bei Lösung des "Hauptwiderspruchs", dem Gegensatz von Lohnarbeit und Kapitel, angesehen. Damit konnten Frauenfragen nie erste Priorität in der gewerkschaftlichen Politik haben und ihre endgültige Lösung war – dem sozialistischen Emanzipationsbegriff entsprechend – auf die Zukunft verschoben worden.
- Da aber das programmtische Ziel der gewerkschaftlichen Politik die Beseitigung des "Hauptwiderspruches" war und es immer die Hoffnung gab, dieses Ziel realisieren zu können, wurden Frauenprobleme als eine vorübergehende Angelegenheit betrachtet, für die der erste Schritt zur Beseitigung bereits durch die Institutionalisierung der gewerk schaftlichen Frauenarbeit geleistet worden war.

Das wies der Frauenarbeit einen zweitrangigen (und damit minderwertigen) und vorübergehenden Status zu, aus dem die Gewerkschafterinnen den Ausweg in einer

"Doppelstrategie" suchten. Sie betrieben "aktive Selbstbeschränkung", indem sie sich den von den Männern gegebenen Strukturen unterordneten. Dieses Verhalten war gleichzeitig verbunden mit dem moralisierenden Appell an die Männer, die Berücksichtigung der "besonderen Belange der Frauen" nicht zu vergessen.

Der minderwertige Status wurde aber nicht nur der Frauenarbeit zuteil, die Frauen selber wurden als Defizitwesen dargestellt. Um diesen Status zu überwinden, brauchten die Frauen doppelte Anstrengungen. Sie erbrachten immer wieder neue Beweise, daß sie "gute Gewerkschafterinnen" waren und wunderten sich, daß die Männer diese nicht honorierten. Da die Frauen diese defizitäre Sicht ihres Geschlechtes selbst übernahmen, meinten sie, ihre Existenz und ihre Arbeit immer wieder legitimieren zu müssen.

Den Männern gegenüber griffen sie zu den Mitteln der Taktik bis hin zur (scheinbaren) Unterwerfung, den weiblichen Mitgliedern gegenüber appellierten sie an Einsatz- und Organisationsbereitschaft. Nur selten gelang es ihnen – durch die Solidarität der Kolleginnen gestärkt – tatsächlich etwas durchzusetzen. Eher nutzen sie ihren minderwertigen Status dazu, ihn als "alltägliche Freiheit" umzudefinieren.

In der Rückschau vermitteln die Erfahrungen der Frauen den Eindruck eines Hindernisrennens. Immer wieder vollbrachten sie Anpassungsleistungen, überwanden neue Hürden, um dann erneut davor zu stehen, daß es immer noch nicht genug war, immer noch nicht genügend Frauen Mitglieder waren, um ihren Forderungen die nötige Stärke zu verleihen. Dabei merkten die Frauen oftmals nicht, wie sehr sie sich mit ihren Anpassungen von ihrem eigentlichen Ziel entfernten. Die "Zähmung der Gewerkschafterinnen" hat im Grunde genommen bereits bei der Anerkennung der politisch-ideologischen Voraussetzungen der gewerkschaftlichen Frauenarbeit begonnen.

5. Frauen in der Männergewerkschaft – Bilanz der Erfahrungen

Bei der Bilanz der Erfahrungen will ich auch meine ganz persönlichen Erfahrungen mit diesem Projekt nicht verschweigen. Dieses Projekt hatte – stärker noch als viele andere Projekte, die ich bisher durchgeführt habe – auch eine ganz persönliche Komponente. Mehr als in anderen Projekten war ich beteiligt am Geschehen – als Frau, als Gewerkschafterin, als Wissenschaftlerin. Mehr als bei anderen Projekten habe ich von den Frauen gelernt, mit denen ich gearbeitet habe und habe aufgrund ihrer Erfahrungen auch meine Geschichte und Erfahrungen (vor allem in der Gewerkschaft) kritisch geprüft.

Ich gehöre noch zu der Generation von Frauen, die beim Beginn ihres Weges in das Berufsleben und in die Politik nur wenig weibliche Vorbilder hatte. Umso mehr war die Zusammenarbeit mit den älteren Gewerkschafterinnen für mich ein Erlebnis. Erfuhr ich dabei doch etwas davon, wie sie ihren Weg gemacht hatten, mit welchen Problemen und Widerständen sie fertig werden mußten und wie sie immer wieder Balanceakte vollführen mußten, um sich bei den immensen Anforderungen, die sie selber sich und andere an sie stellten, nicht aus dem Auge zu verlieren. Insbesondere in der Auseinandersetzung mit den schwierigen Bedingungen, denen sich die Gewerkschafterinnen gegenüber sahen, habe ich große Hochachtung vor ihnen bekommen. Gerade in den 50er Jahren hatten sie nur wenige Mitstreiterinnen. Es gab kaum emanzipatives Potential im Denken der Menschen. Die Gewerkschafterinnen konnten nur wenige Erfolge für die Frauen vorweisen und dennoch haben sie haben trotz aller Widerstände versucht, das große gemeinsame Ziel einer tatsächlichen Gleichberechtigung für die Frauen nicht aus dem Auge zu verlieren.

Ich habe große Achtung vor der Kraft dieser Frauen bekommen. Einer Kraft, die viele von ihnen, obwohl sie z.T. bereits über 80 Jahre alt sind, heute noch ausstrahlen. Ich habe Achtung vor ihrem Durchhaltevermögen und den körperlichen und psychischen Anstrengungen bekommen, die sie auf sich genommen haben[49]. Sie befanden sich – wie viele andere in der damaligen Zeit – in der typischen Situation mehrfachbelasteter Frauen der Kriegsgeneration. Zu ihrer anstrengenden Arbeit hinzu kam die Sorge um das Wohlergehen ihrer Familien. Viele von ihnen waren Alleinerziehende, andere hatten kranke Männer zu versorgen. Nur selten schimmern die Belastungen durch, die sie damals durchgestanden haben. Mit der Begegnung mit diesen Frauen habe ich – wenn auch erst im mittleren Lebensalter – Vorbilder gefunden. Und vielleicht haben wir mit dieser Veröffentlichung eine Chance, jüngeren Frauen Vorbilder nahezubringen.

Die Arbeit an diesem Projekt hatte aber auch etwas Erschreckendes. Bei der Erkenntnis, daß mehr als 30 Jahre zwischen den ersten Diskussionen um Quotierung und einer tatsächlichen politischen Umsetzung dieser Forderung lag, kann 'frau' ganz schön den Mut verlieren. Auch ich habe in den letzten 20 Jahren gelernt, daß viel Geduld nötig ist, um unsere frauenpolitischen Vorstellungen in die Tat umzusetzen. Aber soviel Geduld? Zeitweilig war ich mir nicht so sicher, ob ich den langen Atem haben würde, der dazu nötig sein wird. Inzwischen gibt mir in vielen Situationen der Gedanke an die Erfahrungen der älteren Gewerkschafterinnen und daran, wieviel in den Jahren seit dem Kriegsende doch für die Frauen erreicht werden konnte, immer wieder Mut, gemeinsam mit anderen Frauen nicht nachzulassen in unserem Kampf für mehr Frauenrechte in dieser Gesellschaft.

Manchmal ist mir das Weiterschreiben recht schwer gefallen. Zeitweilig hatte ich den Eindruck, daß sich die Verkehrsformen zwischen den Geschlechtern leider noch viel zu wenig verändert haben. Wie oft hatte ich selber erlebt, daß ein Diskussionsbeitrag von mir von den anwesenden Männern ignoriert wurde. Wie oft begegnen mir und anderen Frauen im Beruf oder in der Gewerkschaft Gönnerhaftigkeit und Herablassung. Wie oft werden Frauenprobleme als zweitrangig und nebensächlich behandelt oder zweifelt 'man' unsere Sicht der Dinge an. Wie oft

49 Wir haben bei unserer Untersuchung natürlich nur diejenigen Frauen kennengelernt, die sich nicht haben unterkriegen lassen. Die Geschichte derer, die sich nicht haben brechen lassen wollen und doch gebrochen wurden, muß noch geschrieben werden.

werden wir überstimmt, weil wir immer noch nicht die Mehrheit haben. Wie oft zieht 'man' unser Anliegen ins Lächerliche, um sich damit nicht auseinandersetzen zu müssen. Hatte ich nicht alles dieses bei mir und anderen Frauen schon viel zu oft erlebt? Erst eine erneute Begegnung mit den älteren Gewerkschafterinnen, aber auch die ermutigende berufliche wie politische Zusammenarbeit mit anderen Frauen, gab mir die Kraft zu einem erneuten "trotzdem" und zur Weiterarbeit in der Männerorganisation Gewerkschaft.

Vieles hat sich – glücklicherweise – seit damals geändert. Die Neue Frauenbewegung seit Ende der 60er Jahre hat in der westdeutschen Gesellschaft dazu geführt, daß in der Öffentlichkeit und in der Politik die "Frauenfragen" einen anderen Stellenwert haben. Gestärkt durch diesen frauenpolitischen Aufwind vertreten die Gewerkschafterinnen nach außen und nach innen frauenpolitische Ansprüche mit einem ganz anderen Selbstbewußtsein. Dennoch müssen wir feststellen, daß die Strukturen patriarchalen Denkens noch in vielen Köpfen weiterleben.

Der in den 50er Jahren immer wieder geäußerte Appell an den Organisierungswillen der erwerbstätigen Frauen ist seit Mitte der 70er Jahre kaum noch nötig. In den letzten 20 Jahren streben die Frauen vermehrt in die Gewerkschaften. Der Frauenanteil unter den Mitgliedern ist von 16,4 % im Jahre 1950 auf 24,4 % 1990 angestiegen (vgl. Tab. 3 in Teil 2.2). Daran kann es nun nicht mehr liegen, wenn Frauenprobleme in der gewerkschaftlichen Praxis häufig genug immer noch ignoriert werden. Die Beteiligung der Frauen an Ämtern und Mandaten hat sich erheblich verbessert, wenn sie – vor allem in höheren Positionen und Funktionen – auch noch nicht ausreichend ist.

Die Strategien der Gewerkschaftsfrauen haben sich geändert und auch der Stellenwert gewerkschaftlicher Frauenpolitik ist ein anderer geworden. Gewerkschaftsvorsitzende bezeichnen Frauenfragen nicht mehr als "Sonderprobleme", sondern als "Zukunftsfragen"[50]. Dennoch ist immer wieder nötig, daß die Frauen in der täglichen gewerkschaftlichen Praxis der Einlösung der frauenpolitischen Programmatik einklagen und sich aktiv an einer veränderten Frauenpolitik beteiligen.

---

50 So Franz Steinkühler in seinem Referat auf der 13. IG Metall-Frauenkonferenz; zitiert nach 'frauen und arbeit' 5-6/88, S. 23.

Frauenleben und Frauenideale in der Frauenpolitik des DGB der fünziger Jahre

Oder: Wie beeinflußt das Selbstbild als Frau die gewerkschaftliche Frauenarbeit?

Sigrid Ingeborg Bachler

0. Zur Fragestellung dieses Teils der Untersuchung

Simone de Beauvoir hat die Frauen als das "andere Geschlecht" bezeichnet. Sie zielte damit auf einen spezifischen Aspekt im Geschlechterverhältnis ab: Männer besitzen im Patriarchat die Definitionsmacht über Frauen. Frauen wird ihr Part im Verhältnis zwischen den Geschlechtern von Männern zugewiesen. Doch Frauen sind nicht nur passive Opfer, sie sind gleichzeitig auch gestaltende "Teilnehmerinnen" am patriarchalen Geschehen zwischen den Geschlechtern. Christina Thürmer-Rohr (1988) hat nachdrücklich auf diesen Umstand hingewiesen.[1] Insofern erleiden Frauen ihre Geschichte nicht nur, sondern bestimmen sie selbst mit.

Die gewerkschaftliche Frauenarbeit – als Ausdruck der spezifischen Situation der Frauen mit der Absicht Veränderungen einzuleiten – ist in dieses Wechselverhältnis in besonderer Weise eingebunden. Denn politische Arbeit will die Welt gestalten. Doch ist die Frauenarbeit damit frei von den Bedingtheiten der äußeren Lebensrealität?

Um dieses Verhältnis zwischen äußerer und innerer Realität in der Frauenarbeit und dessen Auswirkungen auf die Frauenpolitik geht es in diesem Teil der Untersuchung. Denn: Welche Vorstellungen in bezug auf das Leben der Frauen bewegten die Frauenarbeit? Welche Utopien verfolgte die Frauenarbeit? Wurden ihr die Themen und Vorgehensweisen von der äußeren Realität aufgenötigt? Oder waren sie von eigenen Konzepten geprägt, und wenn ja, von welchen? Und damit auch: Welche Vorstellungen hatten die Kolleginnen von sich selbst als Frauen, und in welcher Weise fanden diese Bilder einen Niederschlag in der Frauenpolitik?

1. Frauenleben und Frauenideale

1.1 Unmittelbare Nachkriegszeit

Vom Bestehen eines Frauenideals im eigentlichen Sinn konnte in der unmittelbaren Nachkriegszeit nicht die Rede sein. Die Frauen leisteten bis zur völligen Erschöpfung all jene Arbeiten, die getan werden mußten, um zu überleben. Der Kampf gegen die unmittelbare Not füllte erzwungenermaßen das gesamte Leben aus. Doch jener Lebenszusammenhang der Frauen in der Kriegs- und unmittelbaren Nachkriegszeit machte es möglich, daß sich – eben weil die meisten Frauen nicht mehr so leben wollten – dann in den 50er Jahren die restaurativen Vorstellungen über ideale Weiblichkeit so nachhaltig durchsetzen konnten. Einige kurze Schlaglichter

1 Die Begrifflichkeit "Teilnehmerinnen" verwende ich jedoch bewußt in Abgrenzung zu Christina Thürmer-Rohrs "Mittäterinnen", da diese, anders als der Gleichheit suggerierende Terminus "Mittäterinnen", die Verantwortlichkeit für die Realitäten des Geschlechterverhältnisses mehr zu Lasten der Männer verteilt.

auf das Leben der Frauen in der Nachkriegszeit sollen deshalb diesen Hintergrund erhellen.

1.1.1 Überleben

Deutschland war nach dem Ende des Zweiten Weltkrieges ein "Land der Frauen" (Vogelheim, Elisabeth 1985, S. 60). Bei Kriegsende lebten in Deutschland 7,3 Millionen mehr Frauen als Männer. Ungefähr vier Millionen deutsche Soldaten waren gefallen. 1946 kamen in den drei Westzonen in der Altersgruppe zwischen 20 und 30 Jahren auf 100 Männer 167 Frauen, bei den 30 bis 40jährigen 151 Frauen (Frevert, Ute 1986, S.252). Bei der Aufgabe, sich und ihre Kinder durchzubringen, waren die meisten Frauen auf sich allein gestellt.

Die Versorgungslage der Menschen nach Kriegsende war katastrophal. In Köln hatte 1946 nur jedes vierte Kind ein altersgemäßes Durchschnittsgewicht. Die zugeteilten Lebensmittelrationen erreichten in der britischen Zone 1946 durchschnittlich einen Wert von 1146 Kalorien pro Tag. In der französischen Zone lag der Kaloriengehalt der Lebensmittelrationen sogar noch etwas darunter, in der amerikanischen war er etwas höher. Für "Hausfrauen" wurden aufgrund der angeblich "leichten" Tätigkeit geringere Werte berechnet (Frevert, Ute 1986, S.246f.).

Das Brutto-Anlagevermögen der deutschen Industrie bezogen auf 1936 war zwar bis zum Mai 1945 trotz der Kriegszerstörungen real sogar um 20% gewachsen, doch besaß die Produktion von Grund- und Investitionsgütern Vorrang vor der Konsumgüterproduktion (Frevert, Ute 1986, S. 248f.). Dazu kam, daß das Transportsystem sieben Mal mehr Zerstörungen aufwies als die Industrie (Abelshauser, Werner 1983, S. 20f.). Diese Zerstörung des Verkehrssystems behinderte einen wirtschaftlichen Aufschwung und erschwerte die Versorgung der Bevölkerung mit Nahrungsmitteln und Brennstoffen (Wee, Hermann van der 1984, S.16).

Es waren die Frauen, die in der Nachkriegszeit das Überleben organisierten. Mit einem "Höchstmaß an individueller Selbstausbeutung" (Frevert, Ute 1986, S. 248) versuchten sie die Versorgungslücken zu schließen. Eine Kollegin beispielsweise erinnert sich: *"Der Krieg war zu Ende, alles war kaputt ... Zum Teil hatten sie (die Frauen) Kinder. Sie mußten sehen, daß sie am Leben blieben und ihre Kinder. Es wurde gehamstert, es wurde getauscht. Wer in Städten wohnte, sah zu, daß er irgendwo auf dem Lande einen Bauern fand, wo er Nahrungsmittel tauschen konnte. Das war eigentlich die Tätigkeit"* (II.3.D.1).

Im Zentrum aller Arbeiten stand die Beschaffung der Lebensmittel, um nicht zu verhungern. Den breiten Raum, den diese Aufgabe einnahm, illustriert die Erinnerung einer Kollegin: *"Als ich bei Bau-Steine-Erden 1946 anfing, da kriegten wir einen Tag, um hamstern zu gehen. Das war (Bestandteil) bei der Abmachung des Arbeitsvertrages"* (II.2.N.9).

1.1.2 Gewerkschaftsarbeit

Das Überleben zu sichern als wichtigstes Ziel – das galt für das Leben der einzelnen ebenso wie – als erweiterter Aufgabenbereich in der Nachkriegszeit – für die Arbeit der wieder neu erstehenden Gewerkschaften. Eine Kollegin beschreibt diese Tatsache folgendermaßen: *"Da hatten wir nichts mit der Ideologie, da hatten wir es mit dem Überleben ..."* (II.2.H.2).

Gewerkschaftsarbeit von Frauen war in der unmittelbaren Nachkriegszeit ein gemeinsames Ringen ums Durchkommen, wie es eine Kollegin formuliert: *"Die Grundidee war absolut die, wir mußten erst mal zusammenhalten, daß wir überleben konnten"* (II.2.Q.4.). Aus den Trümmern wurden alte Kleidungsstücke und Lumpen gesammelt und zu neuer Kleidung und Spielzeug umgearbeitet. Über Betriebsräte wurden Waren organisiert und verteilt. Eine Kollegin macht deutlich, wie diese praktische Gewerkschaftsarbeit konkret vor sich ging: *"Und wir sind mit Handkarren und solchen Dingen (losgezogen) ... (Haben) also praktische Gewerkschaftsarbeit (geleistet). Der Boden war die gewerkschaftliche Organisation. Und da haben wir Praxis geübt. Wir haben zum Beispiel einen Teil alter Kolleginnen und Kollegen von vor 1933, die ganz viele Jahre hier unter schwierigsten Bedingungen gelebt haben, (in) Konzentrationslager(n), die (nunmehr) notdürftig untergebracht waren, für die haben wir gefochten. Und wir haben denen zu Weihnachten, wenn du willst, ein Freßpaket gebracht, weil wir alle nichts zu essen hatten"* (II.2.H.2f.).

10 Millionen Wohnungen waren in Deutschland zerstört oder schwer beschädigt, das waren 40 % des gesamten Häuserbestandes (Wee, Hermann van der 1984, S.16) Dessen Wiederaufbau nahmen ebenfalls die Frauen – als "Trümmerfrauen" – in Angriff. Aus den zerstörten Häusern suchten sie die noch brauchbaren Teile heraus und vervollständigten sie miteinander: *"Es ging uns darum, daß wir ein Dach über dem Kopf hatten. Wir haben also eine Gruppe – unseren DGB-Frauenausschuß – organisiert, die aus den ganzen Trümmern versuchte, die halben Trümmer wieder aufzubauen"* (II.2.H.1D).

Später wurden durch die Gewerkschaften auch Wohnungen zugeteilt: *"Wenn da so große Blocks erstellt wurden, da haben wir immer darauf gedrungen, daß wir auch Einzimmerappartments – würde man heute sagen – kriegten für die alleinstehenden Frauen auch, die ohne Kinder sind ... Man sagte, die Gewerkschaft kriegt soundsoviele ... Da kriegten wir gesagt von unserem Geschäftsführer: Du, die Neue Heimat baut hier, wir können über elf Einzimmerwohnungen verfügen. Fragt mal die Kolleginnen in der Frauengruppe, fragt nach, wer eine haben will ... Das war also auch eine unserer Aufgaben ... Da wurde auch nicht beschlossen, das wird so gemacht, sondern da wurde gesagt, wir haben – nun seht mal zu ..."* (II.3.C.5f).

Das Leben der Frauen in der ersten Nachkriegszeit bestand also darin, das unmittelbare Durchkommen zu sichern, das galt auch für die gewerkschaftliche Arbeit. Diese war, wie es eine Kollegin bezeichnet, *"Lebenshilfe"* (II.3.C.41.) für die Menschen. Doch die Frauen leisteten auch "Lebenshilfe" für die Gewerkschaften selbst. Sie waren es, die die ersten Arbeitsmaterialien, Tische, Stühle, Papier,

Betr.: Wohnungen für alleinstehende berufstätige Frauen.

Die Bundes-Frauenkonferenz bittet den DGB-Bundesvorstand, bei den zuständigen Behörden auf kommunaler, Länder- und Bundesebene die Bereitstellung von Mitteln für den Bau von Kleinwohnungen, insbesondere für alleinstehende Frauen, zu erwirken.

Die berufstätigen alleinstehenden Frauen leiden stark unter dem sogenannten Untermieterdasein, insbesondere werden davon die älteren Kolleginnen betroffen. Aus diesem Grunde soll bei den Regierungen der Länder und der Bundesregierung die Bereitstellung von Mitteln für den Bau von Kleinwohnungen für alleinstehende Frauen erwirkt werden, da der Mietpreis nur mit öffentlichen Mitteln erträglich zu gestalten ist. Darüber hinaus soll eine intensive Mitarbeit der Kollegenschaft auf örtlicher Ebene in Bauausschüssen der Kommune oder Genossenschaften sicherstellen, daß dieser Forderung Rechnung getragen wird.

Antrag angenommen

56

Betr.: Sozialer Wohnungsbau für alleinstehende Frauen mit Kindern.

Bei der Durchführung des sozialen Wohnungsbau-Programms ist durch die Hauptabteilung VIII darauf Einfluß zu nehmen, daß für Ledige sowie alleinstehende Frauen mit Kindern, soweit sie berufstätig sind, mehr Wohnraum geschaffen wird. Zugleich ist darauf Wert zu legen, daß Kinderkrippen oder -gärten in die neu zu erstellenden Wohnsiedlungen eingeplant oder in nächster Nähe geschaffen werden.

Begründung:

Zu den täglichen Belastungen der berufstätigen Frau und Mutter kommt die Sorge um ihre Kinder hinzu. Sie kann ihnen die gesunde Basis der Familiengeborgenheit, wie wir sie in unserer Jugend erlebten, nicht geben. Die kurze Freizeit, die oft mit Hausarbeit bis tief in die Nacht ausgefüllt ist, kann diese Lücke nicht schließen. — Aber nicht nur die Kinder werden vernachlässigt, sondern die täglich lastende Sorge und die Ungewißheit um ihre Kinder während ihrer beruflichen Abwesenheit stellen einen ernst zu nehmenden Faktor dar, der eines Tages die Schaffenskraft der Mutter untergraben kann, wenn hier nicht rasche Abhilfe eintrifft.

Antrag angenommen

1. DGB Bundesfrauenkonferenz 1951, Protokoll S. 263 f.

Schreibmaschinen und alte Abzugsapparate – wie sich eine Kollegin erinnert – aus den Trümmern "organisierten" und die innergewerkschaftliche Infrastruktur in den ersten Ansätzen wieder herstellten.

Selbstverständlich wurden all die schweren Belastungen den Frauen zugemutet und von ihnen auch gemeistert, wie die Kolleginnen immer wieder betonten: *"Da mußte man sehen ... Man mußte nicht nur sehen, man wurde mit der Nase (darauf gestoßen), man ging ja daran vorbei bei der Arbeit, und da mußte man zupacken ..."* (II.3.B.27).

1.2 50er Jahre

1.2.1 Frauenleben und Frauenideal in der Gesellschaft

- FRAUENARBEITSPLÄTZE

Doch die Verhältnisse nach Kriegsende änderten sich rasch. Zwar nahm auch die Erwerbstätigkeit von Frauen nach dem Kriegsende zu, doch Kriegsheimkehrer wurden bevorzugt eingestellt. Für Frauen bedeutete das: Sie fanden deshalb vielfach keinen Arbeitsplatz, verloren ihn oder wurden in schlechter bezahlte Tätigkeiten abgedrängt. Es fand eine Verschiebung auf dem Arbeitsmarkt nach dem Geschlecht statt: *"Im ersten Rausch der Demokratie haben die Frauen so manches durchsetzen können. Wo sie angenommen wurden, wo man sie noch gebraucht hat, auch in den Betrieben. Das hat sich ja nachher verändert, wie die Männer aus der Gefangenschaft zurückkamen und praktisch die Frauen verdrängt haben, oder zumindest versuchten sie zu verdrängen"* (II.1.F.2.).

- WEIBLICHKEITSANFORDERUNGEN

Auch wenn die realen Lebensverhältnisse der Menschen noch auf Jahre hinaus außerordentlich bescheiden blieben, wurden an die Frauen nunmehr zunehmend veränderte Wünsche und Anforderungen gerichtet: Das ursprünglich bürgerliche Bild der Hausfrau und Mutter wurde zum zentralen gesellschaftlichen Frauenideal jener Zeit. Dabei wurden Wärme, Emotionalität, Fürsorglichkeit, Einfühlsamkeit, Geduld oder Mütterlichkeit als Eigenschaften "der Frau" idealisiert. Auch an die Erfüllung der Haushaltspflichten, wodurch Gemütlichkeit und Geborgenheit geschaffen werden sollte, wurden nunmehr höhere Anforderungen gestellt, wie beispielsweise an eine – nach all den Jahren des Lebens in Trümmern und ohne Möbel – modische Ausgestaltung der Wohnung oder die Qualität der zubereiteten Speisen.

Dazu kamen bereits in den 50er Jahren neue Ansprüche an weibliche Schönheit, Eleganz und "Chic". Die "modebewußte Frau in der Cocktailschürze" (Grum, Ulla 1985, S. 142) wurde das Frauenideal der 50er Jahre. Schön zu sein wurde ein Teil des Frauenbildes: "Mit steigendem Wohlstand nahm für sie (die Frauen) der Stellenwert von Mode, Kosmetik und Hygiene einen immer größeren Platz ein. Sie begriffen Schönheitspflege mehr und mehr als eine nahezu gleichwertige Aufgabe neben ihrer Erwerbsarbeit oder ihren Haushaltspflichten und der Arbeit in der Familie" (Delille, Angela/Grohn, Andrea 1985, S. 160). Auch wenn weiterhin Welten zwischen den Idealen der Zeitschriften und dem Alltagsleben der Mehrzahl der Frauen lagen, wurden in den 50er Jahren erstmals schichtübergreifend Mode und Kosmetik zu Massenphänomenen.

Mit der zunehmenden "Normalisierung" der Verhältnisse setzte sich – erst als Ideal und nachfolgend auch in der Realität – erneut eine geschlechtsspezifische Arbeitsteilung und eine damit verbundene Trennung der Lebenswelten von Männern und Frauen in der Gesellschaft weitgehend durch. Die erschöpfende Behandlung der Fragen: "Wie kommt frau an den richtigen Ehemann?" und: "Wie hält sie ihn?" innerhalb der zeitgenössischen Frauenzeitschriften belegen (Grum, Ulla 1985, S. 140) dabei, wie völlig einseitig Frauen – entgegen den Überhöhungen der Bedeutung von Frauen in den Idealbildern – in der Realität von Beziehungen mit Männern abhängig waren.

- FAMILIENRECHT

Die Ursache hierfür lag jedoch nicht allein in den gesellschaftlichen Normen jener Zeit. Das Idealbild der Hausfrau und Mutter fand sich auch in den familienrechtlichen Regelungen. Mit ihnen war zugleich eine objektive Rahmenbedingung für das Leben der Frauen gegeben. Zwar war 1949 vor allem auf Betreiben der Sozialdemokratin Elisabeth Selbert der Gleichberechtigungs-Grundsatz in Artikel 3.2 des Grundgesetzes verankert worden. Doch im Familienrecht galten immer noch die Bestimmungen des 19. Jahrhunderts, da dem Gesetzgeber eine Übergangsfrist eingeräumt worden war, um die alten Gesetze zu überarbeiten. Diese Frist sollte ursprünglich bis 1953 gelten und wurde deutlich – bis 1957 – überzogen. Das Leitbild des alten Familienrechts war die Hausfrauenehe. Der Mann war das uneingeschränkte Haupt der Familie. Der Ehefrau war es danach beispielsweise nicht erlaubt, eigenständig Verträge zu schließen. Sie konnte ohne die Einwilligung des Ehemannes keiner Erwerbstätigkeit nachgehen. Ihm hingegen war es möglich, mit der Einwilligung des Vormundschaftsgerichtes, jedoch ohne das Einverständnis seiner Frau, ihr Arbeitsverhältnis zu kündigen. Auch über ihr Einkommen konnte der Ehemann verfügen. Ebenso waren die Entscheidungen, die gemeinsame Kinder betrafen, letztlich Sache des Vaters.

Das "Gesetz über die Gleichberechtigung von Mann und Frau auf dem Gebiete des bürgerlichen Rechts" von 1957 tastete jedoch die Vorstellung von der geschlechtsspezifischen Rollenverteilung in der Ehe nicht an. Danach durften die Frauen weiterhin nur berufstätig sein, wenn sie das mit ihren Familienpflichten vereinbaren konnten (§ 1356 BGB a.F.[2]). Ihre Verpflichtung, zum Familienunterhalt beizutragen, erfüllten die Frauen nach § 1360 BGB a.F. durch ihre Tätigkeit im

2 BGB a.F. = Bürgerliches Gesetzbuch, alte Fassung.

Haushalt. Und auch das Namensrecht blieb unberührt als Ausdruck eines patriarchalen Familienverständnisses: Der Name des Mannes blieb Familienname. Durch Erklärung konnten die Frauen für sich selbst lediglich ihren Mädchennamen an den Familiennamen des Ehemannes anfügen. Dennoch brachte das Gleichberechtigungsgesetz aber auch einige erste Veränderungen zugunsten der Frauen. Im ehelichen Güterrecht wurde die Zugewinngemeinschaft eingeführt, d.h. während der Ehe erworbenes Einkommen oder Vermögen gehörte von nun an beiden Ehepartnern gleichermaßen. Auch das Erbteil des überlebenden Ehegatten, d.h. richtiger: in der Regel der Ehefrau, wurde um ein Viertel erhöht (nunmehr auf die Hälfte bei einer Ehe mit Kindern, auf drei Viertel in kinderlosen Ehen). Vor allem auch fiel der sogenannte "Stichentscheid" (§ 1354 BGB), der dem Ehemann bei Meinungsverschiedenheiten zwischen den Ehepartnern in allen Angelegenheiten des gemeinschaftlichen Lebens das letzte Entscheidungsrecht zugebilligt hatte. Nicht durchsetzen lassen hatte sich hingegen die Abschaffung des väterlichen Letztentscheidungsrechtes über die Kinder und sein Alleinvertretungsanspruch für sie (§ 1628 BGB).

Der § 1628 BGB wurde erst 1959 durch Urteil des Bundesverfassungsgerichtes als nicht verfassungsgemäß erklärt. Ebenso wurden bei der Reform des Rechts des nichtehelichen Kindes die mütterlichen Rechte erst 1969 durch Urteil des Bundesverfassungsgerichtes durchgesetzt. Doch erst mit der Reform des Namensrechtes 1976[3] und der Reform des Ehe- und Familienrechts 1977 wurde das tradierte Eheleitbild der Hausfrauenehe weitgehend aufgegeben. Erst danach sind nunmehr beide Ehepartner gleichermaßen berechtigt, erwerbstätig zu sein. Auch die "Schlüsselgewalt" bei der Führung des Haushaltes ist erst seitdem gleich verteilt. Zerrüttungsprinzip und Versorgungsausgleich im Scheidungsrecht stammen ebenfalls von 1977.[4]

Zwar wollte sich in den 50er Jahren eine Reihe von Frauen mit der wieder neu zugedachten alten Rolle nicht abfinden: "Die Frauen haben alle ein hartes Training im Alleinsein und Alleinhandeln hinter sich. Sie haben mit ihren Kindern die Bombennächte, die Evakuierung, den Verlust von Heimat oder Besitz (oder von beidem) durchleben müssen. Sie haben sich oft unter schwierigsten Umständen eine neue Existenz aufgebaut. Sie haben die männliche Rolle des Beschützers und Ernährers vereint mit der weiblichen Rolle der Erzieherin und Betreuerin der Kinder. Sie haben also buchstäblich für zwei gearbeitet – nein für vier oder sechs –, denn sie hatten es zweimal, dreimal so schwer, wie es in normalen Zeiten ein Ehepaar mit Kindern hatte ... kaum eine (der Frauen wollte) wieder heiraten. Die Geschiedenen haben zu schlechte Erfahrungen gemacht, die unehelichen Mütter

---

3 Patriarchale Überreste blieben bestehen: So die Regelung, daß, falls sich die Ehepartner nicht über den gemeinsamen Familiennamen einigen können, der Name des Mannes Familienname wird. Mit dem Urteil des Bundesverfassungsgerichts vom Frühjahr 1991 ist diese Regelung außer Kraft gesetzt und muß vom Gesetzgeber neu geregelt werden.

4 Andere Rechtsbereiche blieben bis heute an der Hausfrauenehe orientiert, so beispielsweise das Steuerrecht, das das Ehegattensplitting kennt. Dazu ausführlicher: Gerhard, Ute u.a., 1988.

und die, die ihre Männer im Krieg verloren haben, sind zu einem Teil so selbständig, so stolz (und auch so hart) geworden, daß sie nicht mehr glauben, sich einem Mann in irgendeiner Weise fügen zu können ... Nicht wenige gibt es unter ihnen, die sogar das Leben der berufstätigen Frau dem Leben der Ehefrau bei weitem vorziehen, nicht wenige, die ... über den Mann zur Tagesordnung übergehen, wenn sie erst das Kind haben, einen Sinn ihres Lebens also, der sie aus der Einsamkeit erlöst hat" (Hollander, Walter von 1948, S. 6).

Diese Beschreibung deckt sich auch mit den Erinnerungen einer Kollegin: *"Es sind doch soundsoviele, die einfach während des Krieges selbständig sein mußten, die manchmal gedacht haben, es ist niemand da, der mir jetzt hilft, der mir eine Entscheidung abnimmt, alles muß ich selber entscheiden. Das wollten sich viele nach dem Krieg nicht (mehr) nehmen lassen, weil sie dachten, die ganzen Jahre über habe ich das in der Hand gehabt und jetzt ist der wieder da und jetzt soll ich wieder genauso wie früher Heimchen am Herd spielen"* (II.1.F.10).

An der Tatsache, daß viele Frauen weiterhin allein oder als alleinerziehende Mutter lebten, änderte sich auch in den späten 50er Jahren nichts. Doch diese soziale Wirklichkeit wurde von dem neu erstarkenden Familienideal nicht aufgenommen – im Gegenteil. Denn mit der zunehmenden Durchsetzung des Ideals der bürgerlichen Kleinfamilie und der Rolle der Frau als "Hausmutter" in der Gesellschaft verband sich zugleich, daß alleinstehende Frauen mit und ohne Kinder, die Anfang der 50er Jahre noch als Alltäglichkeit wahrgenommen worden waren, fortschreitend sozial ausgegrenzt wurden. Auch daran erinnern sich die Kolleginnen: *"Ich mußte also fürs Kind auch arbeiten und für mich. Aber das habe ich als Schmach empfunden. Das sage ich ganz frei und offen hier, daß ich arbeiten mußte, um der nackten Existenz willen, daß diese Ehe schiefgegangen war, ... das habe ich als schwere Schmach empfunden und nicht als Befreiung und nicht als Selbstverwirklichung"* (II.1.G.1).

Diese Restauration der alten patriarchalen Frauenideale und Familienstrukturen mit ihren Privilegien für die Männer gelang auch um so leichter, als viele Frauen für sich ein Ende der erzwungenen Arbeitsbelastung des Krieges und der umittelbaren Nachkriegszeit herbeiwünschten. Dies machen die Berichte der Kolleginnen immer wieder deutlich. Für viele Frauen war Erwerbstätigkeit mit dem Zwang des nationalsozialistischen Regimes während des Krieges verbunden: *"Viele kamen eigentlich durch die Dienstverpflichtung in den Beruf ... Der Krieg war zu Ende, die Währungsreform war (da), die Frauen waren doch zum größten Teil dienstverpflichtet und haben ja nicht freiwillig gearbeitet"* (II.3.B.28). Für diese Frauen bedeutete Erwerbsarbeit *"... eine Belastung ... mit der Sehnsucht, wieder aufhören zu können"* (I.3.L.15). Sie hatten den Wunsch, wieder in die entlastende Frauenrolle schlüpfen zu dürfen: *"Dann haben ja viele Frauen freiwillig, nicht nur unter Druck, auf Berufsarbeit verzichtet, weil sie einfach die Nase voll hatten. Weil sie den ganzen Krieg unter Not und unter Bedrängnis und mit kleinen Kindern (erwerbstätig waren), sie so belastet waren, daß sie jetzt irgendwo das Gefühl hatten, mein Mann ist wieder da, jetzt will ich mal raus aus diesem Streß, aus diesem*

Druck" (II.1.M.10). Immer wieder betonen die Kolleginnen den Aspekt der Ermüdung der Frauen: *"Die waren erstmal froh, daß dieser Scheißkrieg zu Ende war und sie wieder ihren Tag ein bißchen selber gestalten konnten"* (I.3.D.2.). Oder anders formuliert: *"Es sind endlich wieder normale Verhältnisse gekommen"* (II.3.B.27).

1.2.2 Frauenleben und Frauenideale in den Gewerkschaften

Diese Wiederherstellung des alten Verhältnisses zwischen den Geschlechtern betraf auch die Gewerkschaften. Hier wurde das alte Muster der Arbeitsteilung zwischen den Geschlechtern wieder aufgenommen: *"Unmittelbar nach 45 hätte man theoretisch sagen können, es waren viel mehr Frauen da als Männer, aus den bekannten Gründen. Aber es war nicht die Zeit, um gleich in Organisationen, in großer Politik zu machen, sondern da ging es darum, daß man erst mal ein Bett hatte, ein Dach über dem Kopf und etwas zu essen. Und da sind die Männer schnell wieder da gewesen"* (II.2.R.7). Während die Frauen wieder die unentbehrliche *"Zubringerarbeit"* (II.2.Q.5) leisteten, übernahmen die Männer sofort wieder die leitenden Funktionen, auch in den Gewerkschaften: *"Nach 45 haben sich sehr schnell zum Teil die Leute aus den KZs und die Leute, die sich im Untergrund gehalten haben (wieder eingefunden), die waren sehr schnell da. Das waren die Leute der ersten Stunde, und die haben den Aufbau vollzogen ... Das waren alles alte Gewerkschafter vor 33, die sofort wieder anfingen"* (II.2.N.7f).

Das wurde zwar von den Frauen als "normal" empfunden, wie die Kolleginnen berichten, denn *"es war nur eine Handvoll Frauen da, die noch von vor 33 dann 1945 weitermachen konnten"* (II.2.K.9). Doch zugleich wurde damit eben auch die fehlende und meist weniger qualifizierte Beteiligung der Frauen in den Gewerkschaften aus der Zeit der Weimarer Republik wieder aufgenommen und fortgeschrieben. Daß der Großteil der Frauen gewerkschaftlich nicht annähernd ausgebildet und erfahren war wie die zurückgekehrten altgedienten Gewerkschaftsfunktionäre, wie die Kolleginnen es beschreiben: *"Diese Fähigkeit, etwas (politische Strukturen) zu organisieren, haben viele Frauen auch gar nicht erlernen können"* (II.2.K.10), traf zwar zu, galt aber genauso für den Großteil der männlichen Gewerkschaftsmitglieder. Vielmehr ging es hierbei um einen Prozeß, bei dem männliche Funktionäre selbstverständlich einerseits die innergewerkschaftliche Infrastruktur, die Frauen in der unmittelbaren Nachkriegszeit in Schwerstarbeit aufgebaut hatten, in Anspruch nahmen, und andererseits zugleich die Frauen qua Geschlecht aus den gewerkschaftlichen Führungsgremien ausgrenzten.

Denn auch die Gewerkschafter der "ersten Stunde" teilten die zeittypischen Auffassungen über das Verhältnis zwischen den Geschlechtern: *"Die Männer hatten das ganz schnell in der Hand, und diese Männer waren Patriarchen. Die dachten überhaupt nicht an Frauenrecht und an derartige Dinge. Die waren der Meinung, wenn ich als Gewerkschafter meine Arbeit mache, dann möchte ich auch abends nach Hause kommen und meine Frau vorfinden. So war das"* (II.2.N.9).

DGB

Auch für Dich ist es l e i c h t ,

das R i c h t i g e zu finden ,

wenn D u am

F r e i t a g , den 29. November 57

zu u n s zur

M O D E N - S C H A U

kommst.

Diesmal im B o o t s h a u s , Nahebrücke.

Eine nette Unterhaltung löst D i c h von der Tagespflicht und v e r h i l f t zu einer guten S t i m m u n g .

Zur guten A u s w a h l gehören auch die M ä n n e r ; bitte, vergesst sie nicht.

Herzlich w i l l k o m m e n

ab $15.^{00}$ Uhr und $2o.^{00}$ Uhr.

Mit freundlichen Grüßen !

Deutscher Gewerkschaftsbund
Kreisausschuß Kreuznach-Simmern
Abteilung Frauen

gez. Franz Schulze gez.: Anneliese Floßdorf

Bad Kreuznach,
den 19. November 1957

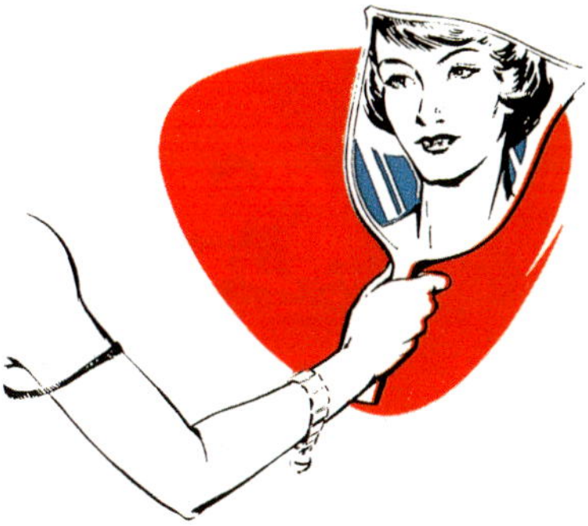

Wer gut aussieht,

hat es leichter. Was tun Sie, um gut auszusehen? Stellen Sie sich zuerst vor den Spiegel und betrachten Sie sich kritisch. Wie sieht Ihre Haut aus? Trocken, faltig, fettig, unrein? Sie müssen sehr streng mit sich selbst sein; denn nach dieser „Diagnose“ richtet sich die Behandlung.

Wir hoffen

liebe Kollegin, daß wir Ihnen mit unseren „Tips zur Schönheitspflege“ einige praktische Anregungen geben konnten. Aber gegen Müdigkeit, Abgeschlagenheit und ständige Überarbeitung nützt auf die Dauer selbst das beste Make up nichts. Hier muß eine grundlegende Änderung der Lebens- und Arbeitsbedingungen geschaffen werden. Die IG Metall fordert darum für alle Frauen wirkliche Hilfe.

Für Sie bedeutet das:

Kürzere Arbeitszeit,
längere Pausen

Ausreichend Urlaub
und Urlaubsgeld

Gleicher Lohn
für gleiche Arbeit

Ausreichender Schlaf –
keine Überstunden

Garantiertes
Weihnachtsgeld

Was du wissen mußt . . .

Hausgehilfinnen!

Jetzt
ist es erreicht!

Eng und abgeschlossen
war ihre Welt!
Wir Frauen
sollen modern sein ...
gepflegt und ausgeglichen, ein wenig
selbstbewußt und vor allem attraktiv.
Das ist leichter gesagt, als getan.

In den Gewerkschaften waren die Frauen trotz aller gegenteiligen Beteuerungen tatsächlich weitgehend unwillkommen. Dies galt einerseits bereits für Frauen als Mitglieder. Eine Kollegin erinnert sich an die Werbung von Frauen: *"1948/49 da war es schwer Frauen zu organisieren, weil ja noch die Vorstellung da war, wir arbeiten nur so lange, bis wir wieder alles haben, und dann hören wir auf. Und damals gab es bei uns einen Betrieb, der sehr dünn organisiert war und ich habe wirklich Hühneraugen an die Zunge gekriegt, um diese Kolleginnen zu organisieren. Ich komme mit 77 Aufnahmen in das Büro der IG Metall – freudestrahlend – 77 Aufnahmen mit Aufnahmegeld ... Ich sehe heute noch diesen Gewerkschaftssekretär, der heute in Frankfurt ist: 'Was soll ich damit?' Ich sage: 'Schorsch, die habe ich alle organisiert.' Da sagt er: 'Ja und? Die drücken mir meinen Durchschnittsbeitrag'"* (II.2.H.21).

Viel mehr noch galt dieses Nicht-Willkommen-Sein jedoch für weibliche Funktionärinnen. Dabei schreckten die männlichen Gewerkschafter auch vor Diffamierungen nicht zurück. Von Ausdrücken wie *"Krampfadergeschwader"* (II.2.Q.28) sei da die Rede gewesen, erinnern sich die Kolleginnen, oder davon, daß *"Frauen, die was werden wollen, die immer über Aufstieg reden, ... auch in der Gewerkschaft"*, daß diese Frauen alle eine *"Macke"*, d.h. Defizite als Frau, hätten. Denn, so waren die männlichen Kollegen der Ansicht, *"die haben keinen abgekriegt oder sind sitzengelassen worden"* (II.1.G.32).

Ohnedies, meint die Kollegin: *"Wir mußten uns ständig rechtfertigen, auch als Personengruppe Frauen in der Gewerkschaft"* (I.2.G.2o), denn die Frauenarbeit wurde von den Kollegen als Anstiftung zum Aufruhr bei den weiblichen Mitgliedern gegen die patriarchale Frauenrolle wahrgenommen. So erinnert sich eine Kollegin beispielsweise an die Reaktion von Kollegen auf die Idee, Schreibkräfte weiterzuqualifizieren: *"Die wollen überhaupt nichts anderes als Schreibkraft sein! Die können da so tippen. Sie tippen das gut, und in Gedanken überlegen sie sich, was mache ich, wenn ich nach Hause komme mit meinem Kind, was kaufe ich zum Abendbrot ein usw. Und das Tippen, das läuft ganz automatisch, und ihre Gedanken können sie für private Zwecke verwenden sozusagen. Und etwas anderes wollen die Frauen überhaupt nicht. Und wir spinnen uns selber was vor (behaupteten die Kollegen) und machen die Frauen unzufrieden, die ja sonst so liebe und gute Schreibkräfte sind. Gegen die eigenen Leute hast du manchmal mehr kämpfen müssen als gegen die Arbeitgeber"* (II.1.G.31f.).

Die Orientierung der Frauenarbeit an Frauen und deren Interessen wurde von den Kollegen deutlich wahrgenommen, wie die Umsetzung des Gefühls der Bedrohung in Diffamierungen zeigen, von denen eine andere Kollegin berichtet: *"Das ging so weit, daß man sagte, wir wären lesbische Vereine (in der Frauenarbeit)"* (I.3.L.7).

Lediglich als Bittstellerinnen in den Gewerkschaften hätten die Männer die Frauen oftmals betrachtet, weiß eine Kollegin zu berichten. Ein Kollege, der Vorsitzende einer Schweizer Gewerkschaft, habe ihr hinlänglich den Status der Frauen als Bittstellerinnen in der Gewerkschaft deutlich zu machen versucht: *"Mit dem habe ich eine ganz heftige laute Auseinandersetzung gehabt in dieser ersten (internationalen) Konferenz (1959), weil wir einen Antrag hatten, der 'forderte'. Er hat mir dann sehr laut vor der ganzen Konferenz deutlich gemacht, wir Frauen hätten nur zu 'bitten', und ich habe sehr laut und deutlich meine Gegenantwort zum Ausdruck gebracht. An sich ein Mann, der sogar zu den Fortschrittlichen gehörte, der aber nun doch sehen wollte, daß die Frauen vor ihm auf den Knien liegen"* (III.2.M.31f.).

In der Funktion als dekoratives Weibchen allerdings, wie sich eine andere Kollegin erinnert, waren die Kolleginnen gelitten: *"Es war eine Landesbezirkskonferenz und dann wurde natürlich vorher im Vorstand beraten, wen schlägt man für die Mandatsprüfungskommission, fürs Präsidium vor usw. Und dann sagte unser (1. Vorsitzender): 'Ach ja, und dann nehmen wir noch 'ne Frau dazu, das macht sich immer gut da oben'"* (II.2.E.26).

Eine solche männlich-patriarchale Vorstellungswelt hatte in der Arbeiterbewegung Tradition seit dem 19. Jahrhundert, wie eine Kollegin aus eigenem Erleben im Elternhaus berichtet: *"Das Bestreben eines jeden guten Sozialdemokraten war es, soviel zu verdienen, daß die Frau nicht mitarbeiten mußte. Das war das Ideal ... Mein Vater war ein ganz Linker, aber er sagte immer, ich muß ja wohl soviel verdienen, daß ich meine Frau zuhause halten kann, daß ich meine Familie ernähren kann"* (II.2.H.26). Eine andere Kollegin benennt den Widerspruch noch deutlicher: *"Die haben auf der einen Seite von Marx und Engels geredet und auf der anderen Seite waren sie zuhause die Patriarchen"* (II.2.N.7).

Denn zugleich wurden in den Gewerkschaften auch die Vorstellungen über den gesellschaftlichen Hauptantagonismus zwischen Arbeit und Kapital beibehalten. Danach hat die "Frauenfrage" lediglich den Status eines "Nebenwiderspruches", der mit der Beseitigung dieser zentralen gesellschaftlichen Konfliktlinie von selbst erledigt sein würde. Der Kampf um die Interessen von Frauen bleibt danach – auch bei Interessengegensätzen mit den Kollegen – an die Auseinandersetzung zwischen Arbeit und Kapital gebunden. Lediglich die solidarische Gemeinsamkeit der ArbeitnehmerInnen mit den Arbeitnehmern verbürgt danach die Chance auf die Aufhebung der Unterdrückung der Frauen.

Der Anspruch auf Gleichberechtigung der Frauen – eine historische Neuerung gegenüber dem gesellschaftlich bestimmenden bürgerlichen Frauenideal – wurde damit zugleich jedoch aus einem männlichen Blickwinkel definiert. Denn worin die Emanzipation der Frauen bestünde und wie Frauen sie zu erreichen hätten, wurde von einer an der männlichen Lebensrealität orientierten Theorie vorgegeben.

Beide Vorstellungswelten zugleich schließlich sollten die Frauen innerhalb der Gewerkschaften erfüllen: Sie sollten Gleichheit und Differenz, wie Männer sie vorgegeben hatten, in einem verkörpern. Denn sie hatten dem gesellschaftlichen Ideal von Andersartigkeit des Weiblichen ebenso zu entsprechen, wie der gewerkschaftlichen Forderung, sich in die "geschlechterübergreifenden" Ziele der Arbeiterbewegung einzuordnen.

Diese männlich-gewerkschaftlichen Ansprüche in ihren Widersprüchlichkeiten und Unvereinbarkeiten werden am Beispiel des Kollegen Fette deutlich. Christian Fette, 1951/52 Vorsitzender des Deutschen Gewerkschaftsbundes, verlangte auf der 1. DGB-Bundesfrauenkonferenz 1952 in seinem Eröffnungsreferat, "daß Männer und Frauen es sein müß(t)en, die die Geschichte verwirklichen" (1. BFK 1952, S. 22). Denn, so belehrte er die Kolleginnen: "Eines sollten Sie von dieser Tagung in Mainz vor allem mitnehmen, nämlich, daß die Solidarität aller Arbeitnehmer für die Zusammenarbeit von Kolleginnen und Kollegen von grundsätzlicher Bedeutung ist" (1. BFK 1952, S. 26). Damit forderte er die Frauen auf, sich ohne Ansehen geschlechtsspezifischer Problemlagen in die gewerkschaftliche Auseinandersetzung um die seiner Meinung nach zentralen gesellschaftlichen Konfliktlinien einzureihen.

Zugleich jedoch betonte Fette immer wieder die biologisch bedingte Verschiedenheit der Geschlechter, wenn es darum ging, die Frauen zu mehr Geduld in bezug auf die Durchsetzung ihrer Wünsche innerhalb und durch die Organisation zu ermahnen: "So müssen wir doch als Menschen immer wieder daran denken, daß alles Große und Echte wachsen muß, daß es eine Zeit braucht, um zu reifen und um Früchte zu tragen. Sie, meine Kolleginnen, sind ja als Frauen diesem Prinzip des Wachsens viel näher als wir Männer es manchmal sind" (1. BFK 1952, S. 22).

Gleichzeitig verlangte er den Frauen "Mitverantwortung" für ihre Diskriminiertheit, für das "Fehlen der Gleichberechtigung" ab, das nicht allein an der "mangelnden Bereitschaft der Männer" liege (1. BFK 1952, S. 24).

Die Form, in der die Frauen sich an der gewerkschaftlichen Arbeit (mittelbar auch im eigenen Interesse als Frau) beteiligen sollten, so geht indirekt aus seiner folgenden Aussage hervor, dürfe allerdings nicht der männlichen gleichen. Die Vereinbarung dieser objektiv uneinlösbaren männlichen Vorgaben schob er dann zu guter Letzt auch noch den Frauen zu: "Ihre Aufgabe als Kolleginnen erscheint mir darum bedeutungsvoller und schwerer, weil Sie die Art und Weise Ihres Handelns nicht von uns erfahren können ... Diese Formen brauchen nicht Gegenstand meiner Ausführungen zu sein, sondern werden und *müssen immer wieder von Ihnen selbst gesucht und im persönlichen Gespräch gebildet werden* (Hervorhebung S.I.B.)" (1. BFK 1952, S. 26).

2. Frauenbilder der Gewerkschafterinnen

"Ein einheitliches Bild (der Frau) hat es meiner Meinung nach ... nach 1945 nicht gegeben" (II.N.2), so faßt eine Kollegin ihre Erinnerungen an die erste Zeit der gewerkschaftlichen Frauenarbeit zusammen. *"Diffus"* sei das Weiblichkeitsbild der Frauenarbeit gewesen, urteilt sie heute. Eine einheitliche Linie könne sie nicht

sehen: "*Wir haben selbst in 'frauen und arbeit'*[5] *beispielsweise Anregungen für Bastelarbeit zu Weihnachten und solche Dinge gegeben ... Es hat ... Modenschauen gegeben. Wir hatten ja sogar eine Vertreterin vom Konsum im Bundesfrauenausschuß, was vielleicht schon lange in Vergessenheit geraten ist. Aber der Bedarf war natürlich nach 1945 und nach diesen schrecklichen Hungerjahren, die danach folgten, ... sich wieder ein bißchen nett zu machen. Die Gewerkschafterin(nen) der ersten Nachkriegsjahre waren aus meiner Sicht, rein äußerlich, auch relativ einfach gekleidet ... Das Bild der Eigenschaften, die sie ausstrahlen sollte(n), das schlug sich eigentlich in den damaligen Funktionärinnen nieder. Sie waren sehr kämpferisch*" (II.N.2).

Zwischen Bastelarbeiten und Modenschauen einerseits und kämpferischem Verhalten andererseits – damit ist das Spannungsfeld der Weiblichkeitsbilder der gewerkschaftlichen Frauenarbeit der 50er Jahre bereits benannt. Die oben skizzierten, für die Frauen unauflösbaren objektiven Widersprüchlichkeiten und Unvereinbarkeiten im Lebenszusammenhang der Gewerkschafterinnen fanden damit in deren individuellen wie kollektiven Einstellungen ihre subjektive Entsprechung. Die Gewerkschafterinnen teilten jene beiden Frauenideale, die in der Gesellschaft wie in der Gewerkschaft propagiert wurden. In den Aussagen der gewerkschaftlichen Frauenarbeit jener Zeit lassen sich die Vorstellungen von Differenz wie von Gleichheit zwischen den Geschlechtern gleichermaßen finden.

2.1 Gesellschaftliches Frauenideal

"Wo finden wir heute noch eine echte Mutter?" klagte Liesel Kipp-Kaule auf der 1. Bundesfrauenkonferenz 1952 (1. BFK 1952, S. 185). Die Tätigkeit der Hausfrau und Mutter wurde auch von den Kolleginnen als gleichsam naturhaft im Mittelpunkt des weiblichen Lebens verstanden. Biologie und soziale Aufgaben waren in diesem Verständnis "der Frau" untrennbar verbunden. So betonte Käthe Feuerstack, auf der 1. Bundesfrauenkonferenz als Referentin zum Thema "Die zeitgemäße Bestimmung der gesellschaftlichen Stellung der Frau – Bildungsarbeit!" geladen, "das Hegende und das Pflegende" als einen Teil der "entscheidenden Wesenskräfte der Frau" (1. BFK 1952, S. 159).

Auch Martha Schanzenbach, auf der 2. DGB-Bundesfrauenkonferenz Referentin zum Thema "Frauen, Mütter, Familien in der heutigen Gesellschaft" unterstrich den speziellen Charakter von Weiblichkeit: "Das Mütterliche, was hier angedeutet ist, ist verbindend. Das müßte eigentlich etwas sein, was die Welt aus den Angeln heben könnte. Wenn die Männer sich gegenseitig totschlagen, ist die Frau immer bereit, auszugleichen. Dieses Mütterliche müßte eben alles mehr zum Tragen bringen im öffentlichen Leben, als es bisher der Fall gewesen ist" (2. BKF 1955, S. 192).

---

5 'frauen und arbeit' wurde ab 1958 von der Abteilung Frauen des DGB-Bundesvorstandes herausgegeben.

Frauen
helfen
bauen auf

REFERAT

von Frau Professor Käthe Feuerstack

auf der 1. Bundes-Frauenkonferenz des DGB
vom 27.—29. Mai 1952

Die zeitgemäße Bestimmung der gesellschaftlichen Stellung der Frau

— Eine Bildungsaufgabe —

(Auszug)

Eine umfassende weibliche Wesenheit sah auch Thea Harmuth. Eine weibliche Formhaftigkeit, unabänderlich und unzerstörbar, war für sie das Kennzeichen eines naturhaften weiblichen Prinzips, wie sie auf der 2. Bundesfrauenkonferenz 1955 deutlich machte: "Immer noch ist die Auffassung verbreitet – und viele Mädchen denken so – daß die Tätigkeit einer Hausfrau die einzig wirklich frauliche Aufgabe sei. Dabei ist das spezifisch Frauliche doch keineswegs an eine bestimmte Tätigkeit gebunden, sondern an die Art und Weise, wie man sie ausübt. Weiblicher Geschmack, frauliche Geduld und Ausdauer, die vermittelnde und ausgleichende Haltung und die Neigung der Frau zum Praktischen, Lebendigen sind in allen Formen des menschlichen Beisammenseins, besonders aber in der Familie, ebenso notwendig und bedeutsam" (2. BFK 1955, S. 48).

2.2 Gewerkschaftliches Frauenideal

Gleichzeitig waren die Kolleginnen jedoch auch dem gewerkschaftlichen Ideengut verpflichtet. Eine Veränderung auch der Situation der Frauen kann danach eben nicht durch die Vertretung spezifisch weiblicher Lebensinteressen, sondern nur durch die Beseitigung der zentralen gesellschaftlichen Konfliktlinie zwischen Arbeit und Kapital erreicht werden. Eine Kollegin beispielsweise machte diese Gebundenheit der gewerkschaftlichen Frauenarbeit auf der 1. Bundesfrauenkonferenz deutlich: "Das scheint mir auch Zweck der gesamten gewerkschaftlichen Arbeit: Daß die Haltung uns alle befähigt, in der gewerkschaftlichen Frauenarbeit über die Bildung hin die Überführung der Gedanken in die gesamte Gewerkschaftsarbeit zu vollbringen. Das Zentrale sind nicht mehr Naturgesetze, sondern die gewerkschaftliche Gesinnung, die wir pflegen müssen" (1. BFK 1952, S. 169).

Die Gemeinsamkeit der Geschlechter wurde auf den Konferenzen immer wieder betont und beschworen. Thea Harmuth erklärte beispielsweise auf der 1. Bundesfrauenkonferenz: "Aus nur 'Schutz suchenden' Frauen und sie 'schützenden' Männern sind Kolleginnen und Kollegen geworden, die zu gemeinsamer Hilfeleistung in der Gesamtbewegung stehen" (1. BFK 1952, S. 81). Und Maria Weber formulierte auf der 4. Bundesfrauenkonferenz 1962: "Gemeinsam – in Solidarität – müssen Männer und Frauen wie bisher in den Gewerkschaften um Fortschritt und soziale Sicherheit kämpfen." (4. BFK 1962, S. 90).

2.3 Orientierung an zwei Leitbildern

Die gewerkschaftliche Frauenarbeit der 50er Jahre orientierte sich damit unbemerkt an zwei männlichen Vorstellungswelten gleichermaßen: An dem gesellschaftlich bestimmenden, ursprünglich bürgerlichen Bild von der biologisch bedingten (und damit unabänderlichen) Unterschiedlichkeit der Geschlechter, das Frauen einen Sonderstatus zuweist, sowie an der unthematisiert darauf aufbauenden gewerkschaftlichen Vorstellung der Gleichheit der Geschlechter, innerhalb derer dann wiederum spezifischen Frauenfragen lediglich eine Nebenbedeutung zukommt und die Frauen aufgrund der angenommenen Gleichheit Selbstverantwortung für ihre soziale Situation abverlangt.

3. Frauenpolitik

Die Frauenarbeit der 50er Jahre bemühte sich, sowohl dem gesellschaftlich bestimmenden wie dem gewerkschaftlichen Frauenideal gerecht zu werden. An der gewerkschaftlichen Frauenpolitik der 50er Jahre werden die Spuren des Versuches, diese uneindeutigen Erfahrungen des weiblichen Lebenszusammenhangs zu verarbeiten und in politische Konzeptionen zu übersetzen, deshalb auch sichtbar. Hier zum Zweck der Analyse überdeutlich getrennt, waren beide Weiblichkeitsentwürfe in der Frauenpolitik der 50er Jahre beständig vorhanden. Allein die Blickrichtungen wechselten unablässig. In deren Brüchen spiegelten sich die Unvereinbarkeiten und Widersprüchlichkeiten der Gesellschaft wie der Gewerkschaften Frauen gegenüber – als Begrenzungen wie als Widerständigkeit.

3.1 Frauenpolitischer Ansatz

Die gewerkschaftliche Frauenarbeit der ersten Nachkriegszeit war in einem großen Ausmaß Arbeit für und durch alleinstehende Frauen: *"Wer kam zu uns in die Gewerkschaften? Das waren überwiegend alleinstehende Kolleginnen"* (II.3.C.9). Diese Frauen bildeten in den 50er Jahren den Kern der aktiven Gewerkschafterinnen: *"Nur diejenigen, die ständig drin blieben, was vorwiegend die Alleinstehenden waren, die waren dann auch ständige Mitglieder"* (II.3.B.13). Denn, wie Thea Harmuth es auf der 1. DGB-Bundesfrauenkonferenz 1952 formulierte: "Gerade die alleinstehenden Frauen hoffen, in und durch die Gewerkschaftsbewegung einen Platz zu finden, der ihrem Leben Verpflichtung und Aufgabe gibt als gleichberechtigter Mensch und Mitarbeiter in den verschiedensten Fragen" (1. BFK 1952, S. 49).

Und die Gewerkschafterinnen betrachteten in der unmittelbaren Nachkriegszeit die alleinstehenden Frauen auch als ihre ureigenste Klientel, wie die Diskussion um den Antrag L "Wohnungen für alleinstehende berufstätige Frauen" auf der 1. DGB-Bundesfrauenkonferenz 1952 belegt. Im Antrag L wurde vom Bund und den Ländern die Bereitstellung von Mitteln, um "den Bau von Kleinstwohnungen für alleinstehende Frauen zu erwirken", verlangt. Gegen den Vorschlag einer Kollegin, die Forderung geschlechtsneutral zu formulieren, wehrte sich die Konferenz. Eine Kollegin formulierte ihren Widerstand: "Wir als Bundesfrauenkonferenz haben uns in erster Linie für die alleinstehende Frau einzusetzen" (1. BFK 1952, S. 218). Der Antrag wurde in seiner ursprünglichen Form angenommen.

Die Gewerkschaftsarbeit bot den alleinstehenden Frauen die Möglichkeit, Menschen kennenzulernen, Kontakte zu pflegen und Freundschaften zu schließen: *"Der Motor dieser ganzen Arbeit waren eigentlich mehr die Kolleginnen, die von zu*

Hause aus eine bessere berufliche Bildung hatten und die nun auch durch die Vertreibung sich ein anderes Umfeld suchen mußten, meistens auch alleine lebten, weil sie keine Angehörigen mehr hatten. Auch über diesen Weg Kontakte zu anderen Menschen suchten, unbewußt, und sich neue Freundschaften aufbauten ... Gewerkschaftsmitglied war man schon. Aber ob man gewerkschaftlich aktiv wurde, das war mehr mal aus der Situation heraus, mein Gott, ich kann doch nicht den ganzen Tag hier in der Bude sitzen ... Wo gibt es einen Kreis, wo man sich treffen kann? Und da war also damals die gewerkschaftliche Frauenarbeit für viele ein Auffangbecken. Das Politische kam dann später hinzu. Aber das erste war eigentlich Kontakt und Geselligkeit" (II.3.H.10f.).

Den Bedürfnissen der Kolleginnen nach mitmenschlichen Kontakten entsprechend gestaltete sich die gewerkschaftliche Frauenarbeit: *"Neben unserer sachlichen Arbeit hielt ich es damals für wichtig, damit wir uns näher kennenlernen, damit ein gemeinsames Gefühl zustande kommt, wir haben ... einen vorweihnachtlichen Abend (gemacht), weil diese Alleinstehenden zu Hause gar nicht ein bißchen dieses Bedürfnis befriedigen konnten, das sie eigentlich auch hatten ... Oder wir sind z.B. nach unseren Sitzungen Eis essen gegangen zusammen oder in Lokale und ein Bier trinken. Das war auch zum Teil ein bißchen ungewöhnlich, daß Frauen alleine ein Bier trinken gegangen sind"* (II.3.B.8). Auch wurde zusammen gesungen (II.3.B.19). Eine andere Kollegin erinnert sich an gemeinsame Fahrten oder den von ihr so genannten *"HäkelbüddelClub"* (II.3.C.7), bei dessen Zusammenkünften Handarbeiten angefertigt und politische Diskussionen geführt wurden.

Anders als die Frauengeneration, die aufgrund des kriegsbedingten Männermangels gezwungen war, allein zu leben, konnten die jungen Frauen in den 50er Jahren wieder heiraten und Familien gründen. Es gab einen *"Boom, daß jeder leben wollte, ... daß man der Nostalgie nachgeben durfte, daß alles stimmt"* (II.1.A.23). Das Interesse der Frauen an den traditionell weiblichen Lebensbereichen wie Familie, Wohnen, Kochen, Mode oder Schönheit stieg: *"Das ging ja erst nach der Währungsreform los, daß man ... sich auch schön machen wollte. Als junge Menschen waren wir ja auch total anspruchslos. Gab nichts – und wir haben uns so gegeben. Was es gab, haben wir halt genommen. Und dann ist das Interesse am Schönmachen erst geweckt worden ... Das hängt damit zusammen, daß vorher diese Bedürfnisse überhaupt gar nicht befriedigt werden konnten. Und dann auf einmal gab es wieder alles und die Arbeiterin wollte natürlich da auch nicht zurückstehen"* (II.3.B.16).

Die gewerkschaftliche Frauenarbeit folgte mit ihren Angeboten dieser Orientierung der Frauen aus dem Interesse, Frauen als Mitglieder zu gewinnen: "Denn es hat ja diesen Bruch gegeben. Mit den Alleinstehenden hätte man die Gewerkschaftsbewegung nicht stark machen können. Es ging also darum, wie können wir die Frauen erwärmen. Und dann ging es eben über Zuschneidekurse, über Kochkurse. Wir hatten auch Kosmetikkurse und so weiter" (II.3.D.17f.). So wurden Kochkurse (GB-Abt. Frauen 1952-53, S.16) oder Modenschauen (GB-Abt. Frauen 1954-55, S.16) angeboten. Es gab eine Dia-Schau "Einrichten und Wohnen" (GB-

Abt. Frauen 1959-61, S. 32). Auch ein Werbefalter "Wir Frauen sollen modern sein" (GB-Abt. Frauen 1956-58, S.16/17) wurde in Umlauf gebracht. Die Briefschule des DGB gab Lehrbriefe heraus, mit deren Hilfe vor Ort Nähkurse veranstaltet wurden (GB-Abt. Frauen 1952-53, S.15).

Im Antrag 151 an die 2. DGB-Bundesfrauenkonferenz, der eine kontinuierliche Berichterstattung in den gewerkschaftlichen Publikationen über die aktuellen Arbeitsanleitungen der Briefschule verlangte, wird der funktionalistische Ansatz derartiger Angebote deutlich. In der Begründung des A 151 heißt es: "Wir sind überzeugt davon, daß mit der Veröffentlichung aus diesem Bereich der Arbeit der Briefschule eine ständige Verbindung mit den früheren Zirkelteilnehmerinnen gepflegt werden könnte, und daß dadurch auch die Verbandszeitungen so aufgelockert würden, daß die Frau und die Familie des Kollegen nach der Verbandszeitung fragen, auch wenn sie zunächst den gewerkschaftlichen Teil dieser Zeitung noch wenig beachten" (2. BFK 1955, S. 380).

Heute distanzieren sich die Gewerkschaftsfunktionärinnen von damals überwiegend von ihren damaligen Aktivitäten. Sie vertreten die Ansicht, daß diese Angebote *"Aufhänger"* (II.3.C.17) gewesen seien, um den Frauen "politische" Themen nahezubringen. *"Suspekt"* sei ihr die ganze Sache immer gewesen, erklärt eine Kollegin, *"weil ich politisch dachte"* (II.3.D.17). Denn wie es auch eine andere Kollegin betrachtet: *"Das war Quantität, aber keine Qualität. Ich kann mich genau entsinnen, was in den damaligen Jahren angeboten wurde, Kosmetikkurse, Nähen, Erziehungsfragen und sowas wurde angeboten Ende der 50er Jahre. Das will man heute immer ein bißchen verdrängen, weil wir ja viel weiter sind"* (II.1.G.16f.).

"Viel weiter" – in bezug worauf? Bezugspunkt dieser Argumentation ist ein Verständnis gewerkschaftlicher Arbeit, das von Männern und deren Bedürfnissen geprägt ist. Das "Private" wird zwar durch männliche Weiblichkeitsbilder einseitig den Frauen zugewiesen. Von der dadurch entstehenden geschlechtlichen Arbeitsteilung und der Hierarchie zwischen den Geschlechtern profitieren die Männer einseitig. Zugleich wird dies aus dem Katalog "politischer" Fragestellungen ausgeblendet. Der männlich-gewerkschaftliche Blick behält damit auch in den Argumentationen der Kolleginnen die Definitionsmacht über den weiblichen Lebenszusammenhang. Die geschlechtsspezifischen Interessen der Frauen – auch aus dem Mund von Frauen – werden an männlichen Kriterien gemessen in den Bereich des Nebenwiderspruchs verwiesen und entwertet.

Einzelne Kolleginnen jedoch gestehen zu, wenn auch nur auf hartnäckiges Nachfragen, daß natürlich auch *"Spaß"* bei solchen Aktivitäten dabei gewesen sei (II.3.C.18) und daß sie die Nähe zwischen den Frauen in dieser Zeit später vermißt hätten (II.3.B.19): *"Wir waren ja zum Teil auch Auffangbecken für Sorgen, Schwierigkeiten der Frauen in allen Lebensfragen. Wenn ich an die ersten Schulungen denke: Die Kolleginnen kamen da zusammen und konnten über ihre persönlichen Verhältnisse sprechen. Das war für die eine Offenbarung. Vielleicht liegt es auch daran, wenn wir so an die erste Zeit denken, wie menschlich nahe wir uns da waren"* (I.3.D.8). Eine Kollegin beschreibt, wie sie die Veränderungen erlebt hat:

"Ich würde sagen, manchmal war es schon ein Verlust, daß es so rein politisch war und dieses Stück Geselligkeit irgendwo fehlte ... Dieses Stück Gemeinschaftserlebnis am Abend war nicht mehr da. Das war eigentlich auch schade" (II.3.C.18f.).

Doch nicht nur Funktionärinnen hatten "Spaß". Dies galt auch für die weiblichen Mitglieder. Die Kolleginnen waren mit ihren Angeboten außerordentlich erfolgreich. Denn die Interessen der Frauen wurden anderswo nicht befriedigt: *"Denn damals gab es ja auch nicht viele Angebote in dieser Beziehung. Nachher hat die Volkshochschule nämlich gerade diese Kosmetikkurse und so weiter übernommen. Aber damals haben wir das gemacht"* (II.3.D.17). Die Gewerkschafterinnen waren in ihrer Praxis Vorreiterinnen. Es ist deshalb zu vermuten, daß den Kolleginnen die weiblichen Bedürfnisse jener Zeit doch nicht so fremd waren, wie es ihnen im Rückblick mehrheitlich scheint.

Das Bestehen der traditionellen Weiblichkeitsbilder jedenfalls machte es in den 50er Jahren möglich, – und darin wird auch hier wiederum eine historische Besonderheit der gewerkschaftlichen Frauenarbeit jener Zeit deutlich – daß Aspekte des weiblichen Lebenszusammenhangs in der gewerkschaftlichen Arbeit berücksichtigt wurden. Die Kurse wurden von den Frauen begeistert angenommen, denn sie griffen aktuell konkrete Bedürfnisse auf.

Doch auch die Art, wie die Bedürfnisse der Frauen aufgenommen wurden, war zeitspezifisch. Denn es blieb immer dabei, Hilfestellungen bei der Bewältigung der männlichen Ansprüche zu leisten, nicht aber Veränderungen dahingehend anzubahnen, daß die männlichen Ansprüche infragegestellt worden wären. Der männlich bestimmte Blick der Frauen auf sich selbst und andere Frauen konnte damit nicht aufgelöst werden. Die Ambivalenz zwischen dem Aufnehmen weiblicher Lebensinteressen und der Zurichtung von Frauen nach männlichen Frauenbildern macht der bereits zitierte Werbefalter "Wir Frauen sollen modern sein" beispielhaft deutlich. So reproduzierte die Broschüre, die als positive Ansprache von Frauen und als Unterstützung gedacht war, zugleich bereits im Titel die Ansprüche an die Frauen: "Wir Frauen *sollen* modern sein" (Hervorhebung S.I.B.).

3.2 Frauenpolitische Inhalte

3.2.1 Reproduktion der Doppelbelastung

Aus einer Perspektive, die Mütterlichkeit als einen überragenden Wert im Leben von Frauen anerkannte, wurden von der gewerkschaftlichen Frauenarbeit die traditionellen patriarchalen Familienstrukturen als Leitbilder erneuert. Auch aus den konkreten politischen Forderungen der Frauenarbeit jener Zeit wird deutlich, daß die Kolleginnen die Frauen am liebsten als Hausfrauen und Mütter gesehen hätten.

• HAUSFRAU UND MUTTER ALS "NATÜRLICHER" BERUF DER FRAU

Zwar wurde von den Kolleginnen das Recht der Frauen auf Arbeit immer wieder betont, die Begründungen verwiesen dabei jedoch auf Umstände, die in den äußeren Lebensumständen der Frauen lagen. So wurde auf der 2. DGB-Bundesfrauenkonferenz 1955 der Antrag 137 "Recht der Frau auf Arbeit" folgendermaßen begründet: "Die Frau ist heute nicht mehr aus dem Berufsleben wegzudenken. Dieses Anrecht auf einen Arbeitsplatz hat sie sich in den furchtbaren Kriegsjahren in selbstverständlichem Einsatz erworben. Durch die Kriegsfolgen ist die Frau gezwungen, für sich, für ihre Kinder und zum Teil für den kriegsbeschädigten Ehemann oder für Angehörige zu sorgen. Sie muß deshalb ein Recht auf Arbeit haben" (2. BFK 1955, S. 371). Dabei wurde der Rahmen der Bedürfnisse der Arbeitnehmerinnen und ihrer Familien zunehmend weiter zu definieren versucht. Er sollte nicht nur die unmittelbarste bitterste materielle Not umfassen, denn wie Maria Weber auf der 3. Bundesfrauenkonferenz des DGB 1959 fragte: "Ist all das, was andere Kreise seit Jahrzehnten selbstverständlich für sich in Anspruch nehmen – im selben Augenblick Luxus, wenn es die von mir eben angeführten Arbeitnehmerfamilien auch für sich fordern?" (3. BFK 1959, S. 46).

Doch das Recht der Frauen auf Erwerbsarbeit, wenn auch allgemein formuliert, blieb eine Ausnahmeregelung, um – wie auch immer definierte – soziale Notlagen von Frauen abzuwenden. Es wurde der Erfüllung der so verstandenen naturhaften weiblichen Lebenspflichten untergeordnet. Die Frauen wurden damit in den Forderungen implizit durch die gewerkschaftliche Frauenarbeit selbst um einen gleichberechtigten Zugang zum Erwerbsbereich beschnitten. Dies zeigt auch der Beitrag einer Kollegin auf der 3. Bundesfrauenkonferenz des DGB 1959: "Wir sehen ein, daß viele Frauen wegen der Finanzsituation der Familien arbeiten müssen. Aber nicht alle müssen! In manchen Fällen müssen wir den Mut haben, uns mit den Frauen auseinanderzusetzen, die nicht unbedingt gezwungen sind zu arbeiten. Wir müssen ihnen generell abraten, mitzuarbeiten ... Ferner müssen wir dafür sorgen, daß die Familienväter in ihrer Lohn- und Gehaltsskala so gestellt werden, daß wirklich eine Familie getragen werden kann und die Mitarbeit der Frau nicht mehr notwendig ist. (Beifall.) Wir müssen bei unserem Recht auf Arbeit bedenken, daß nicht unser Rhythmus in der Arbeit das Wichtigste ist, sondern daß der Rhythmus des Lebens unserer Kinder darüber stehen muß! (Beifall.)" (3. BFK 1959, S. 69).

Eine Reihe der befragten Kolleginnen distanziert sich heute entweder rückwirkend energisch von dieser Denkweise oder steht der eigenen Geschichte fassungslos gegenüber, wie eine Kollegin es beschreibt: *"Ich weiß nicht, was damals in unseren Köpfen da vorgegangen ist. Es war so irgendwie im Bewußtsein verankert, Arbeit für Frauen, die alleinstehend sind, die nie geheiratet haben oder wieder allein sind"* (II.1.D.21). Dennoch bleibt festzuhalten, was eine andere Kollegin rückblickend feststellt: *"Dieser Mütterlichkeitsgedanke, der hatte gar keine parteipolitischen Differenzen"* (II.3.C.36).

Weil die Gewerkschafterinnen das gesellschaftliche Frauenideal ihrer Zeit teilten, nahmen sie die Frauen trotz all ihrer verschiedenen Rollen und Aufgaben dennoch vor allem unter dem Aspekt ihrer Geschlechtszugehörigkeit wahr. Damit verschwamm sogar der Arbeitsbegriff über das traditionell gewerkschaftliche Verständnis hinaus, das Arbeit lediglich als Erwerbsarbeit kennt. So betonte Maria Weber die Universalität eines weiblichen Lebensgefühls in ihrem Eröffnungsreferat zur 3. DGB-Bundesfrauenkonferenz 1959: "Über die 3. Bundes-Frauenkonferenz haben wir das Motto gesetzt: 'Millionen Frauen im Rhythmus der Arbeit', weil wir der Auffassung sind, daß es alle erwerbstätigen, mithelfenden, freischaffenden, selbständigen und auch die Hausfrauen einschließt" (3. BFK 1959, S.12f.).

- FORDERUNGEN FÜR FRAUEN – ENTLASTUNG BEI DER ERWERBSARBEIT ZUGUNSTEN DER FAMILIÄREN AUFGABEN

Dieser Vorrang des Geschlechts im Blick auf den weiblichen Lebenszusammenhang der gewerkschaftlichen Frauenarbeit schimmerte auch in einer Reihe weiterer Forderungen durch.

Dies galt beispielsweise für die zu dieser Zeit intensiv geführte Debatte um den Mutterschutz. Maria Weber erklärte auf der 3. DGB-Bundesfrauenkonferenz 1959: "Ich muß an dieser Stelle sagen, daß wir es sehr bedauern, daß viele Mütter mit vorschulpflichtigen oder schulpflichtigen Kindern aus materiellen Gründen gezwungen sind, eine Erwerbsarbeit zu leisten ... Wir möchten sie (die Frauen) zuhause bei den Kindern sehen, vor allem in den Jahren, wo Kinder die Mutter besonders nötig haben" (3. BFK 1959, S. 46f.). Eine der "Teillösungen" zu diesem Problembereich war die gewerkschaftliche Forderung nach einem verbesserten Mutterschutz, wie Maria Weber auf der 3. DGB-Bundesfrauenkonferenz ausführte: "Unsere Arbeit geht also dahin, den Mutterschutz im familienfreundlichen Sinne zu verbessern und Voraussetzungen zu schaffen, die es der Mutter erleichtern, bei ihrem Kind zu bleiben" (3. BFK 1959, S. 50).

Wie sehr sich die gewerkschaftliche Frauenarbeit bei derartigen Forderungen in Einklang mit ihrer weiblichen Basis befand, wird in der Begründung der Entschließung E, mit der auf der 3. DGB-Bundesfrauenkonferenz 1959 eine "Novelle zum Mutterschutzgesetz" gefordert wurde, deutlich, da sie "dem Verlangen vieler Mütter nachkommt, in den ersten Lebensmonaten ihr Kind selbst zu versorgen" (3. BKF 1959, S. 260).

Auch in der Begründung der Forderung nach der 40-Stunden-Woche, die auf der 2. DGB-Bundesfrauenkonferenz 1955 mit dem Antrag 91 "40-Stunden-Woche" gestellt wurde, wurde der familienbezogene Blick der Gewerkschafterinnen deutlich: "Die Einführung der 40-Stunden-Woche liegt im besonderen Interesse der berufstätigen Frauen, denen dadurch nicht nur die Möglichkeit gegeben wird, ihre durch die zunehmende Rationalisierung und Technisierung übermäßig beanspruchte Arbeitskraft wieder aufzufrischen, sondern sich auch mehr als bisher um die Familie kümmern zu können" (2. BFK 1955, S. 337).

Ebenso galt dies für die Entschließung C "Frauennachtarbeit" auf der 2. DGB-Bundesfrauenkonferenz 1955. Sie verlangte eine strengere Handhabung der Aus-

HBV hat es geschafft!
Nur noch ein Jahr,
dann gehört Mutti Samstag mir!

WARUM MUSS SIE IM LADEN STEHN...
...WENN ANDRE SCHON SPAZIEREN GEHN?

nahmen. Die Begründung bezog sich dabei auf eine angenommene typisch weibliche nervliche Konstitution: "Jeder nervlichen Beanspruchung ist die Frau auf Grund ihrer Konstitution meist mehr unterlegen als der Mann." Das Fortbestehen der alten Verfahrensweise, großzügig Ausnahmen vom Nachtarbeitsverbot für Arbeiterinnen zu gewähren, bedeute "eine Gefährdung des Friedens ihrer Familie" (2. BFK 1955, S. 347). Auch hier wiederum gründete sich die Forderung unter Verquickung biologischer und sozialer Weiblichkeit darauf, daß das Familienglück einseitig durch die Frau gewahrt werden müsse.

Auch die Forderung, Kinderbetreuungseinrichtungen zu errichten, wurde lediglich mit der Notwendigkeit, berufstätige Mütter zu unterstützen, begründet, wie auf der 1. Bundesfrauenkonferenz des DGB 1952 die Annahme der Anträge A 32 und A 33 und auf der 2. DGB-Bundesfrauenkonferenz 1955 der Antrag A 27 belegen. Im A 33 hieß es entsprechend: "Öffnungs- und Schlußzeiten sowie die Beurlaubung des Aufsichtspersonals so zu gestalten, daß die erwerbstätigen Mütter ihre Kinder vor Beginn und nach Schluß der Arbeitszeit hinbringen und abholen können" (1. BFK 1952, S. 256). Auf der 4. DGB-Bundesfrauenkonferenz 1962 hingegen wurde der Antrag 136 "Schaffung von Tagesheimschulen" bereits völlig anders begründet. Mit ihm wurde der Vorrang des bisherigen Verständnisses der naturhaften Einheit von Mutter und Kind (die nur durch unmittelbare ökonomische Zwänge gestört wurde) zugunsten der gewerkschaftlichen Forderung nach Chancengleichheit aufgegeben. Dort hieß es in der Begründung: "Diese Einrichtungen bieten allen Kindern gleichmäßige Bildungsvoraussetzungen" (4. BFK 1962, S. 34O). Die Entlastung der Mütter wurde nur noch nebenbei erwähnt.

Auf eine Entlastung der berufstätigen Frauen unter den bestehenden Bedingungen zielten auch auf der 1. DGB-Bundesfrauenkonferenz 1952 der Antrag A 31, "Arbeitserleichternde Haushaltsgeräte im Interesse der berufstätigen Frauen" preiswerter herzustellen, sowie auf der 3. DGB-Bundesfrauenkonferenz 1959 der A 8 "Steuererleichterung für die Anschaffung von Haushaltsgeräten" ab.

Die Identifikation mit dem Bild der einseitigen Zuständigkeit der Frauen für die Familie wurde ferner deutlich auf der 3. DGB-Bundesfrauenkonferenz mit dem A 234 "DGB-Bundes-schullehrgänge mit 14-Tage-Kursen". In der Begründung wurde darauf hingewiesen, daß es immer schwieriger werde, betriebliche Freistellungen für drei Wochen zu erhalten. Ihren Jahresurlaub hingegen bräuchten die interessierten Kolleginnen einerseits zu ihrer eigenen Erholung, andererseits "ist (der Jahresurlaub) doch die Zeit, in der sie sich ihren Familienangehörigen und insbesondere ihren Kindern widmen können" (3. BFK 1959, S. 315).

• Mädchenbildungsarbeit – Erziehung zur Weiblichkeit

Die Weiblichkeitszuweisungen der Frauenarbeit zeigten sich auch in der Mädchenbildungsarbeit. So verlangte Thea Harmuth auf der 1. Bundesfrauenkonferenz des DGB 1952: "Auch im Rahmen unserer jugendpflegerischen Betreuung unserer jungen Kolleginnen und Kollegen ist in besonderer Weise der verschiedenen

Wesensart von Jungen und Mädchen Rechnung zu tragen. Das Miteinander von Mädchen und Jungen in der gewerkschaftlichen Jugendarbeit darf nicht zur Gleichmacherei führen, die übersieht, daß in der Freizeit des jungen Mädchens Hinweise für die besonderen Aufgaben (der Frau) vermittelt werden müssen" (1. BFK 1952, S. 74).

Auch Käthe Feuerstack wies in ihrem Referat zum Thema "Die zeitgemäße Bestimmung der gesellschaftlichen Stellung der Frau – Eine Bildungsaufgabe" auf die Bedeutung der geschlechtsdifferenten Jugendbildungsarbeit hin: "Der erziehende Unterricht, der also nicht nur Wissensstoffe vermittelt, muß sich, sobald er es mit Mädchen zu tun hat, orientieren an den entscheidenden Wesenskräften der Frau" (1. BFK 1952, S. 159).

Ebenfalls auf der 1. DGB-Bundesfrauenkonferenz 1952 schließlich äußerte sich eine Kollegin folgendermaßen über die Priorität der Tätigkeit der Hausfrau und Mutter im Leben der Frauen: "Es geht ... darum, unsere jungen Mädchen auf ihren Beruf als künftige Hausfrauen und Mütter vorzubereiten. Es darf nicht so argumentiert werden, als ob zuerst die Arbeiterin käme und dann erst die Frau. Ich glaube, daß das Erziehungswerk in erster Linie dahin ausgerichtet werden sollte, zuerst die Frau zu sehen" (1. BFK 1952, S. 174).

An allen diesen Forderungen wird eines erkennbar: Die Übernahme des männlich geprägten gesellschaftlichen Frauenbildes bedeutete, daß die Reproduktionsarbeit auch in den Forderungen, die Entlastungen für die Frauen erreichen sollten, ausschließlich den Frauen zugewiesen blieb. Die Beschreibung der Situation durch eine Kollegin macht diesen Umstand nochmals deutlich: *"Man muß sehen, sie (die Frauen) waren auch mehr strapaziert als heute, zeitlich im Betrieb durch die 48-Stunden-Woche und die mangelnden Verkehrsmittel. Wir hatten ja nicht alle Autos wie heute und zeitlich (war der Aufwand) im Haushalt (wesentlich umfangreicher) und (waren) auch die Familien ... noch größer. Kein Kühlschrank, keine Waschmaschine oder Fertiggerichte. Das gab es alles nicht. Es war damals viel schwieriger, beides (Erwerbstätige und Mutter) zu sein. Und wer das absolut mußte, der war strapaziert bis dorthinaus. Und von daher hat man eher nach Möglichkeiten gesucht zu erleichtern. Die Diskussion hieß nicht Vereinbarkeit von Beruf und Familie, sondern Abbau der Doppelbelastung"* (II.3.B.36). Zu fordern, auch Männer gleichermaßen verantwortlich an den Reproduktionsarbeiten zu beteiligen, war aus einem Blickwinkel, der Weiblichkeit und Familienarbeit gleichsam naturhaft verschmolzen begriff, nicht möglich. Das galt selbst noch für die Anfänge der Forderung nach einem Elternurlaub in den 70er Jahren, wie sich eine Kollegin erinnert: Die Möglichkeit für Männer wurde zwar ins Auge gefaßt, *"aber die Verpflichtung (für die Männer, Familienarbeiten zu übernehmen) wollten wir eigentlich nicht"* (II.3.C.32).

Mit dieser Festschreibung der Frauen auf die traditionell weiblichen Tätigkeiten wurde die "Doppelbelastung" jedoch nicht nur fortgeschrieben, ondern wegen der Ansprüche, die damit an die Frauen gerichtet wurden, durch die Frauenarbeit selbst immer wieder mit reproduziert, denn, so die Aussage einer Kollegin auf der 1.

DGB-Bundesfrauenkonferenz 1952: "Trotzdem die Frau berufstätig ist, muß der Geist im Haus erhalten bleiben" (1. BFK 1952, S. 172).

3.2.2 Idealisierung des Weiblichen und Feminisierung der Welt

All die geschilderten Forderungen waren jedoch, um nochmals mit Maria Webers Worten zu sprechen, "Teillösungen". Die Utopien der Kolleginnen gingen darüber hinaus. Sie setzten – aus dem Blickwinkel der Identifikation mit dem gesellschaftlich vorherrschenden Frauenbild – an der als naturhaft begriffenen Differenz zwischen den Geschlechtern an. Dabei wurde, dem gesellschaftlich bestimmenden bürgerlichen Weiblichkeitsideal folgend, "die Frau" mit ihren so verstandenen typisch weiblichen Eigenschaften in idealisierender Weise überhöht. Besonders anschaulich wird diese Position an den jeweils mit großem Beifall bedachten Ausführungen der auf die Frauenkonferenzen eingeladenen Gastreferentinnen. So erklärte Käthe Feuerstack auf der 1. DGB-Bundesfrauenkonferenz 1952: "Aus der Verantwortung für die Zukunft muß die Frau aber auch geistige Grenzen zu ziehen wissen ... Sie wird sich überall da versagen, wo der Mann Taten um der Tat willen tut, wo er seine Aktivität ohne Sinn und Ziel einsetzt und wo er im geistigen Bereich sich Bälle im luftleeren Raum zuwirft ... Die dem Wesen der Frau eigentümlichste Kraft ist die Opferkraft. Anders ist sie dem Mann verliehen: Heroisch oder in selbstverständlicher Gelassenheit in Kriegszeiten, in den Notfällen des Alltags. Aber es bedarf da eines sichtbaren Ziels, eines Zweckes. Die Frau weiß aus untergründiger Erfahrung, daß Leben sterben kann und dennoch neues Leben gebiert, und daß sie selbst zum Sterben bereit sein muß, damit die Kette der Geschlechterfolge nicht abbreche. Ihr persönliches Schicksal weitet sich zum Schicksal der Generationen und das Wirken jener tiefen Kräfte der Frauen ist eine Lebensfrage für die ganze Menschheit" (1. BFK 1952, S.164f.).

Aus der Identifikation mit einem Modell der naturhaften Geschlechterdifferenz wurde der Ansatz für Veränderungen in der Anerkennung der biologisch bedingten geschlechtsspezifischen Unterschiede verstanden. So Martha Schanzenbach, auf der 2. DGB-Bundesfrauenkonferenz 1955 Referentin zum Thema "Frauen, Mütter, Familien in der heutigen Gesellschaft": "Woran liegt es, daß die Frau im öffentlichen Leben nicht stärker in Erscheinung tritt? Dafür gibt es gute Gründe. Einmal die Belastung der Frau als Hausfrau, Mutter und Erwerbstätige. Diese Belastung ist ungeheuer groß. Dann hat die Frau so etwas wie ein Minderwertigkeitsgefühl, wenn sie im Erwerbsleben auftreten soll. Ferner ist etwas zu berücksichtigen, was auch heute morgen (im Referat des Arbeitswissenschaftlers Otto Graf "Gesundheitliche Gefahren bei der Frauenerwerbsarbeit") immer wieder genannt wurde. Die Frau hat infolge ihrer Empfindsamkeit und dadurch, daß sie alles viel stärker miterlebt, einen größeren Kräfteverbrauch als der Mann" (2. BFK 1955, S. 170f.).

Martha Schanzenbach zog daraus die Konsequenz, daß: "Wenn wir tatsächlich die Gleichberechtigung der Frau erreichen wollen, unter der natürlich immer die

Besonderheit der Frau zu berücksichtigen ist, dann ist in unserer Gesellschaftsverfassung noch eine große Änderung notwendig. Dann muß auch das Verhalten des Mannes gegenüber der Frau in solchen Dingen anders werden" (2. BFK 1955, S. 171). Dies sollte zum Beispiel in der Partei- und Gewerkschaftsarbeit gelten, denn diese "ist ganz auf den Mann eingestellt ... Wir müssen deshalb andere Formen der Zusammenarbeit von Mann und Frau im öffentlichen Leben finden" (2. BFK 1955, S.174).

Gerade weil Weiblichkeit als eine biologisch bedingte, unabänderliche Konstante begriffen wurde, sollten gesellschaftliche Veränderungen stattfinden. Oder wie es eine Kollegin formuliert: *"Ich bin ja immer dafür eingetreten, ich bin kein Mann, ich bin eine Frau und ich betrachte die Dinge von meinem Standpunkt aus. Der mag anders sein als der der Männer, aber ich will nicht diese Art von männlicher ..., ich will das einfach nicht. Ich lehne es ab, mich genauso zu machen wie die Männer, mich anzustrengen, um mich zu bewähren, daß ich genauso bin wie ein Mann. Das mache ich nicht"* (II.2.L.20).

"Das weibliche Element, das andere Denken, das gehört dazu" (II.2.D.34) findet auch heute noch eine der befragten Kollegin. Doch wie schnell die Idealisierung "der Frau" in Ansprüche an die Frauen umschlagen konnte, soll hier an den Ausführungen Martha Schanzenbachs deutlich werden: "Damit meine ich, daß die Frau mit all ihren Fähigkeiten nicht nur ihre mütterliche Aufgabe zu erfüllen hat, sondern darüber hinaus ihre ganze Kraft und ihr ganzes Können wirken lassen muß, daß Frieden in der Welt wird ... Dazu ist niemand mehr berufen als die Frau" (2. BFK 1955, S. 198).

Die Forderung nach Veränderungen aufgrund der biologisch bedingt unabänderlichen psychosozialen Differenz zwischen den Geschlechtern trug zudem unbemerkt eine fatale Konsequenz für Frauen in sich: Diese Forderungen konnten nur um den Preis der eigenen Festschreibung auf das gesellschaftliche Weiblichkeitsbild erhoben werden.

3.2.3 Entwertung der Frauen und des weiblichen Lebenszusammenhangs

Doch mit dem in den 50er Jahren gesellschaftlich bestimmenden bürgerlichen Weiblichkeitsbild verband sich nicht nur die Idealisierung des abstrakten Weiblichen schlechthin, sondern ebenso die Entwertung der realen Frauen und der von Frauen geleisteten Haus- und Familienarbeit.

Daß diese beiden Seiten einer Medaille – Idealisierung und Entwertung – blitzschnell wechseln konnten, wird an den Ausführungen Martha Schanzenbachs deutlich: "Die Frau ist ja Mittelpunkt der Familie. Von ihr hängt alles ab. Wir haben immer wieder beobachtet: Ein Mann kann in der Familie ausfallen, deshalb geht die Familie nicht zugrunde. Wenn aber die Frau ausfüllt, ist die Familie mehr oder weniger zerstört. Die familienerhaltende Kraft, die von der Frau ausgeht, ist ungeheuer stark. Dabei erleben wir aber immer wieder, daß die Hauptarbeit der Frau – der Erziehung der Kinder, die Führung des Hauswesens – gesellschaftlich überhaupt nicht gewertet wird. Niemand nimmt davon Kenntnis ... Daran sind wir Frauen aber selbst schuld, weil wir unsere Arbeit nicht genügend herausstellen" (2. BFK 1955, S. 193). Die Zuweisung der Schuld an sich selbst und Selbstentwertung für die eigene Diskriminiertheit folgt hier der weiblichen Idealisierung auf dem Fuß.

So verstanden sich die Frauen – neben aller Idealisierungen des allgemein Weiblichen und entgegen der eingangs geschilderten eigenen Aufbauarbeiten nach dem Ende des 2. Weltkrieges – in ihren realen Tätigkeiten lediglich als untergeordnete Helferinnen beim männlichen Entwurf der Welt. Dies wird bereits am Motto der 1. DGB-Bundesfrauenkonferenz 1952 deutlich, das von Thea Harmuth erläutert wurde: "Frauen helfen – Frauen bauen auf! was sagt mehr als diese Worte über den Willen, den die gewerkschaftlich organisierten Frauen bekunden, um mitzuhelfen am Aufbau einer neuen, besseren sozialen Ordnung" (1. BFK 1952, S. 20).

Auch Käthe Feuerstack sah in ihrem Referat in der propagierten Familienorientiertheit der Frauen zugleich nur reale Defizite: "Diese Passivität und Indolenz hält die Masse der Frauen wie ein Bleigewicht am Bodensatz der Gesellschaft fest und sie wird in unserer so ausgesprochen dynamischen Zeit zu einer Schuld an der Mitwelt. Solange die Frau noch 'einen Garten wichtiger nimmt als eine Stadt, eine Krankheit wichtiger als eine Idee, eine Niederkunft wichtiger als eine Revolution', wie die französiche Schriftstellerin Simone de Beauvoir sagt, wird sie nur Objekt bleiben, aber eben ein reichlich hinderliches Objekt" (1. BFK 1952, S. 152).

Gerade die konkreten hausfraulichen Tätigkeiten wurden geringgeschätzt. Käthe Feuerstack referierte über Hauswerksunterricht, der Mädchen nicht nur fertigkeitsvermittelnden Fachunterricht, sondern "Sinnzusammenhänge" erschließen solle: "Die Mädchen erfahren dadurch, daß z.B. das Reinmachen, Kochen und Essen nicht Selbstzweck ist. Sie werden als Hausfrauen anpassungsfähig, werden und von ihrem starren Programm einmal abgehen können, wenn etwas dazwischen kommt, ohne aus der Fassung und der guten Laune zu geraten. So wird der Tag des Großreinemachens eben einmal verschoben, wenn zufällig der Mann gerade einen freien Tag hat; so werden die kleinen Beschädigungen und Störungen der Ordnung, die etwa die Radiobastelleidenschaft des Mannes verursacht, freundlich in Kauf genommen – auf das 'freundlich' kommt es nämlich dabei an, anstatt daß die übergewissenhafte Hausfrau dem Mann schließlich die Beschäftigung verleidet und er wieder ins Wirtshaus gejagt wird. Wie manche Ehe hat dadurch ihren Riß erhalten" (1. BFK 1952, S. 160). Bei den Ausführungen Käthe Feuerstacks ging es im Grunde darum, den Lebenszusammenhang der Frauen, der einer eigenen inneren Gesetzmäßigkeit folgt, an die männlichen Bedürfnisse anzupassen. Die Eigendynamik des zugewiesenen Weiblichen wurde – wiederum mit männlichem Blick auf reales Frauenleben – als Dummchenhaftigkeit (in ihrer mangelnden Bereitschaft und Fähigkeit sich an männliche Spielregeln anzupassen) diffamiert. Die Zurichtung der Frau zum Objekt des Mannes wurde damit fortgeschrieben und gefestigt.

Die Hausfrau als Dummchen, die Hausarbeit als primitive Tätigkeit, die mit einem Minimum an Schulung zu rationalisieren sei – mit dieser Sichtweise teilte die gewerkschaftliche Frauenarbeit den männlichen Blick auf weibliche Reproduktionstätigkeiten, der diese nicht als qualifizierte Arbeit versteht. Der Beitrag einer Kollegin auf der 1. DGB-Bundesfrauenkonferenz verdeutlicht dies nochmals: "Wir brauchen für unsere Mädchen nicht einen Unterricht, der acht Stunden Hausarbeit umfaßt, sondern wir müssen den Mädchen beibringen, wie man in zwei oder drei Stunden neben der beruflichen Tätigkeit die Hausarbeit leisten kann" (1. BFK 1952, S. 179).

Nicht zuletzt schließlich verlangten sich die Frauen – ebenfalls dem männlichen Blick folgend – Bescheidenheit in ihrer weiblichen Rolle ab, denn nicht Nabelschau und Selbstthematisierung sei gefragt. Es wurde damit ein Geschlechterverhältnis voller Doppelmoral reproduziert, das Männern Selbstdarstellung für ihre Leistungen zubilligt, weibliche Leistungen hingegen, sofern sie nicht männlichen Mustern folgen, als solche nicht anerkennt. Nochmals Emmy Wingerath: "Und peinlich ist der Selbstkult, den auch manche Frauen mit den 'weiblichen Wesenswerten' treiben. (Starker Beifall.) Weibliche Wesensart soll man leben, aber nicht feierlich bereden. (Beifall.) Und sie ist auch nur dann ein Lebenswert, wenn sie innerlich geformt und zuchtvoll gestaltet wird. Viel innere Disziplin und innere Kultur sind dazu nötig, sonst kann aus der weiblichen Passivität und Geduld geistige Trägheit, ja Indolenz, aus der Liebeskraft Sentimentalität werden. (Starker Beifall)" (3. BFK 1959, S. 81).

3.2.4 Anpassung an männlich-gewerkschaftliche Strukturen

Während das gesellschaftlich bestimmende Frauenideal die Geschlechterdifferenz als feststehend begriff und im Zusammenhang damit Weiblichkeit als Abstraktum idealisierte und gleichzeitig die realen Frauen und ihre Tätigkeiten entwertete, erhob das Frauenbild der gewerkschaftlichen Theorie den Anspruch auf Gleichheit zwischen den Geschlechtern. Unter diesem Blickwinkel strukturierte sich Frauenleben vorrangig unter dem Aspekt der Stellung der Frauen im Produktionsprozeß. Konkret bedeutete das: Frauen sollten sich aus der Blickrichtung der Identifikation mit dem gewerkschaftlichen Frauenbild, ungeachtet des realen Geschlechterverhältnisses, männlichen Modellen anpassen. Die rückblickenden Reflexionen einer Kollegin über das Frauenbild der gewerkschaftlichen Frauenarbeit jener Zeit machen das deutlich: *"Man hat natürlich ein Bild gehabt, nämlich das Bild, das gleichzeitig Ziel war. Ziel war die bürgerlich und arbeitsrechtlich und sozialpolitisch völlig gleichgestellte Frau. Die Frau, die die gleichen Rechte, aber auch die gleichen Pflichten hatte wie der Mann. Das war die Zielvorstellung und das war eigentlich das, was man als Idealbild, als Bild der Frau hatte ... Das hatte man als Ziel vor Augen und das war eigentlich auch das Idealbild, die gleichberechtigte Frau, die ganz selbstverständlich alle Rechte für sich in Anspruch nahm, mit einem vernünftigen Selbstwertgefühl und mit einem vernünftigen Selbstbewußtsein, selbstbewußt* wie der Mann, *(Hervorhebung S.I.B.) und so weiter"* (II.N.7f.). Auch hier wiederum, ebensowenig wie beim gesellschaftlich bestimmenden Blick auf

Frauen, wurde die bestehende Rangfolge zwischen den Geschlechtern angetastet. Denn es wurde der Versuch unternommen, den Beigeschmack des Minderwertigen am Weiblichen mit dem Weiblichen selbst loszuwerden.

- ANPASSUNG: NOTWENDIGKEIT UND SELBSTUNTERDRÜCKUNG

Um in der Männergewerkschaft überhaupt zurechtzukommen, war es einerseits notwendig und realitätstüchtig, daß sich die Frauen den Erfordernissen der männlich strukturierten Produktionssphäre anpaßten. Eine Kollegin beschreibt den Realitätszwang, nach männlichen Spielregeln erfolgreich sein zu müssen in bezug auf die Tarifarbeit eindringlich: *"Die Tarifarbeit ist ja nicht einfach, wie ich immer noch meine, eine der schwierigsten Bereiche der Gewerkschaftsarbeit überhaupt, weil man da nichts versprechen kann, da muß man es bringen. Und das steht dann da. Jeder Abschluß ist ein Kompromiß, und den muß man verteidigen. Und da kann man nicht sagen, ja Kumpel, ich wollte ja doch 10 Prozent mehr, und nun habe ich nur so viel, weil ich zu schwach war oder so ... Also da hat man nun durchaus nicht immer die Möglichkeit, nur noch die Weiblichkeit darzustellen. Und die Geschichte, daß wir mit Charme besonders viel erreichen, die hat nur sehr kurze Beine. Das geht nur eine kleine Zeit. Und dann wird man nur ernst genommen, wenn man in der Sache so mit denen fechten kann. Und dann vielleicht noch besser ... Aber an diesem Weg scheitern viele Frauen und sind viele Frauen gescheitert. Vor allem die ehrenamtlichen Kolleginnen, die dann wieder ihrem Betriebsratsvorsitzenden im Betrieb gegenübersaßen und der hat dann zu der gesagt, was hast du denn da gestern vielleicht vertreten oder so, und dann war sie unten. Das ist eine große Frage, einen Teil der Funktionärinnen soweit zu kriegen, daß sie bei allen diesen Dingen zumachen können"* (II.2.Q.37f.).

Dieser äußere Anpassungsdruck war jedoch nicht ohne innere Widersprüche. Denn damit wurden auch von der Frauenarbeit zusätzlich zu den gesellschaftlichen auch männlich-gewerkschaftliche Standards in bezug auf die Anforderungen an Frauen verinnerlicht und an die Kolleginnen weitergegeben.

Was diese Verdoppelung von Ansprüchen konkret für die Kolleginnen bedeuten konnte, macht die Schilderung ihres eigenen Lebens durch eine Kollegin erkennbar: *"Und wenn berufstätige Frauen, ganz egal wo, ... anfangen Geld zu verdienen, und du hast zwei Kinder und eine Familie und bist politisch tätig und mußt sechs Tage (in der Woche) arbeiten ... Ich habe 20 Jahre im Schnitt nicht mehr als vier Stunden geschlafen ... Ich habe es durchgestanden. Viele andere konnten es nicht durchstehen, sie sind zusammengebrochen, weil die von ihrer körperlichen Konstitution das gar nicht konnten"* (II.1.M.36). Die Kollegin verlangte sich beides ab: Die Übernahme der Reproduktionsarbeit ebenso wie die volle Verfügbarkeit als Funktionärin. Sie erfüllte damit beide männlich definierten Frauenbilder, das gesellschaftliche ("Fraulichkeit" zu demonstrieren) wie das gewerkschaftliche (ihren "Mann zu stehen"). Durch diese verdoppelte Anpassungsleistung wurden damit zugleich jedoch auch die männlich gesetzten doppelten Ansprüche an Frauen erneut reproduziert.

Ziel der gewerkschaftlichen Frauenarbeit aus dem Blickwinkel der Identifikation mit dem männlich-gewerkschaftlichen Frauenideal war, die Frauen bruchlos in die Organisation zu integrieren, wie es eine Kollegin auf dem 4. DGB-Bundeskongreß formulierte: "Ihr könnt uns glauben, wir wollen ja gar nicht Extrawürste! Wir wollen neben Euch stehen!" (4. DGB-BK 1956, S. 44O). Auch die Erinnerungen der Kolleginnen bestätigen dies: *"Wir haben ja alle, wie wir hier sitzen, glaube ich, sehr lange Zeit daran geglaubt, durch unsere Arbeit – das ist ein bissl übertrieben – die Frauen so zu motivieren, daß die eigentliche Frauenarbeit innerhalb der Gewerkschaften überflüssig wird. Ich auch. Ich bin auf Konferenzen und Gewerkschaftstagen aufgetreten und habe gesagt, es ist unser Ziel, (uns) in der Frauenarbeit ... überflüssig zu machen"* (II.2.Q.34).

Die traditionell weiblichen Lebensbereiche, die damit verbundenen Qualifikationen der Frauen, ihre Wünsche und Vorstellungen galten dabei als hinderlich: *"Leider müssen wir sagen, daß nicht einmal alle Frauen unserer Auffassung waren. Ich habe also auch erlebt, daß auf einer Versammlung – da waren sogar ziemlich viele da – es war aber eine unorganisierte Frau, die mit einmal dazwischenruft und sagt: 'Ja, wie kommen sie denn dazu, Gleichberechtigung zu verlangen, ich will sie gar nicht.' Als Zwischenruf!" (II.1.F.27). In der Konsequenz, so beschreibt eine Kollegin, "(hat) unsere ganze Arbeit ... Jahrzehnte darin bestanden, den Frauen (zu) versuchen beizubringen, was sie wollen sollten"* (I.1.Q.16). Es ging also bei diesem Aspekt gewerkschaftlicher Frauenarbeit nicht um eine Vertretung von Fraueninteressen in der Gewerkschaft, sondern um die Durchsetzung männlich-gewerkschaftlicher Sichtweisen im Bewußtsein der Frauen. In der Entwertung der realen Frauen und ihrer Lebenszusammenhänge ging das gesellschaftliche und das gewerkschaftliche Frauenbild damit nahtlos ineinander über.

• Anträge: Diskriminierung durch Geschlechtsneutralität

Denn daß die gewerkschaftlichen Sichtweisen auf Frauenleben von männlichen Interessen bestimmt waren, läßt sich an den durch sie bestimmten Forderungen ablesen. Und ebenso deutlich wird an ihnen, daß in einer Kultur, die Männerinteressen als "allgemeine" und Fraueninteressen als "Sonderinteressen" versteht, eine Hinwendung zum "Geschlechtsneutralen" und "Allgemeinen" immer eine Diskriminierung von Frauen bedeutet.

So wurde auf der 1. DGB-Bundesfrauenkonferenz 1952 mit dem Antrag C "Gleicher Lohn für gleiche Arbeit" verfahren. In der ursprünglichen Begründung des Antrages hieß es über die anhaltende Lohndiskriminierung der Frauen: "Gründe hierfür sind die ablehnende Haltung der Arbeitgeber, die geringe Aktivität der Kolleginnen und als einer der Hauptgründe die Unklarheit und das Zurückhalten der Kollegen zu diesem Problem" (1. BFK 1952, S. 196). Nachdem bei der Antragsberatung auf die Kritik zweier Kolleginnen hin die "geringe Aktivität" der Kolleginnen, die doch nur den Argumentationen der Arbeitgeber zupaß käme, gestrichen werden sollte, "muß" wie eine andere Kollegin einwendete "auch die

Zurückhaltung der Kollegen herausbleiben!" (1. BFK 1952, S. 196). Aus "Gerechtigkeitsgründen" (1. BFK 1952, S. 235) entschloß sich die Konferenz, das Desinteresse der Kollegen ebenfalls aus der Antragsbegründung zu streichen. Übrig blieb, in falscher gewerkschaftlicher Solidarität auf Kosten der ursprünglichen Forderung, die sich eben auch an die Kollegen richtete – und doch zur Zufriedenheit der Konferenz, wie die Zurufe "Richtig! Einverstanden!" belegen – lediglich die Schuld der Arbeitgeber an der Diskriminierung der Frauen: "Gründe hierfür sind u.a. in der Hauptsache die ablehnende Haltung der Arbeitgeber" (1. BFK 1952, S. 235).

Die mit der Identifikation mit dem gewerkschaftlichen Bild der Gleichheit im Geschlechterverhältnis verbundene Ablehnung aller frauenspezifischen Regelungen läßt sich immer wieder finden. So beispielsweise in bezug auf die Wahl von Frauen in Gremien. Eine Kollegin berichtet über ihre damaligen Einschätzungen: *"Im Vorstand muß(te) mindestens eine Frau vertreten sein. Bei uns beim DGB war das so, und in der Partei war es auch so, und in der Jugendorganisation war es auch so. Und ich Idiot, ich mich immer dagegen gewehrt, daß ich diese Feigenblattfrau sein sollte. Ich habe gesagt, ich will nicht gewählt werden, weil ich eine Frau bin, sondern ich will gewählt werden, weil ihr glaubt, daß ich es kann"* (I.1.H.17).

Diese Einschätzung galt selbst für die Frauenarbeit als Personengruppenarbeit: *"Da war ich immer ärgerlich, daß es auch die Abteilung Frauen gab und gewerkschaftliche Aktivitäten und ich aufgefordert wurde, dahin zu gehen. Ich habe gemeint, das trennt uns doch"* (II.2.R.12). Auch hier wird nochmals deutlich: Für die Vertretung spezifischer Fraueninteressen, die in der "allgemeinen" Gewerkschaftsarbeit nicht aufgehen konnten, war aus dem Blickwinkel dieser Argumentationslinie kein Platz.

3.3 Durchsetzungsstrategien

- IDENTIFIKATION MIT DEM GESELLSCHAFTLICHEN FRAUENBILD DER 50ER JAHRE

Aus der Geborgenheit in der Vorstellung einer gleichsam naturhaften Unterschiedlichkeit der Geschlechter erwuchs eine innere Distanz zu männlichen Werten und der männlichen Lebenspraxis, die auch im Verhalten der Kolleginnen den männlichen Kollegen gegenüber ihren Niederschlag fand.

Mit der Akzeptanz einer feststehenden Geschlechterdifferenz verband sich einerseits Verständnis für traditionell männliche Praxen. So beschreibt eine Kollegin ihre Sichtweise von Männern: *"Ich gehöre einer Generation an, die so erzogen ist ... Ich hatte immer sehr viel Verständnis für diese Männer. Ich konnte nie, das kann ich bis heute nicht, also diese modernen Emanzen, die am liebsten alles abschneiden würden beim Mann und ohne einen leben wollen, mit denen kann ich nicht, mit dieser erbarmungslosen Kritik der Männer, das kann ich nicht. Das kann ich nicht nachvollziehen, das bringe ich nicht fertig. Also, ich kann nicht sagen, daß ich immer nur positive Erlebnisse mit Männern gehabt habe, aber im Grunde genommen, ich meine, das sind halt die Männer, die sind anders als die Frauen"* (II.2.L.20).

Andererseits ließ eben diese Distanz die Kolleginnen aber auch harte Worte der Kritik an den Kollegen finden, die nichts an Deutlichkeit zu wünschen übrig ließen. So kritisierte eben auf jener 1. DGB-Bundesfrauenkonferenz 1952, auf der später der Antrag C "Gleicher Lohn für gleiche Arbeit" wie beschrieben zugunsten der männlichen Kollegen abgeändert wurde, eine Kollegin das Desinteresse der Männer an der Lohndiskriminierung der Frauen. Wie dicht nebeneinander – und damit widersprüchlich – die Identifikation mit dem gesellschaftlichen wie dem gewerkschaftlichen Bild vom Geschlechterverhältnis innerhalb der gewerkschaftlichen Frauenarbeit standen, wird mit den Ausführungen der Kollegin deutlich: "Wir wissen, daß die Gewerkschaft den Grundsatz 'Gleicher Lohn für gleiche Arbeit' aufgestellt hat. Die Botschaft hör ich wohl, allein mir fehlt der Glaube. Wir stellen sehr oft fest, daß sich unsere männlichen Kollegen nicht richtig verhalten. Das sage ich nicht, weil die männlichen Kollegen sich hier in der Minderheit befinden. Ich hätte vielmehr gewünscht, daß mehr Kollegen vertreten wären und sich unsere Ausführungen anhörten. Ich habe in der Bezirksleitung auf Ortsausschußebene den schwersten Kampf auszufechten, um Frauen in die Tarifkommission hineinzubekommen. Wir werden dieses Problem nur lösen, wenn wir Frauen unsere Forderungen selbst vertreten. Wir sind nicht so dumm, als daß wir uns nur auf unsere männlichen Kollegen verlassen! (Lebhafter Beifall!) (1. BFK 1952, S. 130).

Das alltägliche männliche Verhalten wurde von den Kolleginnen aus dem Blickwinkel weiblicher Persönlichkeitsstrukturen kritisiert: *"Ich habe manchmal gesagt, das was ihr so überbetont, eure rationale Entscheidungen, ... im Grunde genommen ist das ein Defizit bei euch. Ihr ... entscheidet gar nicht mehr mit Gefühl und Herz, ihr laßt nur noch die eiskalte Taktik walten bei euren Entscheidungen, und das nennt ihr dann Rationalität. Also ... ein bißchen Emotionalität würde euch Männern auch ganz gut anstehen. Da würden manche Entscheidungen menschlicher ausfallen"* (III.3.G.15).

Demgegenüber wurden die traditionell weiblichen Eigenschaften positiv hervorgehoben und ein Bild einer besseren, weil weiblich mitbestimmten Gegenwelt gezeichnet. Damit sollte der Status der Frauen gehoben und Interessen von Frauen durchgesetzt werden. Dies wird am Beispiel der Diskussion um die Wiederwahl der einzigen Frau in den geschäftsführenden Bundesvorstand auf dem 4. DGB-Bundeskongreß 1956 deutlich. Eine Kollegin argumentierte folgendermaßen: "Man sollte bei der Wahl für den zukünftigen Bundesvorstand nicht vergessen, daß unsere sehr männlich eingestellte Welt nicht nur aus Männern besteht ... Es steht seit einigen hundert Jahren fest, daß reine Männerregierungen weder der Welt noch besonders Deutschland gut bekommen sind. (Beifall.) Wir sollten darum auch bei uns die reinen Männerregierungen möglichst vermeiden, und zwar sowohl im Staat wie auch in größeren Organisationen. Wir sind als Arbeitnehmerinnen und als Hausfrauen und auch als Mütter unserer Kinder sehr besorgt um die Zukunft und möchten darum wirklich in allen entscheidenden Gremien vertreten sein. Das liegt nicht nur im Interesse der Kolleginnen, sondern in dem der gesamten Wirtschaft und aller Kollegen" (4. DGB-BK 1956, S. 562f.). Die gewerkschaftliche Frauenarbeit griff damit unbemerkt eine Durchsetzungsstrategie wieder auf, die die konservative bürgerliche Frauenbewegung der Jahrhundertwende entwickelt hatte: Frauen als "besseren" Menschen Rechte zu verschaffen.

Diese anvisierte Verbindung von männlichen und weiblichen Anteilen bedeutete auch eine Vorstellung von Ganzheitlichkeit, die über die Anpassung der Frauen an männerdominierte Strukturen hinausging. Eine Kollegin beschreibt es rückblikkend: *"Und wenn ich mit Frauen, nicht von der Gewerkschaft, spreche, sie sagen immer zu mir: 'Du bist zu sachlich'. Und dann – Männern möchte ich manchmal (das Gegenteil wünschen), d.h. genau umgekehrt, aber viele Frauen möchte ich etwas sachlicher"* (III.3.0.15).

- IDENTIFIKATION MIT DEM GEWERKSCHAFTLICHEN FRAUENBILD

Die gleichzeitige Identifikation mit dem gewerkschaftlichen Gleichheitsbegriff bedeutete jedoch auch, daß die Kolleginnen die kulturell tiefsitzende Diskriminierung der Frauen trotz gegenteiliger Erfahrungen nicht als solche wahrnahmen: *"Es wäre uns zunächst zu diesem Zeitpunkt noch gar nicht die Idee gekommen, daß es darum geht, um Gleichberechtigung zu kämpfen. Wir glaubten, wir hätten sie schon"* (II.2.R.12).

Vielmehr wurde die Benachteiligung der Frauen auf ihre eigene Defizithaftigkeit zurückgeführt. Diese Selbstentwertung fand ihren Niederschlag in einer äußersten Bescheidenheit der Frauen. So begann eine Kollegin auf dem 3. DGB-Bundeskongreß 1954 mit den entschuldigenden Worten: "Kolleginnen und Kollegen! Sie werden schon gemerkt haben, daß wir Frauen nicht daran interessiert sind, die Rednerliste um jeden Preis zu verlängern" (3. DGB-BK 1954, S. 501).

Gegen Ende der 50er Jahre gewann diese Position der Selbstbescheidung gerade im Zusammenhang mit der Favorisierung des Gleichheitsgedankens innerhalb der gewerkschaftlichen Frauenarbeit zunehmend an Gewicht. Dies ist nur scheinbar paradox, denn mit der zunehmenden Orientierung an der männlichen Gleichheitsideologie erschienen die Frauen immer mehr als defizitär. So wurde in der Antragsberatung des Antrages N "Besetzung von Sekretärsstellen im DGB und in den Industriegewerkschaften" auf der 1. DGB-Bundesfrauenkonferenz 1952, in dem es hieß: "Die Konferenz fordert, dafür einzutreten, daß bei Besetzung von Sekretärsstellen im DGB in stärkerem Maß als bisher auch Kolleginnen berücksichtigt werden." noch eine klare Distanz der Kolleginnen zu den männlich-gewerkschaftlichen Frauenbildern deutlich. Eine Kollegin bat, "daran zu denken, daß wir nicht Forderungen stellen, sondern Wünsche. Wir können nur sagen: 'Die Konferenz wünscht'". Mit einem "Nein" aus dem Auditorium und der anschließenden Abstimmung blieb die Konferenz jedoch bei der ursprünglichen Wortwahl "fordert" (1. BFK 1952, S. 227). Bereits auf der 3. DGB-Bundesfrauenkonferenz 1959 hingegen wurde dem Konflikt mit den männlichen Kollegen in einer von gewerkschaftlichen Normen geprägten Weise durch Selbstentwertung der Kolleginnen ausgewichen: "Wir dürfen uns nicht an die Klagemauer stellen und unseren männlichen Kollegen Vorwürfe machen, daß sie uns nicht so helfen wie sie könnten. Wir müssen uns um rein gewerkschaftspolitische Aufgaben kümmern". Neben der Delegierung von Reproduktionsarbeiten (wie z.B. Tagesheimschulen, Modernisierung des Haushaltes) forderten die Kollegin vielmehr, daß sich die Frauen quantitativ und qualitativ besser in der Organisation beteiligen sollten (3. BFK 1959, S. 59f.).

Die Frauenarbeit der 50er Jahre teilte eben auch die männliche Vorstellung, die "männliche" Eigenschaften, Strukturen und Lebensbereiche höher schätzt(e) als "weibliche". So wurden die männlichen Qualifikationsstrukturen ungebrochen akzeptiert. Frauen sollten formale Qualifikationen erwerben, die ausschließlich an den Erfordernissen des männlichen Sozialcharakters und der männlichen Normalbiografie entwickelt wurden. Durch heranführendes Lernen sollte die Wertschätzung der Männer gewonnen werden. Leistung – an männlichen Maßstäben gemessen – wurde als Voraussetzung für die Akzeptanz der Frauen in der Organisation propagiert. Eben dieses Politikmodell war es auch, das bei den weiblichen Mitglieder auf Ablehnung stieß und deshalb funktionalistisch kompensiert werden mußte: *"Es gab ein Miteinander, weil man auch in der damaligen Zeit nicht ohne weiteres Kolleginnen mit Politik locken konnte"* (II.3.C.7).

- Wohlverhalten, Argumente und Taktik

Statt auf Konfrontation mit den männlichen Gewerkschaftern setzten die Kolleginnen auf Wohlverhalten und die Kraft des Arguments. Sie wollten Vorurteile bei Männern *"abbauen"* (III.1.). Thea Harmuth beschrieb ihre Vorstellungen: "In dem Maße, in dem das sachliche Gespräch und die Zusammenarbeit zwischen Kolleginnen und Kollegen gelingt, in gleichem Maße werden auch die Aufgaben, die unsere Zeit Frauen und Männern stellt, gelöst werden können" (1. BFK 1952, S. 81).

Und die Kolleginnen versuchten es mit "Taktik", in den Argumenten wie in den Verhaltensweisen. Beispielsweise in der Auseinandersetzung um die Lohndiskriminierung der Frauen: "Wenn wir den Kollegen sagen, daß wir aus diesen und jenen berechtigten Gründen unsere Forderungen stellen, dann gehen sie nicht darauf ein. Wenn wir ihnen aber sagen, welche Gefahr solche niedrigen Frauenlöhne für die Männer selbst bedeuten (Beifall), dann sind sie eher dafür zu haben ... Von diesem Standpunkt aus muß man unsere Kollegen ansprechen. Anderen Gründen gegenüber sind sie nicht sehr aufgeschlossen" (1. BFK 1952, S. 134).

Eine Kollegin formuliert es allgemeiner: *"Da hat man einfach gemacht, auch wenn man wußte, der Zuständige hat da Bedenken. Man muß sich da ja nicht total aus dem Fenster hängen. So ungefähr. Das ist so ein bißchen der Weg des geringsten Widerstandes"* (II.3.B.38f.).

Die Entscheidung, sich auf taktisches Verhalten einzulassen, war dabei einerseits realitätstüchtig. Zugleich jedoch war damit auch ein Akzeptieren der männlichen Weiblichkeitszuweisungen verbunden. Denn eine strukturelle Veränderung des Geschlechterverhältnisses ließ sich dadurch nicht erreichen. Vielmehr blieb die Position der Frauen ambivalent. Denn auch wenn sie sich durch taktisch geschicktes Verhalten Handlungschancen erwarben, änderte dies nur wenig an der grundsätzlichen Geringschätzung von Frauen und daß ihnen am liebsten nur "Spielwiesen" überlassen worden wären. Diese Widersprüchlichkeit geht aus der Erinnerung einer Kollegin hervor, auch wenn der Pferdefuß dieses "Vorteils", wie sie es nennt, von ihr nicht angesprochen wird: *"Da hat(te) man dann den Vorteil,* daß uns die Männer lange gar nicht für ernst und voll genommen haben *(Hervorhebung S.I.B.). Die haben uns lange machen lassen. Wir haben Geld dafür gekriegt, was wir wollten, damit wir Lehrgänge und Versammlungen machen konnten. Danach wurde nicht so gefragt, solange wir ihnen nichts (direkt) getan haben"* (II.2.Q.2).

• Kompensationen

Die Selbstbeschränkungen, die sich die Kolleginnen durch ihre Verhaltensweisen den männlichen Gewerkschaftern gegenüber auferlegten, wurden jedoch von ihnen auf unterschiedliche Weise kompensiert. So wurden bereits in den 50er Jahren Diskussionen um eine eigene Frauengewerkschaft (I.2.F.29) geführt.

Ein weiterer wichtiger Kompensationsmechanismus scheinen jedoch individuelle Aggressionshandlungen männlichen Gewerkschaftern gegenüber gewesen zu sein. So genießen es die Kolleginnen heute noch, den Kollegen in halboffiziellen Situationen, in denen sie in statusmäßig besseren Positionen waren, oft *"Angst gemacht"* (II.2.Q.41) zu haben. So berichtet eine Kollegin von einem Vortrag: *"Das übliche Bild: Höchstens zwei Frauen die (im Seminar) dabei sind. Und ich spreche also darüber, wie sie selber mithelfen können, daß die Frauen in den Betrieben wirksamer werden können. Nicht nur organisieren, sondern daß man sie auch interessiert, daß sie Funktionen übernehmen usw. Ich habe also ein Bild hingestellt von einer Frau, wie wir sie (uns) in den Gewerkschaften wünschen würden. Und erzähle also das und sehe dahinten einen Kollegen, der also merklich unruhig wurde und mir dazwischenruft und sagt: 'So eine Intelligenzbestie als Frau möchte ich gar nicht haben.' Darauf mache ich eine Pause. Ich gucke mir die ganzen Kollegen an, die warten drauf, was jetzt kommt. Ich gucke ihn an und sage: 'Weißt du, Kollege, du wärst auch nicht der Typ für eine Intelligenzbestie.' Da hatte ich die Lacher auf meiner Seite"* (II.1.F.26).

Ein Ventil finden, die "Hauptwut ablassen" konnte eine Kollegin auch bei Tarifverhandlungen als Vorsitzende einer Schlichtungskommission: *"Ich habe also die Schlichtung geleitet. Und die haben wir dann unterbrochen: Da bin ich zurück in die Tarifkommission und habe die Männer wie Schulbuben abgefragt – bist du dafür, bist du dafür, bist du dafür? Das sind durchaus Methoden, die nun nur mit der allgemeinen Weiblichkeit nichts mehr zu tun haben"* (II.2.Q.37).

Doch alle diese Verhaltensweisen blieben individuell. Und nur allzu schnell schlug die individuelle Aggression blitzschnell in kollektive Autoaggression um, da letztlich doch von den Frauen als Gruppe offene Aggressionen Männern gegenüber gescheut wurden. So berichtet eine Kollegin über den Unterschied zwischen Konferenzen von Männern und Frauen: *"Bei den Frauenkonferenzen sitzen die Delegierten im Raum. Sie hören zu, sie diskutieren und hinten läuft niemand rum. Im Gegensatz zu allgemeinen Konferenzen, am schlimmsten habe ich das auf Parteitagen erlebt, da sitzen im Raume bei den Delegierten wenig, hinten ist die reinste Wandelhalle, die Kaffeetassen sind alle voll und die bringen dann ihre spontan vorbereiteten Manuskripte von zu Hause mit. Und sie machen da ihre Redebeiträge, und dann ist es weg. Also ob da Pause war oder nicht, hinten wandelten alle. Und bei den Frauen ist soweit Disziplin, daß sie eben im Saal sitzen und auch bis zum Schluß bleiben und nicht nach dem Spesenempfang abhauen ... Kaffeeklappern (ist da) nur in den Pausen zu finden. Deshalb auch diese Aussage dort drin"* (III.1.C.25).

Der Bericht der Kollegin bedeutet im Grunde eine einzige vernichtende Kritik am Verhalten der Männer. Im Text des Geschäftsberichtes an die 4. DGB-Bundesfrauenkonferenz 1962 über die 3. DGB-Bundesfrauenkonferenz 1959, den die Kollegin durch die rückblickende Beschreibung erläutert hatte, wurde diese Kritik jedoch in einer Weise "verpackt", die letztlich in Selbstentwertung umschlug. Im Versuch, sich selbst als bessere Gewerkschafterinnen darzustellen, wurden jedoch nicht die Kollegen angegriffen, sondern die Frauen diskreditierten sich selbst, indem sie über sich – in geschlechtsspezifischen Zuschreibungen, wie auch sonst – Aussagen machten: "Das ausgezeichnete Niveau, die lebendige sachliche Diskussion und die Beratungsergebnisse fanden beim DGB und den angeschlossenen Gewerkschaften Beachtung und Anerkennung. Aber auch in der Öffentlichkeit ist diese Konferenz als eindrucksvoll und gelungen bezeichnet worden. Besondere Erwähnung hat dabei die gute Disziplin während des Ablaufs und die Sachkenntnis gefunden, mit der die Teilnehmerinnen ihre Anliegen und Forderungen vorgebracht und erörtert haben" (GB-Abt. Frauen 1959-61, S. 9).

Selbstentwertung durch Beschreibung der Defizithaftigkeit des traditionell Weiblichen wurde schließlich zur zentralen Struktur weiblicher Emanzipationsforderungen. So versuchte Thea Harmuth auf der 2. DGB-Bundesfrauenkonferenz 1955 das Recht der Frauen auf Erwerbsarbeit mit einem Recht auf persönliche Entwicklung, die lediglich über Erwerbsarbeit zu initiieren sei, zu begründen: "Jede Arbeit dient ja nicht nur zur Befriedigung materieller Bedürfnisse. Sie ist zugleich der Platz, auf dem der Mensch sich charakterlich zu bewähren hat. Es ist notwendig einzusehen, daß in der Regel die Erwerbsarbeit dem Menschen als Grundlage zu dienen hat, von der aus er auch den Zugang zum Geistigen findet. Darum gibt es ein echtes menschliches Bedürfnis nach Arbeit, und schließlich gibt es daher auch für die Frau das Recht auf Arbeit. In welcher Weise die Frau hier Wunsch und Notwendigkeit, inneres Drängen und äußeres Müssen in Einklang bringt, das macht schließlich die Persönlichkeit der erwerbstätigen Frau aus und läßt sie zu der Reife gelangen, die sie in unserer Zeit vielleicht in ihrem engeren Bereich des Nur-Haushaltes nie gewinnen würde" (2. BFK 1955, S. 64f.).

Auch in ihren Durchsetzungsstrategien drehte sich die gewerkschaftliche Frauenarbeit der 50er Jahre also im Kreise der männlichen Weiblichkeitszuweisungen, indem sie versuchte, Verbesserungen für Frauen innerhalb der männlichen Weiblichkeitsvorgaben zu erreichen.

4. Resümee

"Und das ist es, was man im nachhinein nicht verstehen kann, daß da nicht alles so gemacht worden ist, daß eine neue Welt daraus entsteht ... Aber erst ein Programm machen und dann versuchen, wie man das heute macht, das zu verwirklichen, das war nicht drin" (II.2.H.2), so schildert eine Kollegin ihre Erinnerungen an die Anfänge der Frauenpolitik des DGB nach dem Zweiten Weltkrieg.

Und in der Tat, der aktuelle Handlungsdruck, das Denkverbot, das die männlichen Weiblichkeitsbilder den Frauen auferlegten wie das Fehlen einer eigenständigen kulturellen weiblichen Selbstdefinition sicherten den Männern weiterhin Vorteile und verhinderten Veränderungen zugunsten der Frauen: *"In den Gewerkschaften war ein diffuses Frauenbild ... Es war tatsächlich: Man war sich nicht bewußt, irgendwie ein Bild zu haben, daß man nun sagte, also das ist unser Frauenbild ... Die Männer sind mit diesen Familienvorstellungen in die Gewerkschaftsarbeit hineingegangen ... Und die Frauen haben ... aufgrund des an ihnen ständig praktizierten Unrechts und der Ungleichbehandlung überhaupt sich erst bewußt gemacht, was mit ihnen los war, und was sie denn eigentlich wollten. Und das war ein Prozeß, und dieser Prozeß ging nicht so von heute auf morgen"* (II.N.4ff.).

Denn unbemerkt hatte es die Frauenarbeit der 50er Jahre in der äußeren wie der kollektiven inneren Realität mit zwei Bildern von Weiblichkeit zu tun, die gleichermaßen, wenn auch auf unterschiedliche Weise diskriminierend, den weiblichen Lebensentwurf nur an den jeweiligen männlichen Entwürfen von Welt strukturiert denken können. Der Versuch, Verbesserungen für Frauen innerhalb dieser männlichen Weiblichkeitsbilder zu erwirken, konnte deshalb immer wieder nur um den Preis der Selbstfestschreibung auf die männlichen Frauenideale und des Verbleibens der Definitionsmacht über Frauenleben bei den Männern gelingen.

Und dennoch: An beiden Frauenbildern festgehalten zu haben, macht die Schwäche wie die Stärke der Frauenarbeit der 50er Jahre aus. Die Schwäche, weil die damalige Frauenarbeit aufgrund ihrer historischen Situation deren männliche Definiertheit noch nicht erkennen konnte. Die Stärke, weil es ihr – anders als der Frauenarbeit der 60er und 70er Jahre mit ihrer fortschreitenden Identifikation mit dem männlich-gewerkschaftlichen Blick auf Frauen – gelang, über Jahre hinweg die Spannung zwischen diesen beiden Bildern auszuhalten und damit auch den "privaten" Bereich des weiblichen Lebenszusammenhangs in der gewerkschaftlichen Frauenpolitik zum Tragen kommen zu lassen.

Insofern bietet die Frauenarbeit der 50er Jahre in einer Kontinuität der Widersprüche und Brüche von Frauenleben Anknüpfungsmöglichkeiten für die Frauenarbeit der 90er Jahre. Zwischen Politikkonzepten von "Gleichheit" und "Ungleichheit" zwischen den Geschlechtern entscheiden zu wollen, verfolgt eine falsche Alternative. Vielmehr geht es darum, die bestehenden Weiblichkeitsbilder – bei allem Schmerz, der damit verbunden ist – in ihrer männlichen Definiertheit zu erkennen. Ein eigenes, weiblich bestimmtes Selbstverständnis erwächst daraus natürlich noch nicht. Doch was hindert uns, zusammen daran zu arbeiten?

Zeittafel

21.-23.8.1946	Gewerkschaftskonferenz der britischen Zone, Entschließung ›Zur Gleichberechtigung der Frauen‹.
20.-22.11.1946	Erste gewerkschaftliche Frauenarbeitstagung der britischen Zone.
Mai 1947	Überparteiliche, überkonfessionelle Frauenkonferenz in Bad Boll.
Juni 1947	Gründung der ›Arbeitsgemeinschaft überkonfessioneller und überparteilicher Frauenorganisationen‹, Bad Pyrmont.
8.-9.8.1947	Frauenkonferenz des Bayerischen Gewerkschaftsbundes.
21.- 23.10.1947	6. Interzonenkonferenz der Gewerkschaften, ›Entschließung zur Frauenarbeit und zur Aufgabe der Frauen in den Gewerkschaften‹.
28.-30.10.1947	Gewerkschaftlicher Frauenkongreß der britischen Zone, ›Richtlinien für die Frauenarbeit des DGB‹.
3.4.1948	Frauenkonferenz des Hessischen Freien Gewerkschaftsbundes.
Mai 1948	Frauenkonferenz des Gewerkschaftsbundes Württemberg-Baden.
25.-27.1.1949	Trizonale Frauenkonferenz – Tagung der Frauenausschüsse der Gewerkschaftsbünde in den Westzonen.
5.5.1949	Frauenarbeitstagung des DGB in Nordrhein-Westfalen.
18.-19.8.1949	Tagung der Frauenkommission beim Gewerkschaftsrat, Frankfurt.
8.- 9.09.1949	Tagung der Frauenkommission beim Gewerkschaftsrat, Frankfurt.

12.-14.10.1949	Gründungskongreß des Deutschen Gewerkschaftsbundes in München. ›Forderungen des DGB für die erwerbstätigen Frauen‹.
Oktober 1949	Gründung des ›Deutschen Frauenrings e.V.‹ in den Westzonen und Westberlin.
22.-23.6.1951	Außerordentlicher Bundeskongreß des DGB.
27.-29. Mai 1952	1. Bundesfrauenkonferenz des DGB in Mainz. Motto: Frauen helfen – Frauen bauen auf.
13.-17.10.1952	2. Ordentlicher Bundeskongreß des DGB in Berlin. ›Entschließung zur Frauenarbeit‹.
4.-9.10.1954	3. Ordentlicher Bundeskongreß des DGB in Frankfurt am Main, ›Entschließung 1 und 2 zur Frauenarbeit‹.
12.-14.5.1955	2. Bundesfrauenkonferenz des DGB in Dortmund. Motto: Frauen helfen – Frauen bauen auf.
1.-6.10.1956	4. Ordentlicher Bundeskongreß des DGB in Hamburg. Beschluß ›Frauenarbeit‹.
25.-27.5.1959	3. Bundesfrauenkonferenz des DGB in Bremen. Motto: Millionen Frauen im Rhythmus der Arbeit.
7.-12.9.1959	5. Ordentlicher Bundeskongreß des DGB in Stuttgart.
26.-28.4.1962	4. Bundesfrauenkonferenz des DGB in Nürnberg. Motto: Millionen Frauen im Rhythmus der Arbeit verbunden durch weltweite Solidarität.

Biographische Angaben zu den Gewerkschafterinnen

Wie wir in der Einleitung ausgeführt haben, war es die Absicht unserer Untersuchung, diejenigen Frauen, die in der Nachkriegszeit im DGB auf Bundesebene aktive Frauenarbeit gemacht haben, aus der Vergessenheit zurückzuholen. Um die Darstellungen dieses Buches abzurunden haben wir versucht, Auskünfte zum Leben und Wirken der in der Nachkriegszeit gewerkschaftlich aktiven Frauen zusammenzutragen. Wir wollten wissen, wer die Frauen waren, woher sie kamen und was aus ihnen geworden ist. Leider ist es uns nicht in allen Fällen gelungen komplette biographische Angaben zu den Gewerkschaftsfrauen der Nachkriegszeit zu bekommen. Die Schwierigkeiten bei dieser Recherche können wir nur als ein weiteres Indiz für die Verborgenheit der Frauen(arbeit) werten. Wir mußten uns damit abfinden, daß sich manches im Nachhinein nicht mehr rekonstruieren läßt. Von daher sind die folgenden Angaben zu den einzelnen Frauen unterschiedlich umfangreich und ausführlich. Bei manchen Frauen haben wir auch dazugeschrieben, von wann die Daten sind, da sie in späterer Zeit nicht mehr erwähnt wurden.

Bei den im folgenden porträtierten Frauen handelt sich um
- diejenigen Frauen, die direkt an unserer Untersuchung beteiligt waren,
- die damaligen Mitglieder des DGB-Bundesfrauenausschusses und
- weitere Frauen, die in den verschiedenen Passagen des Textes Erwähnung finden.

Beyer, Lucie

L. Beyer wurde am 17.6.1914 geboren. Mit dem 16. Lebensjahr begann sie ihre Tätigkeit beim Bergarbeiterverband und damit auch ihre Mitgliedschaft. Ein Jahr später wurde sie Sachbearbeiterin für die Unterstützungsabteilung. Mit der "Machtübernahme" 1933 mußte sie ihren Arbeitsplatz verlassen. Von 1935 bis 1945 war sie zunächst als Angestellte und Buchhalterin, später dann selbständig als Helferin in Steuersachen und Steuerberaterin tätig. Nach dem Zusammenbruch widmete sie sich im Kreis Wetzlar der Flüchtlingsbetreuung und versah anschließend zwei Jahre lang das Amt der Spruchkammer-Vorsitzenden in Wetzlar. In dieser Zeit war sie auch stellvertretende Betriebsratsvorsitzende. Lucie Beyer war ab 1950 Landes-Frauensekretärin im DGB-Landesbezirk Hessen und in den 50er Jahren Mitglied des Bundestages. (Angaben von 1958)

Blättel, Irmgard

I. Blättel wurde am 18.7.1928 in Elz geboren. Sie begann 1943 nach dem Volksschulabschluß und einem landwirtschaftlichen Pflichtjahr eine Lehre als Industriekaufmann und anschließend eine Lehre als Buchhändlerin in einem Verlag. Bis 1951 arbeitete sie in diesem Verlag, danach war sie als Industriekauffrau in einem Landmaschinengeschäft tätig. Seit 1955 ist sie Mitglied der IG Metall und wurde 1957 Mitglied des Betriebsrates. Von 1960 bis 1962 studierte Irmgard Blättel an der Hochschule für Wirtschaft und Politik und begann danach die Tätigkeit als Rechtsschutzsekretärin beim DGB-Landesbezirk. 1969 wechselte sie in die Abteilung Frauen beim DGB-Bundesvorstand und war ab 1972 Leiterin der Abteilung Frauen. Sie war von 1980 bis 1990 Mitglied des geschäftsführenden DGB-Bundesvorstandes und dort zuständig für die Bereiche Arbeiter/Handwerk und Frauen. Sie war von 1973 bis 1975 stellvertretende Vorsitzende der Sozialausschüsse der Christlich-Demokratischen Arbeitnehmerschaft und 1983 bis 1990 Vorsitzende des Deutschen Frauenrates. Irmgard Blättel lebt heute in Elz.

Boddin, Helga

H. Boddin wurde am 22.11.1926 in Hamburg geboren. Ihr schulischer Bildungsweg wurde durch den Reichsarbeitsdienst abgebrochen. 1945 bis 1982 übte sie verschiedene Tätigkeiten beim Norddeutschen Rundfunk in Hamburg aus. Von 1945 bis 1955 arbeitete als Regieassistentin beim Schulfunk, 1955 bis 1958 beim Frauenfunk, danach in leitenden Funktionen der Unterhaltungsabteilung. Helga Boddin ist seit 1946 Gewerkschaftsmitglied, nach 1950 Vertreterin für die Gewerkschaft Kunst (heute IG Medien) im Frauenausschuß des DGB-Landesbezirks Nordmark und später im DGB-Bundesfrauenausschuß. Mehrere Jahre Betriebsrätin beim Norddeutschen Rundfunk. Helga Boddin lebt heute in Hamburg.

Brandt-Knack, Olga (1895 – 1988)

O. Brandt-Knack wurde am 29.6.1895 geboren. Schon als Siebzehnjährige trat sie in die deutsche Bühnengenossenschaft ein. Bis zum Jahre 1933 war sie Ballettmeisterin der Hamburger Staatsoper. Nach dem Zusammenbruch des Dritten Reiches beteiligte sie sich am gewerkschaftlichen und politischen Wiederaufbau und war von 1946 bis 1953 als Abgeordnete der Hamburger Bürgerschaft tätig. Sie war von 1948 bis 1962 ehrenamtliche Frauenreferentin in der Gewerkschaft Kunst und Mitglied im DGB-Bundesfrauenausschuß. Sie gehörte als Mitglied des Beirates dem Vorstand der Genossenschaft Deutscher Bühnenangehöriger an und war außerdem im Prüfungswesen die Expertin für Tanz. Olga Brandt-Knack starb am 1.8.1988.

Brusis, Ilse

I. Brusis wurde am 13.7.1937 geboren. Nach ihrem Studium war sie war Lehrerin und ab 1975 als Schulrätin tätig. Von 1977 bis 1982 war sie hauptamtliche Vorsitzende des GEW Landesverbandes Nordrhein-Westfalen. Von 1982 bis 1990 war sie Mitglied im geschäftsführenden Bundesvorstand des Deutschen Gewerkschaftsbundes, zuständig für die Bereiche Jugend und gewerkschaftliche Bildung. Ilse Brusis ist seit 1990 Ministerin für Bauen und Wohnen des Landes Nordrhein-Westfalen.

Döhring, Clara (1899 – 1987)

C. Döhring wurde am 13.3.1899 geboren. Sie war von 1920 bis 1930 Angestellte und Chefsekretärin beim Hauptvorstand des Deutschen Metallarbeiterverbandes. Nach dem Tode ihres Mannes nahm sie 1936 ihren Beruf wieder auf. Sie arbeitete als Sachbearbeiterin bei der Allgemeinen Ortskrankenkasse in Stuttgart, wo man ihr 1945 die Funktion der Personalreferentin übertrug. Nach 1945 war sie Sekretärin bei den Alliierten und die 1. Vorsitzende des Frauenausschusses in Württemberg-Baden. Von 1948 bis 1962 war sie Landes-Frauensekretärin im DGB-Landesbezirk Baden-Württemberg. Außerdem war sie von 1949 bis 1960 Mitglied des Deutschen Bundestages (SPD). Clara Döhring verstarb am 7.6.1987.

Enderle, Irmgard (1895 – 1985)

I. Enderle war während der Zeit der Weimarer Republik Funktionärin und Redakteurin der KPD-Tageszeitung "Rote Fahne", in der NS-Zeit emigrierte sie nach Schweden. 1945 nahm sie ihre journalistische Tätigkeit beim "Weser-Kurier" in Bremen wieder auf. Gleichzeitig übernahm sie Aufgaben beim "Gewerkschaftlichen Zonensekretariat" der britischen Zone. Ab 1947 war sie Redakteurin für gewerkschaftliche Frauenfragen, bis 1950 bei der Zeitung "Der Bund", danach bei der Nachfolgezeitschrift "Welt der Arbeit". Parallel dazu veröffentlichte sie Beiträge im DGB-Funktionärsorgan "Die Quelle" und bis Mitte der 50er Jahre in den "Gewerkschaftlichen Monatsheften". Sie war in den Jahren 1948 bis 1949 Mitglied im Wirtschaftsrat der Bizone in Frankfurt. Irmgard Enderle verstarb 1985.

Fahrenkrug, Lina

L. Fahrenkrug war Lehrerin. Schon während ihrer Studienzeit wurde sie Mitglied des Allgemeinen Deutschen Lehrerinnenvereins (ADLV). In Mühlheim (Ruhr) war sie Mitbegründerin des Ortsvereins des ADLV, den sie bis 1933 leitete. Als sich die Mülheimer Lehrerschaft 1945 wieder zusammenfand, trat der Ortsverein, dessen 2. Vorsitzende sie war, als Zweigverband der Gewerkschaft Erziehung und Wissenschaft bei. Nach der Vereinigung der Verbände Nordrhein und Westfalen wurde sie zur 2. Vorsitzenden gewählt. In ihrer Eigenschaft als Mitglied des geschäftsführenden Ausschusses der Arbeitsgemeinschaft Deutscher Lehrerverbände war sie als Vertreterin der Lehrerinnen (der GEW) Mitglied im den DGB-Bundes-Frauenausschuß. (Angaben von 1958)

Göbel, Hedwig

H. Göbel wurde am 2.12.1926 geboren. Nach Volksschule, Handelsschule und Pflichtjahr war sie als kaufmännische Angestellte im Eisenwarenhandel tätig. Von 1945 bis 1953 arbeitete sie als zahnärztliche Helferin. Von 1953 bis 1961 war sie als Verwaltungsangestellte bei der Gewerkschaft Textil Bekleidung (GTB) in Aschaffenburg tätig. Während dieser Zeit war sie Mitglied im Frauenausschuß der GTB in Aschaffenburg, im Bezirksfrauenausschuß der GTB und im DGB-Kreisfrauenausschuß. Ab 1961 arbeitete sie als Sekretärin von Maria Weber beim DGB-Bundesvorstand. 1970 wechselte sie von der Verwaltungstätigkeit in die politische Arbeit in der Abteilung Frauen beim DGB-Bundesvorstand, zunächst als Referatssekretärin, später als Referatsleiterin bis zum Eintritt in den Ruhestand im Jahre 1986. Hedwig Göbel lebt heute in Aschaffenburg.

Haendel, Annemarie

Annemarie Haendel aus Fürth war Delegierte des Bayerischen Gewerkschaftsbundes beim DGB-Gründungskongreß 1949.

Halein, Josefine

Josefine Halein aus Mainz war Delegierte der Gewerkschaft Handel, Banken und Versicherungen beim DGB-Gründungskongreß 1949.

Harmuth, Thea (1904 – 1956)

T. Harmuth wurde am 30.6.1904 in Düsseldorf geboren. Sie arbeitete von 1919 bis 1922 als Stenotypistin in einem Tageszeitungs-Verlag und trat 1922 in den Verband der weiblichen Handels- und Büroangestellten (VWA) ein. Sie besuchte von 1925 bis 1926 die Akademie der Arbeit in Frankfurt/Main und war von 1926 bis 1934 als Frauensekretärin bei mehreren Verbraucher- und Konsumgenossenschaften tätig. In der Zeit von 1934 bis 1944 ging sie Beschäftigungen als Stenotypistin und als Lohnbuchhalterin nach, zeitweise war sie Hausfrau. 1945 war Thea Harmuth zunächst ehrenamtlich tätig, ab 1948 arbeitete sie hauptamtlich beim damaligen Bayrischen Gewerkschaftsbund. Dort war sie anfangs in der Bildungsarbeit tätig, kurze Zeit später übernahm sie das Amt der Landesbezirks-Frauensekretärin. Auf dem Gründungskongreß des DGB 1949 wurde sie in den Bundesvorstand des Deutschen Gewerkschaftsbundes gewählt und mit der Leitung der Hauptabteilung

Frauen beauftragt. Diese Tätigkeit übte Thea Harmuth bis zu ihrem Tode am 10. Januar 1956 aus.

Hoffmann, Elfriede

E. Hoffmann wurde am 19.5.1926 in Berlin geboren, aufgewachsen ist sie in Königsberg. Sie arbeitete ab 1941 als wissenschaftliche Sekretärin in Königsberg und war bis 1950 in sowjetischer Gefangenschaft. Nach ihrer Flucht nach Norddeutschland arbeitete sie von 1950 bis 1955 als Metallarbeiterin in Lübeck. Während dieser Zeit war sie Mitglied des DGB-Landesfrauenausschusses, Landesbezirk Nordmark und von 1954 bis 1955 Betriebsrätin. Von 1955 bis 1957 studierte sie an der gewerkschaftlichen Akademie für Gemeinwirtschaft in Hamburg. 1958 bis 1959 war sie Sekretärin für Frauen und Bildung bei der IG Metall in Lübeck, 1960 bis 1961 Sekretärin für die Angestelltenarbeit beim DGB in Lübeck, 1962 bis 1971 Landesfrauensekretärin im DGB-Landesbezirk Nordmark, 1971 bis 1979 Referatsleiterin in der Abteilung Frauen beim DGB-Bundesvorstand in Düsseldorf. Von 1979 bis 1980 war sie Frauensekretärin bei der Industriegewerkschaft Bergbau und Energie (IGBE) in Bochum, von 1980 bis zum Eintritt in den Ruhestand im Jahre 1987 Mitglied des Hauptvorstandes der Gewerkschaft Handel, Banken und Versicherungen (HBV), dort zuständig für Sozialpolitik und Frauen. Elfriede Hoffmann lebt heute in Bochum.

Jähnke, Hildegard

H. Jähnke wurde am 9.3.1917 geboren und mache von 1932 bis 1935 eine Ausbildung als Vorspinnerin in einem Textilunternehmen. Von 1936 bis 1940 war sie als Haushaltshilfe tätig, von 1940 bis 1945 dienstverpflichtet bei der Deutschen Reichsbahn. Nach Ende des Krieges bis zum Jahre 1948 war sie als Hausfrau und in verschiedenen Aushilfsbeschäftigungen tätig. Von 1949 bis 1955 arbeitete sie als Verwaltungsangestellte in der DGB-Ortsverwaltung Betzdorf/Sieg und war gleichzeitig Vorsitzende des DGB-Kreisfrauenausschusses, sowie Mitglied des DGB-Landesfrauenausschusses im DGB-Landesbezirk Rheinland-Pfalz. In den Jahren 1955 bis 1958 war sie Mitarbeiterin in der Abteilung Frauen beim DGB-Bundesvorstand in Düsseldorf, ab Februar 1958 bis März 1966 Gewerkschaftssekretärin der Gewerkschaft Öffentliche Dienste, Transport und Verkehr (ÖTV), Bezirksverwaltung Weser-Ems. Ab 1966 war sie Gewerkschaftssekretärin für Bildungsfragen beim Hauptvorstand der ÖTV in Stuttgart, von 1968 bis 1977 Bundesfrauensekretärin der ÖTV in Stuttgart. Hilde Jähnke lebt heute in Filderstadt.

Jochims, Irma

I. Jochims wurde am 10.9.1913 geboren. Sie besuchte die Höhere Handelsschule. 1933 mußte sie das Studium der Volkswirtschaft wegen politischer Betätigung abbrechen, es folgte Arbeitslosigkeit und anschließend eine kaufmännische Tätigkeit bei der Handelskammer in Mannheim. Seit 1930 gehörte sie dem Zentralverband der Angestellten an. Ab 1946 arbeitete beim Aufbau der gewerkschaftlichen Frauenarbeit mit, zunächst ehrenamtlich bei der Eisenbahnergewerkschaft, danach hauptamtlich beim DGB Kreis Heidelberg. Von 1962 bis 1978 war sie Sekretärin für Frauenfragen im DGB Landesbezirk Baden-Württemberg. Irma Jochims lebt heute in Stuttgart.

Just, Hildegard (Hilde)

H. Just wurde am 15.2.1930 in Suhl/Thüringen geboren. Sie absolvierte eine Ausbildung als Industriekauffrau, kam 1950 nach Niedersachsen. Sie war ab 1956 Verwaltungsangestellte bei der ÖTV in Hameln, während dieser Zeit war sie ehrenamtlich im Kreisvorstand sowie im Frauen- und Jugendausschuß der Gewerkschaft ÖTV. Von 1967 bis 1970 war sie Bezirksfrauensekretärin der ÖTV-Bezirksverwaltung Weser-Ems, von 1970 bis 1976 Leiterin des Referats "Berufliche Bildung" bei der ÖTV-Hauptverwaltung, von 1977 bis 1986 Bundesfrauensekretärin der ÖTV und ab 1980 gleichzeitig Mitglied des ÖTV-Hauptvorstandes in Stuttgart. Hilde Just lebt seit Eintritt in den Ruhestand bei Stuttgart.

Kellnereit, Berta

B. Kellnereit war in den 50er Jahren die Vertreterin der Frauen der Gewerkschaft Gartenbau, Land- und Forstwirtschaft im DGB-Bundesfrauenausschuß. Bis 1945 war sie als Verwaltungsangestellte im Behördendienst tätig. Gewerkschaftlich organisiert war sie seit 1926. Mit dem Aufbau der Gewerkschaften nach 1945 wurde sie hauptamtliche Angestellte der GGLF und arbeitete ab 1947 als Sekretärin im Unterbezirk Hameln. (Angaben von 1958)

Kempe, Margarete (Marga)

M. Kempe wurde am 10.8.1911 in Berlin geboren. Von 1927 bis 1930 war sie als kaufmännische Angestellte tätig und war ab 1927 Mitglied des Zentralverbandes der Angestellten. Von 1930 bis 1933 arbeitete sie als Angestellte beim Deutschen Werkmeisterverband, während der Zeit des Nationalsozialismus als kaufmännische Angestellte in industriellen Unternehmen. 1943 flüchtete sie von Berlin nach Weißenburg (Bayern). 1945 trat sie sofort wieder in die Gewerkschaft ein und war von 1947 bis 1950 Verwaltungsangestellte des Ortsausschusses Weißenburg im damaligen Bayrischen Gewerkschaftsbund. Von 1950 bis 1976 bekleidete sie das Amt der Landesfrauensekretärin im DGB-Landesbezirk Bayern. Marga Kempe lebt heute in München.

Kipp-Kaule, Liesel (1906 – 1992)

L. Kipp-Kaule wurde am 13.2.1906 geboren. Sie war gelernte Schneiderin und Akkordarbeiterin in der Bekleidungsindustrie, wurde 1928 Mitglied der Gewerkschaft und war 4 Jahre Betriebsrätin. Nach dem Besuch der Handelshochschule war sie von 1940 bis 1946 als kaufmännische Angestellte tätig. 1945 hat sie beim Wiederaufbau der damaligen Gewerkschaft Textil-Bekleidung-Leder in Bielefeld mitgewirkt. Sie war ab 1945 Mitglied des zonalen Frauenausschusses in der britischen Zone und seit 1946 Gewerkschaftssekretärin bei der Gewerkschaft Textil-Bekleidung (GTB), ab 1947 Sachbearbeiterin für Frauen- und Jugendfragen. Im Juli 1947 wurde sie Vorstandsmitglied der Organisation für die britische Zone. Von 1949 bis 1963 war sie Mitglied im geschäftsführenden Vorstand der GTB, von 1949 bis 1965 Mitglied des Deutschen Bundestages (SPD) und engagierte sich dort besonders für das erste Mutterschutzgesetz von 1952. Liesel Kipp-Kaule ist am 10.7.1992 verstorben.

Köhn, Ruth

R. Köhn wurde am 26.12.1927 in Berlin geboren. Nach Kriegsende absolvierte sie eine kaufmännische Ausbildung, war von 1949 bis 1950 Verwaltungsangestellte bei der Gewerkschaft Nahrung-Genuß-Gaststätten (NGG) in Berlin. Von 1953 bis 1970 war sie Gewerkschaftssekretärin für die Bereiche Süßwaren, Tabak, Frauen und Jugend bei der NGG in Berlin, gehörte dem Landesfrauen- und dem Landesjugendausschuß im Landesbezirk Berlin an, sowie dem Bundesfrauenausschuß der NGG. Von 1970 bis 1986 war sie Mitglied im Geschäftsführenden Hauptvorstand der NGG, dort zuständig für die Bereiche: Gewerkschaftliche und Berufliche Bildung, Betriebsverfassung, Frauen und Jugend, seit 1978 waren ihre Aufgabenbereiche Sozialpolitik, Arbeits- und Sozialrecht, Betriebsverfassung und Frauen. Ruht Köhn lebt heute in Berlin.

Kroymann, Irmgard

I. Kroymann wurde am 27.7.1921 geboren. Sie übte Tätigkeiten als Verkäuferin, als Bürogehilfin, als Fürsorgerin und Straßenbaumeisterin aus. 1945 wurde sie Mitglied der Gewerkschaft Gartenbau, Land- und Forstwirtschaft (GGLF). Von 1946 bis 1957 war sie Gewerkschaftssekretärin im DGB Kreis Wesel und bei der Gewerkschaft Textil-Bekleidung (GTB), 1957 bis 1973 Gewerkschaftssekretärin für die DGB Kreise Dinslaken und Wesel. Von 1973 bis 1981 war sie Leiterin der Abteilung Frauen beim DGB-Landesbezirk Nordrhein-Westfalen, Düsseldorf. Irmgard Kroymann lebt heute in Mülheim/Ruhr.

Kutsch, Marlies (1919 – 1989)

M. Kutsch wurde am 29.9.1919 in Essen geboren. Sie begann ihre Arbeit als Gewerkschafterin im Februar 1948 bei der IG Bergbau und Energie (IGBE) und wurde dort im Oktober 1953 verantwortliche Sekretärin für Frauenarbeit, später Leiterin der Abteilung Frauen. Vom 1. Juli 1979 bis zum Eintritt in den Ruhestand 1982 war sie Leiterin des "Arbeitsstabes Frauenpolitik" beim Bundesministerium für Jugend, Familie und Gesundheit in Bonn. Sie war außerdem Bundesvorsitzende des Verbandes alleinstehender Frauen. Marlies Kutsch verstarb im September 1989.

Langhammer, Ingeborg

I. Langhammer wurde am 27.11.1922 geboren. Sie machte eine Ausbildung bei der Reichspost und war von 1945 bis 1952 im Fernsprechvermittlungs- und Beratungsdienst bei der Bundespost in Heide tätig. Von 1952 bis 1960 arbeitete sie bei der Bundespost in Baden-Baden, während dieser Zeit war sie ehrenamtlich in der Deutschen Postgewerkschaft (DPG) tätig. Ab 1960 war sie Referatsleiterin in der Abteilung Frauen der DPG, von 1966 bis 1981 Leiterin dieser Abteilung. Sie war von 1968 bis 1972 CDU-Stadtverordnete in Frankfurt. Ingeborg Langhammer lebt heute in Frankfurt.

Linde, Gerda

G. Linde wurde am 22.7.1923 geboren. Sie machte eine Berufsausbildung als Weberin in einem Textilunternehmen und wurde im Juni 1946 Mitglied der Gewerkschaft Textil-Bekleidung (GTB). Von 1948 bis 1954 war sie Betriebsrätin und ab 1949 Vorsitzende des Betriebsrates. 1954 erfolgte ihre Amtsenthebung und arbeitsgerichtliche Verfahren. Von 1956 bis 1957 war sie wieder als Weberin tätig. 1957 bis 1960 war sie Sekretärin der GTB im Bezirk Niedersachsen-Nordmark, 1960 Fachsekretärin in der Frauenabteilung beim Hauptvorstand und ab 1969 bis 1986 Mitglied des Geschäftsführenden Hauptvorstandes in Düsseldorf. Gerda Linde lebt heute in Essen.

Marquardt, Rose

R. Marquardt wurde am 15.11.1907 geboren, sie war ab 1922 Mitglied der Bezirksleitung des damaligen Fabrikarbeiterverbandes in Königsberg, später dann in Danzig. Während der Zeit des Nationalsozialismus wurde diese Tätigkeit unterbrochen, Verhaftung und Gefängnis folgten. 1946 nahm sie ihre Tätigkeit im Zonenbüro der Gewerkschaft Chemie-Papier-Keramik in Hannover auf, 1949 übertrug man ihr kommissarisch die Bildung des Frauenreferats der IG CPK. Sie war von 1950 bis 1969 Mitglied im Geschäftsführenden Hauptvorstand der IG

Chemie-Papier-Keramik, dort war sie für die Frauenarbeit zuständig. Rose Marquardt lebt heute in Lübeck-Travemünde.

Meier, Margarete (Gretel)
siehe unter Rabic, Margarete

Oehm, Charlotte

Ch. Oehm trat 1927 der Gewerkschaft bei und war als Verkäuferin im Musikalienhandel, als kaufmännisch-künstlerische Leiterin einer Konzertdirektion und als Konzertsängerin und Gesangspädagogin beruflich tätig. 1946 war sie Mitbegründerin der Gewerkschaft der geistig und kulturell Schaffenden Bayerns und war mehrere Jahre Bezirksleiterin dieser Gewerkschaft für Niederbayern-Oberpfalz. Nach einjähriger Tätigkeit in der Hauptabteilung "Frauen" beim DGB-Bundesvorstand übernahm sie die Funktion der Sachbearbeiterin für Frauenfragen beim Hauptvorstand der Gewerkschaft Handel, Banken und Versicherung. (Angaben von 1958)

Ostermeier, Elisabeth

E. Ostermeier wurde am 9.5.1913 in Hamburg-Harburg geboren. Sie war ab 1927 Verkäuferin in einer Konsumgenossenschaft, seither Mitglied der Gewerkschaft und ab 1930 Mitglied der SPD. Während der Zeit des Nationalsozialismus war sie in Haft. Von 1946 bis 1978 war sie Abgeordnete für die SPD in der Hamburger Bürgerschaft, ab 1951 Sachbearbeiterin für Frauenfragen in der Hauptverwaltung der Gewerkschaft Nahrung-Genuß-Gaststätten (NGG). Sie war von 1954 bis 1970 Mitglied des Hauptvorstandes der NGG, dort zuständig für die Referate Frauen, Jugend und Betriebsräte. Elisabeth Ostermeier lebt heute in Hamburg.

Pschunder, Hildegard

H. Pschunder wurde am 4.8.1924 geboren. Von 1946 bis 1954 war sie als Verwaltungsangestellte bei der Gewerkschaft Bau-Steine-Erden (IG BSE) in Hamburg tätig, währenddessen war sie ehrenamtlich im Orts- und Bezirksjugendausschuß und ab 1951 im Hauptfrauenausschuß der IG BSE tätig. Von 1954 bis 1955 besuchte sie die gewerkschaftliche Akademie für Gemeinwirtschaft in Hamburg. 1955 bis 1957 war sie Redakteurin bei der Zeitschrift "Grundstein", herausgegeben vom Hauptvorstand der IG BSE, 1957 bis 1959 Redakteurin bei "Frauen und Arbeit" in der Abteilung Frauen beim DGB-Bundesvorstand in Düsseldorf. 1960 bis 1984 arbeitete sie in der Redaktion der Zeitschrift "Neue Heimat", Gemeinnützige Wohnungs- und Siedlungsgesellschaft, Hamburg. Von 1973 bis 1984 war sie Vorsitzende des IG BSE-Bundesfrauenausschusses. Hildegard Pschunder lebt heute in Hamburg.

Rabic, Margarete (Gretel)

G. Rabic wurde am 12.7.1920 als Margarete Meier geboren. Sie erlernte den Beruf der Kontoristin und kam nach Beendigung der Lehre 1939 zur damaligen Reichsbahn und blieb dort auch die Kriegs- und Nachkriegsjahre hindurch. Als eine der ersten Eisenbahnerinnen wirkte sie im Betriebsrat der damaligen Eisenbahndirektion Nürnberg mit. 1947 trat sie in die Gewerkschaft der Eisenbahner Deutschlands ein. Ab 1952 war sie die erste Frauensekretärin bei der Gewerkschaft der Eisenbahner Deutschlands (GdED), später war sie Leiterin der Abteilung Frauen bis zu ihrem Ausscheiden 1980. Gretel Rabic lebt heute in Frankfurt.

Rau, Trude

T. Rau wurde am 28.11.1907 geboren. Sie war als kaufmännische Angestellte im Öffentlichen Dienst beschäftigt und trat 1947 in die Gewerkschaft Öffentliche Dienste, Transport und Verkehr (ÖTV) ein. Von 1947 bis 1957 war sie ehrenamtlich in der ÖTV als Vorsitzende des Frauenausschusses in Düsseldorf tätig und von 1949 bis 1952 ehrenamtliches Mitglied des Hauptvorstandes der ÖTV. Von 1957 bis 1972 arbeitete sie als hauptamtliche Gewerkschaftssekretärin in der Hauptabteilung Frauen beim DGB-Bundesvorstand in Düsseldorf. Zu ihren Aufgaben zählten die Sachgebiete: Arbeitsrecht, Arbeitsschutz, Sozialversicherung, sowie Jugend-, Angestellten- und Beamtenfragen. Trude Rau lebt heute in Erkrath.

Rögner, Babette

B. Rögner wurde 1905 geboren. Sie war gelernte Stepperin und war von 1930 bis 1933 Betriebsratsmitglied in einer Schuhfabrik. In der Nachkriegszeit gehörte sie bis 1949 dem Vorstand der Gewerkschaft Chemie-Keramik-Leder in Bayern an. In Fürth bei Nürnberg war sie in der Nachkriegszeit Stadträtin und kandidierte für den ersten deutschen Bundestag. 1950 ging sie nach Stuttgart, um die Frauenarbeit der Gewerkschaft Leder aufzubauen. Von 1950 bis 1975 war sie Mitglied des Geschäftsführenden Hauptvorstandes der Gewerkschaft Leder. Babette Rögner lebt heute in Kornwestheim.

Sahlberg, Clara (1890 – 1977)

C. Sahlberg wurde am 3.7.1890 geboren. Nach dem frühen Tod ihres Vaters war sie als Heimarbeiterin, als Schneiderin und als Angestellte in der Textilindustrie tätig. Sie trat 1909 dem Gewerksverein der Heimarbeiterinnen bei, der zur christlichen Gewerkschaftsbewegung gehörte. Bereits 1911 wurde sie dort hauptamtlich angestellt und im Jahre 1913 in den Hauptvorstand gewählt. Seit 1928 war Clara Sahlberg Sekretärin beim Zentralverband der christlichen Fabrikarbeiterinnen und gehörte bis 1933 seinem geschäftsführenden Hauptvorstand an. Während des Nationalsozialismus gehörte sie dem gewerkschaftlichen Widerstand an und wurde verfolgt. Nach langer Arbeitslosigkeit wurde sie Hilfsangestellte beim Arbeitsamt in Berlin. 1945 stellte sie sich dem FDGB in Berlin zur Verfügung. Später wirkte sie dort maßgeblich bei der Gründung der Unabhängigen Gewerkschaftsorganisation (UGO) mit, nachdem die totalitären Tendenzen des FDGB erkennbar waren. 1948 übernahm sie die Ortsverwaltung der Gewerkschaft ÖTV in Trier. Von 1952 bis 1956 war sie hauptamtliche Bezirkssekretärin der Gewerkschaft ÖTV für die Bereiche Frauenarbeit, Gesundheitswesen, Bildungs- und Schulungswesen. Als Vertreterin des Landesbezirks Rheinland-Pfalz war sie von seiner Konstituierung bis 1958 Mitglied des DGB-Bundesfrauenausschusses. Clara Sahlberg ist 1977 verstorben.

Sieger, Marta

M. Sieger wurde im Jahre 1896 geboren. Sie war als kaufmännische Angestellte im Buchhandel, einem Zeitungsverlag und in der Redaktion tätig. Aufgrund ihrer aktiven Mitarbeit in der Jugendarbeit trat sie nach dem ersten Weltkrieg der Frauenliga für Frieden bei und hatte auf Grund der Verteilung pazifistischer Flugblätter Schwierigkeiten mit der Polizei und dem Arbeitgeber. Auch während des Nationalsozialismus wurde sie häufig zur Gestapo zitiert und vernommen. Von 1946 bis 1961 war sie hauptamtlich beim DGB tätig, zuerst in Wiesbaden und ab 1949 als Frauensekretärin des DGB für den Bereich der Kreisausschüsse Darmstadt, Wiesbaden und Limburg. (Angaben von 1961)

Sodan, Käte (1903 – 1981)

Käte Sodan war seit dem 1. Januar 1951 hauptamtlich als Frauensekretärin bei der IG Druck und Papier (IG DruPa) tätig und gehörte deren Zentralvorstand als gewähltes Mitglied an. Ihr Weg führte durch alle Zweige der graphischen Industrie. Schon als Betriebsangehörige war sie gewerkschaftlich tätig. Als Delegierte des Bundesfrauenausschusses des DGB vertrat sie die Interessen der Kolleginnen im geschäftsführenden Ausschuß des Arbeitskreises für Arbeitsstudien. (Angaben von 1959)

Starick, Charlotte (1905 – 1984)

C. Starick schloß sich 1946 der Gewerkschaftsbewegung wieder an. Bei der Konstituierung der Unabhängigen Gewerkschaftsopposition im Mai 1948 in Berlin wurde sie in den Vorstand der IG Chemie (UGO) gewählt. Damit begann gleichzeitig ihre hauptamtliche Tätigkeit bei dieser Gewerkschaft. Später arbeitete sie als Sekretärin in der sozialpolitischen Abteilung und als ehrenamtliche Frauensekretärin der UGO. Seit dem Zusammenschluß mit dem DGB wurde sie ab 1950 Frauensekretärin des DGB-Landesbezirkes Berlin und damit Mitglied des DGB-Bundesfrauenausschusses. (Angaben von 1959)

Tönnesen, Ingeborg

I. Tönnesen wurde am 8.12.1912 geboren. Sie war von Beruf Krankenschwester. Mit 16 Jahren kam sie zur Gewerkschaft und arbeitete aktiv in der Gewerkschaftsjugend mit. Das war auch die Ursache für ihre politische Inhaftierung 1934. Nach dem Zusammenbruch 1945 stellte sie sich sofort der ÖTV zur ehrenamtlichen Mitarbeit zur Verfügung und übernahm ein Betriebsratsmandat. Im Herbst 1946 begann ihre hauptamtliche Gewerkschaftstätigkeit im Bezirk Hamburg und auf dem Gründungskongreß 1949 wurde sie mit der Arbeit im Frauensekretariat des Hauptvorstandes für das Bundesgebiet betraut. Von 1952 bis 1968 gehörte sie dem geschäftsführenden Hauptvorstand der Gewerkschaft ÖTV an. Ingeborg Tönnesen lebt heute in Stuttgart-Fellbach.

Traeder, Margarethe (1895 – 1965)

Auf dem Gewerkschaftstag der IG Metall (IGM) 1958 wurde sie als erste Frau zum geschäftsführenden Vorstandsmitglied der IGM gewählt. Dieses Amt übte sie bis zu ihrem Eintritt in den Ruhestand 1960 aus. Sie war seit 1946 als Sachbearbeiterin für Frauenfragen bei der IGM im Ruhrgebiet angestellt. In der Weimarer Zeit war sie Mitglied des Deutschen Metallarbeiterverbandes und wurde wegen dieser Tätigkeit in der NS-Zeit verhaftet und vor Gericht gestellt.

Warnke, Else (1908 – 1975)

E. Warnke kam aus der Jugendarbeit und war seit 1927 gewerkschaftlich aktiv. Sie war Jugendsekretärin im Gewerkschaftsbund der Angestellten. Nach 1945 begann sie die gewerkschaftliche Wiederaufbauarbeit im oberen Sauerland. Ihre hauptamtliche Tätigkeit begann 1947 in Meschede. Als Sekretärin in einem ländlichen Kreisausschuß wandte sie sich besonders der Bildungs-, Frauen- und Jugendarbeit zu. Im Jahre 1949 wurde sie zur 1. Vorsitzenden für den Landesbezirksfrauenausschuß Nordrhein-Westfalen gewählt. Von 1950 bis 1972 war Else Warnke Frauensekretärin im DGB-Landesbezirk Nordrhein-Westfalen. Sie war außerdem längere Jahre Abgeordnete (SPD) im nordrhein-westfälischen Landtag. Else Warnke ist 1975 verstorben.

Weber, Maria

M. Weber wurde am 27.12.1919 in Gelsenkirchen als Tochter einer katholischen Bergarbeiterfamilie geboren. Während der Zeit des Nationalsozialismus leitete Maria Weber katholische Jugendgruppen und blieb auch während des gesamten Zeitraums Mitglied eines katholischen Jugendverbandes. Sie absolvierte eine Lehre als Schneiderin. Während des Krieges arbeitete sie in einem chemischen Großbetrieb, zunächst als Telefonistin und später in der Werkstoffprüfung. Unmittelbar nach Ende des Krieges, am 1. Juni 1945, wurde Maria Weber Gewerkschaftsmitglied und zur Betriebsrätin gewählt. 1947 und 1948 besuchte sie die Akademie der Arbeit in Frankfurt. In dieser Zeit wurde sie auf der Frauenkonferenz des DGB in der britischen Zone zum Mitglied des Zonenfrauenausschusses gewählt. Nach dem Besuch der Akademie der Arbeit kehrte sie in den Betrieb zurück und wurde stellvertretende Betriebsratvorsitzende. 1950 begann ihre hauptamtliche Tätigkeit als Sachbearbeiterin in der Abteilung Frauen beim DGB-Bundesvorstand. Nach dem Tod von Thea Harmuth wurde sie mit der Leitung der Abteilung Frauen beim DGB-Bundesvorstand beauftragt. Zugleich war sie von 1956 bis 1982 Mitglied des Geschäftsführenden Bundesvorstandes des DGB. 1972 wurde Maria Weber zur stellvertretenden DGB-Bundesvorsitzenden gewählt. In diesem Amt blieb sie bis zu ihrem Ruhestand im Jahr 1982. Maria Weber lebt heute in Essen.

Weyrauch, Ruth

R. Weyrauch wurde am 23.3.1918 geboren. Nach der mittleren Reife hat sie früh geheiratet und war ab 1957 Fabrikarbeiterin in einem holzverarbeitenden Betrieb in Rheinland-Pfalz. Sie trat in die Gewerkschaft Holz und Kunststoff (GHK) ein und wurde 1958 in den Betriebsrat gewählt. 1964 wurde sie als einzige Frau im Betriebsrat die freigestellte Vorsitzende. Dieses Funktion hatte sie bis zum Eintritt in das Rentenalter im Jahre 1983 inne. Ruth Weyrauch war über 20 Jahre lang (von 1962 bis 1983) ehrenamtliche Geschäftsstellenleiterin der Gewerkschaft Holz und Kunststoff in Frankenberg und als erste Frau Mitglied der Tarifkommission der GHK. Sie war ca. 10 Jahre lang ehrenamtliches Mitglied des DGB-Bundesfrauenausschusses für die Gewerkschaft Holz und Kunststoff. Ruth Weyrauch lebt heute in Worms.

Winkelmann, Anita

Anita Winkelmann aus Wuppertal war Delegierte des DGB, britische Zone, beim DGB-Gründungskongreß 1949

Winkelsträter, Liesel

Geboren am 28. 2. 1921 in Landau (Pfalz). Nach dem Besuch der Handelsschule war sie von 1936 bis 1941 als kaufmännische Angestellte tätig. Ab 1949 war sie ehrenamtlich in der Gewerkschaft ÖTV in Rheinland-Pfalz tätig, 1951 bis 1969 war sie Bezirkssekretärin bei der Industriegewerkschaft Chemie-Papier-Keramik für das Land Hessen, dort zuständig für die Frauenarbeit, die Tarifpolitik und die Schulungs- und Bildungsarbeit. Von 1962 bis 1970 war sie Mitglied des Hessischen Landtages (SPD). Von 1969 bis 1982 war sie Mitglied des Geschäftsführenden Hauptvorstandes der IG Chemie-Papier-Keramik, ihre Aufgabenbereiche waren dort: Frauenarbeit, Tarifpolitik und Umweltschutz. Liesel Winkelsträter lebt heute in Garbsen bei Hannover.

Literatur

Abelshauser, Werner: Wirtschaft in Westdeutschland 1945-1948. Rekonstruktion und Wachstumsbedingungen in der amerikanischen und britischen Zone. Stuttgart 1975

Abelshauser, Werner: Wirtschaftsgeschichte der Bundesrepublik Deutschland 1945-1980. Frankfurt/Main 1983

Achten, Udo: Recht auf Arbeit – eine politische Herausforderung. Neuwied/Darmstadt 1978

Amman, Olga C.: Halbtagsarbeit für Frauen. In: Bergholtz, Ruth: Die Wirtschaft braucht die Frau. Darmstadt 1956, S. 222-236

Ballhausen, Anne; Brandes, Uta; Karrer, Marva; Schreiber, Robert: Zwischen traditionellem Engagement und neuem Selbstverständnis – weibliche Präsenz in der Öffentlichkeit. Bielefeld 1986

Beauvoir, Simone: Das andere Geschlecht. Sitte und Sexus der Frau. Reinbek bei Hamburg, 1. Auflage 1951

Bebel, August: Die Frau und der Sozialismus. 35. Aufl. Stuttgart 1903

Bock, Gisela: Geschichte, Frauengeschichte, Geschlechtergeschichte. In: Geschichte und Gesellschaft Heft 14/1988, S. 364-391

Böttger, Barbara: Das Recht auf Gleichheit und Differenz. Elisabeth Selbert und der Kampf der Frauen um Artikel 3 II Grundgesetz. Münster 1990

Bornemann, Ernest: Das Patriarchat. Reinbek bei Hamburg 1979

Broszat, Martin; Henke, Klaus-Dieter und Woller, Hans (Hrsg.): Von Stalingrad zur Währungsreform. Zur Sozialgeschichte des Umbruchs in Deutschland. München 1988

Delille, Angela; Grohn, Andrea: Blick zurück aufs Glück. Frauenleben und Familienpolitik in den 50er Jahren. Berlin 1985

Der Bund. Gewerkschaftsblatt der britischen Zone. Lizenzträger: Hans Böckler, Albin Karl, Franz Spiedt. Veröffentlicht unter Zulassung Nr. 104 der Militärregierung. Schriftleitung August Enderle, Köln, Jahrgänge 1946-1949

Derichs-Kunstmann, Karin: Gewerkschaftsfrauen in den 80er Jahren. Vom Ende der Bescheidenheit!? In: Forschungsinstitut für Arbeiterbildung (FIAB) e.V. (Hrsg.): Beiträge, Informationen, Kommentare (BIK) Heft 9/90 "Frauenforschung in der arbeitnehmerInnenorientierten Forschung, Recklinghausen 1990, S. 145-168

Derichs-Kunstmann, Karin: Gewerkschaftliche Frauenarbeit von 1945 bis heute. Eine Bibliografie. In: FIAB: BIK Heft 9/90, Recklinghausen 1990, S. 145-168

Derichs-Kunstmann, Karin: Frauenemanzipation und Arbeiterbildung. – Thesen – In: Forschungsinstitut für Arbeiterbildung (FIAB) e.V. (Hrsg.): Jahrbuch Arbeit, Bildung, Kultur, Bd. 1, Recklinghausen 1991

Deutscher Gewerkschaftsbund, Bundesvorstand-britische Besatzungszone (Hrsg.): Die Gewerkschaftsbewegung in der britischen Besatzungszone 1947 – 1949, Düsseldorf o.J.

Deutscher Gewerkschaftsbund, Der Bundesvorstand (Hrsg.): Gründungskongreß des Deutschen Gewerkschaftsbundes, München, 12.-14. Oktober 1949 – Protokoll – Reprint. Köln 1989 (zitiert als DGB-BK 1949)

Deutscher Gewerkschaftsbund, Bundesvorstand: Stellungnahme des DGB zum Regierungsentwurf eines Gesetzes über die Gleichberechtigung von Mann und Frau auf dem Gebiete des bürgerlichen Rechts und über die Wiederherstellung der Rechtseinheit auf dem Gebiete des Familienrechts (Familienrechtsgesetz), Düsseldorf 1952

Deutscher Gewerkschaftsbund, Der Bundesvorstand (Hrsg.): 2. ordentlicher Bundeskongreß des Deutschen Gewerkschaftsbundes, Berlin, 13.-17. Oktober 1952 – Protokoll – Düsseldorf 1952 (zitiert als 2. DGB-BK 1952)

Deutscher Gewerkschaftsbund, Der Bundesvorstand (Hrsg.): 3. ordentlicher Bundeskongreß des Deutschen Gewerkschaftsbundes, Frankfurt a.M., 4.-9. Oktober 1954 – Protokoll – Düsseldorf 1954 (zitiert als 3. DGB-BK 1954)

Deutscher Gewerkschaftsbund, Der Bundesvorstand (Hrsg.): 4. ordentlicher Bundeskongreß des Deutschen Gewerkschaftsbundes, Hamburg, 1.-6. Oktober 1956 – Protokoll – Düsseldorf 1956 (zitiert als 4. DGB-BK 1956)

Deutscher Gewerkschaftsbund, Der Bundesvorstand (Hrsg.): 5. ordentlicher Bundeskongreß des Deutschen Gewerkschaftsbundes, Stuttgart, 7.-12. September 1959 – Protokoll – Düsseldorf 1959 (zitiert als 5. DGB-BK 1959)

Deutscher Gewerkschaftsbund, Der Bundesvorstand, Abteilung Gewerkschaftliche Bildung (Hrsg.): Gewerkschaftliche Monatshefte. Jahrgänge 1949-1960. Düsseldorf

Deutscher Gewerkschaftsbund, Der Bundesvorstand, DGB-Bundesfrauenausschuß: Empfehlungen zum Hausarbeitstag, Düsseldorf, 14. Januar 1953

Deutscher Gewerkschaftsbund, Bundesvorstand, Hauptabteilung "Frauen": Jahres- und Geschäftsbericht 1950-1951. Düsseldorf 1952 (zitiert als Abt. Frauen GB 1950-51)

Deutscher Gewerkschaftsbund, Bundesvorstand, Hauptabteilung "Frauen" (Hrsg.): 1. Bundesfrauenkonferenz des DGB, Mainz, 27.-29. Mai 1952 – Protokoll – Düsseldorf o. J. (zitiert als 1. BFK 1952)

Deutscher Gewerkschaftsbund, Bundesvorstand, Hauptabteilung "Frauen": Geschäftsbericht 1952-1953. Düsseldorf 1955 (zitiert als Abt. Frauen GB 1952-53)

Deutscher Gewerkschaftsbund, Bundesvorstand, Hauptabteilung "Frauen": Geschäftsbericht 1954-1955. Düsseldorf o.J. (zitiert als Abt. Frauen GB 1954-55)

Deutscher Gewerkschaftsbund, Bundesvorstand, Hauptabteilung "Frauen" (Hrsg.): 2. Bundesfrauenkonferenz des DGB, Dortmund, 12.-14. Mai 1955 – Protokoll – Düsseldorf o. J. (zitiert als 2. BFK 1955)

Deutscher Gewerkschaftsbund, Bundesvorstand, Hauptabteilung "Frauen" (Hrsg.): Frauen helfen – Frauen bauen auf. Referate der 2. Bundesfrauenkonferenz vom 12-14. Mai 1955 in Dortmund. Düsseldorf 1955

Deutscher Gewerkschaftsbund, Bundesvorstand, Hauptabteilung "Frauen": DGB-Frauenarbeit. Geschäftsbericht 1956-1958. Düsseldorf o.J. (zitiert als Abt. Frauen GB 1956-58)

Deutscher Gewerkschaftsbund, Bundesvorstand, Hauptabteilung "Frauen" (Hrsg.): Millionen Frauen im Rhythmus der Arbeit. 3. Bundesfrauenkonferenz des DGB, Bremen, 25.-27. Mai 1959 – Protokoll – Düsseldorf o. J. (zitiert als 3. BFK 1959)

Deutscher Gewerkschaftsbund, Bundesvorstand, Hauptabteilung "Frauen": DGB-Frauenarbeit. Geschäftsbericht 1959-1961. Düsseldorf o.J. (zitiert als Abt. Frauen GB 1959-61)

Deutscher Gewerkschaftsbund, Bundesvorstand, Hauptabteilung "Frauen" (Hrsg.): Gewerkschaftliche Beiträge zur Frauenerwerbsarbeit, Ergebnisse einer Befragung, Nr. 3, Düsseldorf 1961

Deutscher Gewerkschaftsbund, Bundesvorstand, Abteilung "Frauen" (Hrsg.): Millionen Frauen im Rhythmus der Arbeit, verbunden durch weltweite Solidarität. 4. Bundesfrauenkonferenz des DGB, Nürnberg, 26.-28. April 1962 – Protokoll – Düsseldorf o. J. (zitiert als 4. BFK 1962)

Deutscher Gewerkschaftsbund, Bundesvorstand, Abteilung "Frauen" (Hrsg.): 80 Jahre hauptamtliche Frauenarbeit. "frauen und arbeit", Heft 8-10 '85. Düsseldorf 1985

Deutscher Gewerkschaftsbund, Bundesvorstand, Abteilung "Frauen" (Hrsg.): DGB-Programme für Frauen (1949 – 1982). In: "frauen und arbeit" Heft 8-10 '85, S. 41ff.

Deutscher Gewerkschaftsbund, Bundesvorstand, Abteilung "Frauen" (Hrsg.): So ist es geworden... 40 Jahre DGB-Frauenarbeit. "frauen und arbeit" Heft 1-3 '89, Düsseldorf 1989a

Deutscher Gewerkschaftsbund, Bundesvorstand, Abteilung "Frauen" (Hrsg.): 40 Jahre gewerkschaftliche Frauenarbeit. "frauen und arbeit" Heft 4-7 '89, Düsseldorf 1989b

Deutscher Gewerkschaftsbund, Bundesvorstand, Abteilung "Frauen": Förderung der Beteiligung der Frauen im Organisationsbereich des DGB. In: Abt. Frauen (Hrsg.): Tips und Anregungen (nicht nur) zum Internationalen Frauentag 8. März 1989. Düsseldorf 1989c, S. 46ff.

Deutscher Gewerkschaftsbund: Programm des Deutschen Gewerkschaftsbundes für Arbeitnehmerinnen – Grundsätze und Forderungen. In: Maria Weber (Hrsg.): Probleme der Frauen – Probleme der Gesellschaft. Protokoll der Arbeitstagung des DGB am 6.-7. November 1975 in Leverkusen. Frankfurt/M. 1976, S. 153ff.

Deutscher Gewerkschaftsbund, Landesbezirk Berlin (Hrsg.): Geschäftsbericht 1950-1952, Berlin o.J.

Deutscher Gewerkschaftsbund, Landesbezirk Niedersachsen (Hrsg.): Tätigkeit und Erfahrungen des DGB in Niedersachsen 1950-1951, Hannover 1951

Döhring, Clara: Frau und Gewerkschaft. Manuskript einer Rundfunkrede vom September 1947

Drohsel, Petra: Die Lohndiskriminierung der Frauen. Eine Studie über Lohn und Lohndiskriminierung von erwerbstätigen Frauen in der Bundesrepublik Deutschland 1945-1984. Marburg 1986

Eichmann, Bernd: Auch wenn andere die Weichen stellen... Exemplarische Lebensgeschichten von Eisenbahngewerkschaftern. Köln 1988

ElefantenPress; Delille, Angela und Grohn, Andrea (Hrsg.): Perlonzeit. Wie die Frauen ihr Wirtschaftswunder erlebten. BilderLeseBuch. Berlin 1986, 3. Auflage 1988

Enderle, Irmgard: Frauenüberschuß und Frauenerwerbsarbeit. Hrsg. vom Gewerkschaftlichen Zonensekretariat, britische Zone, Bielefeld o.J.

Enderle, Irmgard: Die Frau im Erwerbsleben. In: Die Briefschule, 1. Heft, Frankfurt o.J.

Feuersenger, Marianne: Die garantierte Gleichberechtigung. Ein umstrittener Sieg der Frauen. Freiburg 1980

Feyl, Renate: Der lautlose Aufbruch. Frauen in der Wissenschaft. Frankfurt/Main, 3. Aufl. 1989

Franck, Dieter: Jahre unseres Lebens 1945-1949. Reinbek bei Hamburg 1983

Freier, Anna-Elisabeth: Dimensionen weiblichen Erlebens und Handelns innerhalb der proletarischen Frauenbewegung. In: Kuhn/Rüsen 1983, S. 195-218

Freier, Anna-Elisabeth; Kuhn, Annette (Hrsg.): Frauen in der Geschichte Bd. V. "Das Schicksal Deutschlands liegt in der Hand seiner Frauen" – Frauen in der deutschen Nachkriegsgeschichte. Düsseldorf 1984

Freier, Anna/Kuhn, Annette/Schubert, Doris: Frauen suchen nach neuen Formen der Selbstverwirklichung und des menschlichen Zusammenlebens. Überlegungen zur Kontinuität von Ehe und Familie nach 1945. In: Kuhn/Rüsen 1983, S. 233-273

Frevert, Ute: Frauen-Geschichte. Zwischen Bürgerlicher Verbesserung und Neuer Weiblichkeit. Frankfurt/Main 1986

Gerhard, Ute: Verhältnisse und Verhinderungen. Familie und Rechte der Frauen im 19. Jahrhundert. Frankfurt/Main 1978

Gerhard, Ute: Die Verfügbarkeit von Frauen. Arbeitspolitik gegen Frauen. In: Gerhard u.a. 1988, S. 39-77.

Gerhard, Ute: Gleichheit ohne Angleichung – Frauen im Recht. München 1990

Gerhard, Ute/Schütze, Yvonne (Hrsg.): Frauensituation – Veränderungen in den letzten zwanzig Jahren. Frankfurt/Main 1988

Gerhard, Ute/Schwarzer, Alice/Slupik, Vera (Hrsg.): Auf Kosten der Frauen. Frauenrechte im Sozialstaat. Basel 1988

Gewerkschaft Nahrung-Genuß-Gaststätten, Hauptvorstand (Hrsg.): Die Vergangenheit nicht vergessen, Die Gegenwart gestalten, Die Zukunft erschließen. Frauenarbeit in der Gewerkschaft

NGG vom Gründungsverbandstag 1949 bis zur Bundesfrauenkonferenz 1988. o.O., o.J. (Hamburg 1988)
Girndt, Rainer/Hesse, Karl-Ludwig: Frauen in `prekären' Arbeitsverhältnissen. Beiträge zur politischen, wirtschaftlichen und kulturellen Weiterbildung. Düsseldorf/Paderborn 1989
Grum, Ulla: "Sie leben froher, sie leben besser mit Constanze". Eine Frauenzeitschrift im Wandel des Jahrzehnts. In: ElefantenPress u.a. 1988, S. 138-142
Haensch, Dietrich: Repressive Familienpolitik. Reinbek bei Hamburg, 4. Aufl. 1971
Heintz, Bettina und Honegger, Claudia: Zum Strukturwandel weiblicher Widerstandsformen im 19. Jahrhundert. In: Honegger, Claudia und Heintz, Bettina (Hrsg.): Listen der Ohnmacht. Zur Sozialgeschichte weiblicher Widerstandsformen. Frankfurt/Main 1981, S. 7-68
Heinzel, Friederike: Frauen für Fraueninteressen. Die Entwicklung der gewerkschaftlichen Frauenarbeit in der Gewerkschaft Erziehung und Wissenschaft seit 1947. München 1990
Heitbaum, Heinrich: Teilzeitarbeit der Frauen. In: Gewerkschaftliche Beiträge zur Frauenerwerbsarbeit. Nr. 2. Düsseldorf 1959, S. 22-26.
Hemmer, Hans-Otto/Schmitz, Kurt Thomas (Hrsg.): Geschichte der Gewerkschaften in der Bundesrepublik Deutschland. Von den Anfängen bis heute. Köln 1990
Hervé, Florence (Hrsg.): Frauenbewegung und revolutionäre Arbeiterbewegung. Texte zur Frauenemanzipation in Deutschland und in der BRD von 1848 bis 1980. Frankfurt/M. 1981.
Hervé, Florence (Hrsg.): Geschichte der deutschen Frauenbewegung. 4. Aufl. Köln 1988
Hoecker, Beate: Frauen in der Politik. Eine soziologische Studie. Opladen 1987
Hoecker, Beate: Politik: Noch immer kein Beruf für Frauen? In: Aus Politik und Zeitgeschichte B 9-10/87, S. 3-14
Hollander, Walther von: Mütter ohne Männer. In: Constanze 6/1948. Zitiert nach: Kuhn/Schubert 1980
Industriegewerkschaft Chemie-Papier-Keramik, Vorstandsbereich Sozialpolitik – Frauen (Hrsg.): 60 Jahre Frauen-Sekretariat. Hannover, Juli 1987
Industriegewerkschaft Metall für die Bundesrepublik Deutschland, Der Vorstand (Hrsg.): Internationaler Frauentag. Tag der Frauen seit 75 Jahren. Frankfurt/M., November 1985
Industriegewerkschaft Metall für die Bundesrepublik Deutschland, Der Vorstand (Hrsg.): Die Frauenarbeit der IG Metall. Arbeitsmaterialien zur Erstellung eines frauenpolitischen Programms. Bearbeitet von: Bachler,, Sigrid Ingeborg. Frankfurt/Main Oktober 1991
Janssen-Jurreit, Marielouise: Sexismus. Über die Abtreibung der Frauenfrage. München 3. Aufl. 1978
Jindra-Süß, Doris: "Die alten Schachteln sollten lieber zuhause bleiben" Die Männer von den Baugewerkschaften und die Organisation der Frauen. In: Klönne u.a. 1989, S. 166-179
Klönne, Arno u.a. (Hrsg.): Hand in Hand. Bauarbeit und Gewerkschaft, Frankfurt/Main 1989
Kolbe, Nieves; Rode, Domenica; Sommerkorn, Ingrid N.: Chancen und Grenzen der Emanzipation von Frauen in der Nachkriegszeit. In: Frauenforschung Heft 3/88, S. 13ff. (1988a)
Kolbe, Nieves; Rode, Domenica; Sommerkorn, Ingrid N.: "An die Arbeit! Berge Steine! Orden allerdings gibts keine!" Frauenarbeit in der unmittelbaren Nachkriegszeit in Hamburg. Materialien zur Frauenforschung, Band 6, Bielefeld 1988 (1988b)
Kopel, Mechthild: Gewerkschaftliche Frauenarbeit von 1945-1960. Das Recht auf Arbeit für Frauen und die ökonomischen Rahmenbedingungen zur Begründung dieses Rechtstitels. Unveröff. Man. Bochum 1991
Kratzsch, Konrad: Die Stellung der Frau im westdeutschen Erwerbsleben. In: Wirtschaftswissenschaftliches Institut der Gewerkschaften (Hrsg.): Mitteilungen des WWI, Nr. 1. Köln 1950, S. 1-6
Kuhn, Annette (Hrsg.): Frauen in der deutschen Nachkriegszeit. Band 1: Frauenarbeit 1945-1949 (Bearbeiterin Doris Schubert). Düsseldorf 1984 Band 2: Frauenpolitik 1945-1949. Quellen und Materialien. Düsseldorf 1986

Kuhn, Annette/Rüsen, Jörn (Hrsg.): Frauen in der Geschichte III. Düsseldorf 1983
Kuhn, Annette/Schubert, Doris: Frauen in der Nachkriegszeit und im Wirtschaftswunder 1945 – 1960. Reihe: Frauenalltag und Frauenbewegung Bd. IV. Frankfurt/Main 1980
Kutsch, Marlies: Die Frau im Berufsleben. Der Weg zur Chancengleichkeit am Arbeitsplatz. Freiburg 1979
Langer-El Sayed, Ingrid: Familienpolitik. Tendenzen, Chancen, Notwendigkeiten. Frankfurt/Main 1980
Leopold, Beate: Schwestern, zur Sonne zur Freiheit... oder Was versprach der 1. Mai den Frauen? In: Marßolek, Inge (Hrsg.): 100 Jahre Zukunft. Zur Geschichte des 1. Mai. Frankfurt/Main und Wien 1990, S. 259-287
Lippe, Angelika: Gewerkschaftliche Frauenarbeit. Parallelität ihrer Probleme in Frankreich und in der Bundesrepublik Deutschland (1949-1979). Frankfurt/Main; New York 1983
Losseff-Tillmanns, Gisela: Frauenemanzipation und Gewerkschaften (1800 – 1975). Dissertation. Bochum 1975. Für den Zeitraum 1860 – 1933 veröffentlicht beim Peter Hammer Verlag, Wuppertal 1978
Losseff-Tillmanns, Gisela: DGB-Frauenarbeit in Nordrhein-Westfalen. In: Hans-Erich Bremes, Maria Schumacher (Hrsg.): Mit der Vergangenheit in die Zukunft. Felder gewerkschaftlicher Politik seit '45. Münster 1989, S. 89-101
Meyer, Sibylle; Schulze, Eva: Wie wir das alles geschafft haben. Alleinstehende Frauen berichten über ihr Leben nach 1945. München 1984
Meyer, Sibylle; Schulze, Eva: Von Liebe sprach damals keiner. Familienalltag in der Nachkriegszeit. München 1985a
Meyer, Sibylle; Schulze, Eva: Von Wirtschaftswunder keine Spur. Die ökonomische und soziale Situation alleinstehender Frauen. In: Elefantenpress u.a. 1985, S. 92-98 (1985b)
Mielke, Siegfried u.a. (Hrsg.): Organisatorischer Aufbau der Gewerkschaften 1945 – 1949. Quellen zur Geschichte der deutschen Gewerkschaftsbewegung im 20. Jahrhundert. Bd. 6. Köln 1987
Möding, Nori: Die Stunde der Frauen? In: Broszat u.a. 1988, S. 619ff.
Nemitz, Rosemarie: Zur Entwicklung der Frauenarbeit. In: Gewerkschaftliche Monatshefte, 10. Jhg., Dezember 1959, S. 711-716
Niemann, Ursula: Wachsende Bedeutung der Frauenarbeit in der westdeutschen Industrie. In: Deutscher Gewerkschaftsbund, Bundesvorstand, Hauptabteilung Frauen (Hrsg.): Gewerkschaftliche Beiträge zur Frauenerwerbsarbeit. Nr. 2. Düsseldorf 1959, S. 3-9.
Niethammer, Lutz (Hrsg.): Lebenserfahrung und kollektives Gedächtnis. Die Praxis der "Oral History". Frankfurt/Main 1985
Nipperdey, H. C.: Gleicher Lohn der Frau für gleiche Leistung – Rechtsgutachten erstattet dem Bundesvorstand des DGB. Köln 1951
Opitz, Claudia: Der "andere Blick" der Frauen in die Geschichte. In: Beiträge zur feministischen Theorie und Praxis 11/1984, S. 61-70
Ostermeier, Elisabeth: Die wirtschaftlichen Probleme der alleinstehenden Frau. Vortrag, gehalten auf der SPD-Frauenkonferenz in Bad Hersfeld, Oktober 1955. Hrsg. vom Vorstand der SPD, Bonn. Schriftenreihe für Frauenfragen Nr. 2. o.J.
Pinl, Claudia: Das Arbeitnehmerpatriarchat. Die Frauenpolitik der Gewerkschaften. Köln 1977
Pirker, Theo: Die blinde Macht. Die Gewerkschaftsbewegung in Westdeutschland. Teil 1: 1945-1952, Vom "Ende des Kapitalismus" zur Zähmung der Gewerkschaften. Nachdruck, Berlin 1979a Teil 2: 1953-1960, Weg und Rolle der Gewerkschaften im neuen Kapitalismus. Nachdruck, Berlin 1979b
Prokop, Ulrike: Weiblicher Lebenszusammenhang. Frankfurt/Main, 3. Aufl. 1980
Ralfs, Ulla: "Gleicher Lohn für gleiche Leistungen" Gewerkschaftsfrauen in den 50er Jahren. In: Elefanten Press u.a., 1988, S. 99ff.
Ruhl, Klaus-Jörg (Hrsg.): Frauen in der Nachkriegszeit 1945-1963. Dokumente. München 1988

Schneider, Michael: Kleine Geschichte der Gewerkschaften. Ihre Entwicklung in Deutschland von den Anfängen bis heute. Bonn 1989

Schroeder, Wolfgang: Gewerkschaftspolitik zwischen DGB, Katholizismus und CDU 1945 – 1960. Katholische Arbeiterführer als Zeitzeugen in Interviews. Köln 1990

Schubert, Doris: Frauenlohnarbeit nach 1945 – Aufbrechen des geschlechtsspezifischen Arbeitsmarktes. In: Kuhn 1984, S. 71-107

Späth, Antje: Vielfältige Forderungen nach Gleichberechtigung und "nur" ein Ergebnis: Artikel 3 Absatz 2 GG. In: Freier/Kuhn 1984, S. 112-167

Thürmer-Rohr, Christina: Vagabundinnen. Feministische Essays. Berlin, 4. Aufl. 1988

Tölle, Helga: Die Entwicklung nach 1945. In: "frauen und arbeit" Heft 8-10 '85, S. 17ff.

Tölle, Helga: Selbstverständnis, soziales und politisches Engagement sowie öffentliche Präsenz der Gewerkschafterinnen. In: Frauenforschung 4/86, S. 66ff.

Tritz, M.: Die weiblichen Arbeitskräfte in der deutschen Wirtschaft. In: Bergholtz, Ruth: Die Wirtschaft braucht die Frau. Darmstadt 1956, S. 9-30

Trizonale Frauenkonferenz (Hrsg.): Protokoll über die Tagung der Frauenausschüsse der Bünde vom 25.-27.1.1949 – Trizonale Frauenkonferenz – im Fereinheim des Hessischen Gewerkschaftsbundes Emmershäuser Mühle, Rod a.d.Weil (Taunus).

Vogelheim, Elisabeth: Nachkriegszeit und Wiederaufbau. In: IG Metall 1985, S. 60-82

Wee, Hermann van der: Der gebremste Wohlstand. München 1984

Welteke, Marianne: Ökonomische Faktoren des Restaurationsprozesses. In: Huster, Ernst-Ulrich/Kraiker, Gerhard/Scherer, Burkhard/ Schlotmann, Friedrich/Welteke Marianne (Hrsg.): Determinanten der westdeutschen Restauration. Frankfurt, 7. Auflage 1980, S. 69-119

Weyrather, Irmgard: "Was Männer zerstören, bauen Frauen wieder auf" Frauenarbeit am Bau in den Trümmerjahren. In: Klönne u.a. 1989, S. 280-295

Wiggershaus, Renate: Geschichte der Frauen und der Frauenbewegung. In der Bundesrepublik Deutschland und in der Deutschen Demokratischen Republik nach 1945. Wuppertal 1979

Willenbacher, Barbara (1988a): Zerrüttung und Bewährung der Nachkriegs-Familie. In: Broszat 1988, S. 595ff.

Willenbacher, Barbara (1988b): Thesen zur rechtlichen Stellung der Frau In: Gerhard/Schütze 1988a, S. 141-165

Willms, Angelika: Grundzüge der Entwicklung der Frauenarbeit von 1880 bis 1980. In: Müller, Walter/Willms, Angelika/Handl, Johann (Hrsg.): Strukturwandel der Frauenarbeit 1880 – 1980. Frankfurt/Main, New York 1983, S. 25-54

Winkelsträter, Liesel: Zur Geschichte der Frauenentlohnung. Referat auf der Arbeitstagung des DGB-Landesbezirk Hessen vom 5.10.1985.

Winkelsträter, Liesel: Frauenentlohnung – kritisch betrachtet – Entwicklung, Gegenwärtiger Stand, Was bleibt zu tun? Industriegewerkschaft Chemie-Papier-Keramik, Hauptvorstand, Abteilung Frauen (Hrsg.). Hannover 1985

Zu den Autorinnen

Bachler, Sigrid Ingeborg
geboren 1959 in Wien, Politikwissenschaftlerin, langjährige Mitarbeit im Frankfurter Institut für Frauenforschung e.V. (FIF), Frankfurt am Main, Forschungsarbeiten für die IG Metall zur IG Metall-Frauenarbeit von 1949 bis heute, pädagogische Mitarbeiterin im Haus der Gewerkschaftsjugend, DGB-Bundesjugendbildungszentrum Oberursel; lebt seit 1979 in Frankfurt.

Derichs-Kunstmann, Karin
geboren 1946 in Lübeck, Bankkauffrau, Dr. phil., M.A., Erziehungs- und Sozialwissenschaftlerin, ÖTV- und mehrere Jahre auch DGB-Kreisfrauenausschuß-Vorsitzende, Forschungsarbeiten u.a. über gewerkschaftliche Frauenarbeit und Frauenbildungsarbeit, wissenschaftliche Mitarbeiterin im Forschungsinstitut für Arbeiterbildung e.V. (FIAB), Recklinghausen; lebt seit 1975 in Marl.

Kopel, Mechthild
geboren 1954 in Salzbergen, Apothekenhelferin, Sozialpädagogin, M.A. in Pädagogik und Geschichte, langjährige Praxis in der gewerkschaftlichen Bildungsarbeit, vor allem mit Frauen, Forschungsarbeit über christliche Betriebsräte der Nachkriegszeit, wissenschaftliche Mitarbeiterin bei ISA-Consult, Bochum; lebt in Essen.